Jackie czy Marilyn?

PONADCZASOWE LEKCJE STYLU

PAMELA KEOGH

Jackie czy Marilyn?

PONADCZASOWE LEKCJE STYLU

Tłumaczenie Magdalena Krzysik

WYDAWNICTWO
otwarte
KRAKÓW 2013

Tytuł oryginału: *Are You a Jackie or a Marilyn? Timeless Lessons on Love, Power, and Style*

This edition published by arrangement with **Gotham Books**, a member of Penguin Group (USA) Inc.

Projekt okładki: © **Monica Benalcazar**

Modyfikacja okładki na potrzeby polskiego wydania: **Eliza Luty**

Fotografie na okładce:
Jackie Kennedy – © Bettmann / Corbis / Fotochannels,
Marilyn Monroe – © Hulton Archive / Getty Images / Flash Press Media

Fotografia autorki: © **Joanne Dugan**

Ilustracje we wnętrzu książki: © **Meg Hess**

Opieka redakcyjna: **Joanna Dziubińska, Anna Małocha**

Opracowanie typograficzne książki i łamanie:
Agata Gruszczyńska / Pracownia Register

Adiustacja i korekta: **Joanna Mika-Orządała**

ISBN 978-83-7515-260-9

WYDAWNICTWO
otwarte

www.otwarte.eu

Zamówienia: Dział Handlowy, ul. Kościuszki 37, 30-105 Kraków,
tel. (12) 61 99 569
Zapraszamy do księgarni internetowej Wydawnictwa Znak, w której można kupić książki Wydawnictwa Otwartego: www.znak.com.pl

Dla Lauren Marino, która miała wizję tej książki przede mną,
oraz Terri Austin Keogh, wspaniałej przyjaciółki,
która jest i Jackie, i Marilyn

Spis treści

Wstęp

„Jesteś Jackie czy Marilyn?".

Jacqueline Kennedy Onasis i Marilyn Monroe to dwie z najbardziej wyrazistych kobiet, które wciąż zdobią kulturalny (i wizualny) krajobraz naszych czasów. Obie już za życia były legendami, choć każda na swój zupełnie odmienny sposób, obie też wciąż reprezentują różne możliwości atrakcyjne dla postępowych współczesnych kobiet.

Jackie czy Marilyn? Na pierwszy rzut oka wybór wydaje się bardzo prosty, prawda?

Pierwsza dama kontra gwiazda Hollywood. Dziewczyna z imponującym wyższym wykształceniem kontra nastolatka, która po sześciu miesiącach wyleciała ze szkoły średniej. Panienka „z dobrego domu" (ciesząca się wszystkimi wynikającymi z tego tytułu przywilejami), związana z Waszyngtonem, Newport, Rhode Island, Southampton i Nowym Jorkiem, której dane było podróżować także po Europie, kontra wychowanka sierocińca w Los Angeles i licznych planów filmowych, nie bez trudu pnąca się po szczeblach sławy.

Czy są do siebie podobne, czy też zupełnie różne? I wreszcie najważniejsze: co chcą powiedzieć nam dzisiaj?

Jacqueline Bouvier Kennedy Onasis urodziła się dwudziestego ósmego lipca 1929 roku w Southampton w stanie Nowy Jork, gdzie jej rodzice zwykli spędzać lato. Chociaż to klanowi Kennedych dziennikarze nadali chlubne miano „amerykańskiej rodziny królewskiej", ród Bouvierów był tak naprawdę kilka szczebli wyżej na drabinie społecznej i o wiele bardziej zasługiwał na miano „królewskiego". Wysoko urodzona Jackie należała więc do amerykańskiej elity (pomimo tego, że jej rodzina była katolicka, a nie, jak większość liczących się w USA rodów – protestancka). Ameryka po raz pierwszy dowiedziała się o niej w roku 1953, kiedy wyszła za senatora Johna F. Kennedy'ego, ale prawdziwej popularności przysporzyło jej aktywne zaangażowanie w kampanię prezydencką męża. Kiedy J.F.K. wygrał wybory w 1960 roku (najmniejszą przewagą głosów w dwudziestym wieku), Jackie – uosobienie klasy i szyku oraz zupełne przeciwieństwo swojej poprzedniczki Mamie Eisenhower – wkroczyła na światowe salony jako żona trzydziestego piątego prezydenta Stanów Zjednoczonych i została ulubienicą opinii publicznej.

Kiedy podczas niedzielnej mszy w Palm Beach pokazała się publicznie w prostej sukience odkrywającej gołe ramiona i nogi (chodzenie bez rajstop nie uchodziło wówczas kobietom w żadnym wieku), wywołała poruszenie. Miliony kobiet szybko poszły w jej ślady. Charakterystyczna utapirowana fryzura, zwyczaj zakładania bryczesów jako stroju sportowego oraz naszyjnik z potrójnym sznurem pereł noszony tuż przy szyi także momentalnie zdobyły Jackie tłumy naśladowczyń.

Jackie i prezydent Kennedy byli jednymi z pierwszych sław spoza branży rozrywkowej. Jako pierwsi pokazali swoim rodakom i całemu światu, jak żyją amerykańskie wyższe sfery, i rozpowszechnili styl życia charakterystyczny dla zamożnych mieszkańców Wschodniego Wybrzeża Stanów Zjednoczonych.

Po zabójstwie prezydenta Kennedy'ego dwudziestego drugiego listopada 1963 roku Jackie postanowiła przenieść się do Nowego Jorku i tam odbudować życie swoje i swoich dzieci: Caroline i Johna Juniora. W roku 1968 wyszła za greckiego magnata transportu morskiego Aristotelisa Onasisa, czym ściągnęła na siebie gniew opinii publicznej. Po jego śmierci w roku 1975 na stałe osiedliła się na Manhattanie i podjęła pracę jako redaktorka w wydawnictwie książkowym Doubleday.

Była najsławniejszą kobietą świata, za którą media podążały krok w krok.

Zarówno w dzieciństwie, jak i dorosłym życiu Jackie miała wszystko, czego może pragnąć kobieta – piękne domy ze służbą, własnego konia, najlepsze wykształcenie, ojca, który nie widział poza nią świata, i męża, który ją chronił. Ale najważniejszym, co posiadała, była ugruntowana tożsamość, stanowiąc trzon jej osoby. Jackie wiedziała, kim jest, i znała swoje miejsce w świecie.

Marilyn nie miała takich przywilejów. Zacznijmy od tego, że nawet jej imię i nazwisko – Marilyn Monroe – nie należało do niej, a było wymysłem wytwórni filmowej.

Trzy lata starsza od Jackie Marilyn urodziła się pierwszego czerwca 1926 roku w Los Angeles w Kalifornii jako Norma Jeane Mortenson. Była córką Gladys Baker, niezamężnej kobiety z poważnymi problemami psychicznymi, która pracowała przy cięciu taśm filmowych dla wytwórni RKO. Marilyn nigdy się nie dowiedziała, kto był jej ojcem (jako dorosła osoba twierdziła, że z dzieciństwa zapamiętała zdjęcie przystojnego mężczyzny z wąsem), i na chrzcie otrzymała nazwisko Baker.

Dzieciństwo Normy było zupełnie inne niż wczesne lata Jackie – pełne niepewności, a czasem również momentów niezwykle dramatycznych. Przyszła gwiazda na całe życie zachowała wyraźne wspomnienie dnia, w którym jej matka dostała ataku i została zabrana z domu w kaftanie bezpieczeństwa. Bardzo się bała, że i ją spotka podobny los.

Dziewiętnastego czerwca 1942 roku poślubiła dwudziestojednoletniego sąsiada Jimmy'ego Dougherty'ego, którego ledwo znała. Podobno płakała, kiedy jej świeżo upieczony małżonek wkrótce po ślubie otrzymał powołanie do wojska i wyjechał walczyć na froncie. Kilka miesięcy po jego wyjeździe Normę, która pracowała w fabryce produkującej wyposażenie dla wojska, odkrył pewien fotograf. Wówczas znalazła nową miłość – aparat fotograficzny.

Marilyn była onieśmielająca, a jej głód życia nienasycony – nigdy nie przestawała czegoś pragnąć.

Pragnęła szacunku. Pragnęła miłości. Wyszła za mąż jeszcze dwukrotnie, a potem rozwiodła. Pragnęła domu i kochającego męża, a nawet dzieci. Pragnęła zostać światowego formatu gwiazdą filmową – walczyła o przyzwoite scenariusze. Z perspektywy czasu to, że zdobyła tak ogromne uznanie – i stała się boginią seksu, popularną po dziś dzień – wydaje się nieuniknione.

Pomimo tego, że Jackie korzystała z wszystkich społecznych przywilejów, a Marilyn od dziecka walczyła z przeciwnościami losu, w grze, jaką jest sława, były sobie równe. Choć Jackie żyła dłużej, to Marilyn jest dziś darzona większą miłością, ponieważ wielu ludzi z całego świata wciąż identyfikuje się z nią na poziomie emocjonalnym. Pragnienie sławy i miłości stało się nieodłączną częścią jej wizerunku na równi z niewinną seksualnością.

Dorosłość Jackie i Marilyn przypadła w znacznej mierze na lata pięćdziesiąte, kiedy społecznie akceptowalne role kobiet ograniczały się głównie do bycia żoną i matką, a jeśli kobieta musiała pracować, mogła co najwyżej zostać nauczycielką lub pielęgniarką. Obie jednak wzbiły się ponad ograniczenia swoich czasów i stały ikonami – wyzwoloną gwiazdą filmową i kosmopolityczną pierwszą damą. Podczas gdy Jackie symbolizowała dobre wychowanie i poprawność, Marilyn była uosobieniem seksu.

Wygląda na to, że obie zostały przypisane do swoich publicznych wizerunków. Nic dziwnego, że w drugim sezonie serialu *Mad Men*, w którym wszystkie kobiety z otoczenia Dona Drapera są albo święte, albo rozwiązłe, jego agencja, tworząc kampanię reklamową bielizny, wykorzystuje zdjęcie dwóch stojących obok siebie modelek – jedna to „typ Jackie", druga „typ Marilyn". Nietrudno się domyślić, czym się różnią.

Tego typu stereotypowe myślenie sugeruje, że każda kobieta jest albo jedną, albo drugą z naszych bohaterek. Tak naprawdę jednak większość z nas łączy w sobie cechy ich obu.

Pytanie: „Jesteś Jackie czy Marilyn?" wydaje się dość proste, ale odpowiedź na nie – tak jak Jacqueline Kennedy Onasis i Marilyn Monroe – jest często bardziej złożona, niż można się spodziewać.

Kobietę w typie Jackie wyobrażamy sobie jako silną i inteligentną osobę z nieskazitelną reputacją, która ma dobrego męża i być może dzieci, a także potrafi zadbać o siebie oraz o innych.

Kobieta w typie Marilyn jest z kolei krucha, niestabilna emocjonalnie i uwielbia seks. W jej życiu jest tyle kosmetyków co tabletek na depresję, a jej codzienność stoi pod znakiem towarzystwa gwiazd, wystawnych imprez, szyku, czarnego eyelinera, sztucznych rzęs i szampana. Co więcej Marilyn ukrywa gdzieś swoje przepiękne, zmysłowe zdjęcia.

W świecie dzisiejszych sław na podobnej zasadzie można by porównać Jennifer Garner z Kate Moss albo Reese Witherspoon z, powiedzmy, Amy Winehouse.

Sprawa nie jest jednak taka prosta. Przyjrzyjmy się przez chwilę naszej ukochanej Tinie Turner. Jeśli weźmiemy pod uwagę jej świetne nogi, minispódniczki z frędzlami (w których występuje od około 1967 roku) i onieśmielającą seksualną energię, to zobaczymy w niej Marilyn. Jeśli jednak nie poprzestaniemy na pierwszym wrażeniu i dostrzeżemy jej odwagę, siłę oraz etykę pracy, okaże się, że tak naprawdę jest bardziej podobna do Jackie.

Jej prawowita następczyni Beyoncé Knowles, ikona współczesnej popkultury, która łączy w sobie dyscyplinę, talent i dużą dawkę zmysłowości, również jest kombinacją cech Jackie i Marilyn.

Sytuacja wygląda jeszcze inaczej w przypadku klasycznej ikony stylu Grace Kelly, która przed wyjściem za mąż była zupełnie jak Marilyn, ale kiedy się ustatkowała i zaczęła prowadzić spokojne życie jako Jej Wysokość Księżna Monako, robiła się coraz bardziej konserwatywna, aż w końcu stała się bardziej Jackie niż sama J.K.O.

Jak w przypadku wielu innych życiowych pytań, także odpowiedź na to zadane w tytule książki nie jest oczywista. Jesteśmy skomplikowanymi istotami i każda z nas posiada cały wachlarz różnych cech. Niekoniecznie więc jesteśmy jedną albo drugą z naszych bohaterek. Może każda z nas jest ich hybrydą? Ta opcja wydaje się najlepsza, bo wybór bardzo często zależy przecież od sytuacji.

(Jeszcze jedna krótka obserwacja. Każda z nas bez względu na to, czy jest Jackie, czy Marilyn, zawsze ma w sobie coś z aktorki. Nieważne, czy studiujesz w szkole teatralnej, pracujesz w serwisie komputerowym, czy jesteś kasjerką w banku, pracującą w domu mamą, czy żoną prezydenta, w swoim wnętrzu na pewno nosisz własny odcień wrodzonej, niesamowitej energii, która wysyła do otoczenia sygnał „spójrz na mnie". Wszystkie to mamy, tylko występujemy na różnych scenach).

Dla współczesnych Jackie i Marilyn liczy się przede wszystkim styl, podejście do życia i zachowanie… oraz oczywiście wczuwanie się (nawet jeśli tylko w myślach) w ulubioną postać. I to nie zawsze w tę samą – w zależności od sytuacji można trochę pokombinować. Jeśli idziesz na rozmowę o pracę – Jackie. Jeśli jedziesz do Vegas – Marilyn. Jeśli wybierasz się na rozmowę o pracę w Vegas – przewaga Marilyn ze szczyptą Jackie.

A co jeśli czeka cię pierwsze spotkanie z przyszłą teściową? Stanowczo Jackie.

A wyjazd na długi weekend do Paryża z nowym chłopakiem? Jackie i odrobina Marilyn (jeśli jednak zatrzymacie się w hotelu w centrum miasta, możesz przestać się przejmować i zamienić się w stuprocentową M.M.).

Trudno to wszystko ogarnąć, prawda? Ten poręczny poradnik na pewno ci w tym pomoże. Zapoznanie się z nawykami, systemami wartości, zawartością szaf i energią seksualną J.K.O. i M.M. pozwoli ci określić, czy jesteś którąś z nich (albo czy znajdujesz się gdzieś pośrodku). Traktuj tę książkę jako praktyczny przewodnik dla retro-nowoczesnych kobiet. Pomoże ci on odnaleźć swój styl i urządzić mieszkanie. Znajdziesz w nim rady dotyczące randek, seksu i urody. Dowiesz się, jak napisać list miłosny, zaopatrzyć barek i przygotować się do rozmowy o podwyżce. A także po jakie lektury powinna sięgnąć kobieta taka jak ty. Przewodnik niczego nie pomija. Przyda ci się w buduarze, biurze, na pierwszej randce i na trzeciej też. Na jego kartach znajdziesz przepisy kulinarne, odniesienia historyczne, przykłady z codziennego życia, wskazówki dotyczące diety, a nawet porcję plotek.

Każda kobieta może wyglądać ciekawie i stylowo. Niniejszy przewodnik pomoże ci odnaleźć obie te cechy i pokaże, jak wyzwolić swoją wewnętrzną Jackie albo Marilyn – w każdej sytuacji.

Jesteś więc Jackie czy Marilyn? Kiedy skończysz czytać tę książkę, może się okazać, że obu typów nie dzieli aż tak wiele. I bez względu na to, czy lubisz nosić baleriny, niskie obcasy, klapki z futerkiem, trampki czy niebosiężne szpilki, nauczysz się brać życie za rogi, wykorzystywać okazje i przechadzać się ulicami życia z gracją, której się po sobie nie spodziewałaś.

Zupełnie jak Jackie i Marilyn. Teraz twoja kolej!

Quiz. Jackie czy Marilyn?

Zastanawiając się nad najważniejszymi różnicami pomiędzy Jackie i Marilyn (przyglądając się ich stylowi życia, pierwszym mężom, bieliźnie i wysokości obcasów), musisz ustalić, ku której z nich bardziej się skłaniasz.

Ułatwi ci to poniższy test.

Niezrównane w rozwiązywaniu testów kobiety w typie Jackie zapewne w mgnieniu oka zakreślą wszystkie odpowiedzi idealnie zatemperowanym ołówkiem. A współczesne Marilyn? Będą trochę rozkojarzone i usiądą do niego w szlafroku, z wygrzebaną z czeluści torebki kredką do oczu w dłoni. Zastanawiając się nad odpowiedziami, będą jednak wyglądać uroczo.

1. Kto powiedział: „Wszyscy mężczyźni to szczury. Nie wolno im ufać"?
a) Ojciec Jackie – John „Black Jack" Bouvier
b) Gloria Steinem
c) Marilyn Monroe w filmie *Mężczyźni wolą blondynki*

2. Kto powiedział: „Dajcie mi szampana i dobre jedzenie, a będzie mi jak w niebie i poczuję się jak zakochana"?
a) Oprah Winfrey
b) Ina Garten
c) Marilyn Monroe

3. Która z poniższych sław ma w sobie najmniej z Marilyn?
a) Madonna

b) Scarlett Johansson
c) Lindsay Lohan

4. Co robisz, kiedy jesteś zestresowana?
a) idziesz na spacer po plaży
b) medytujesz
c) dolewasz sobie dżinu do herbaty

5. Seks jest dla ciebie
a) nieskomplikowaną zabawą
b) sposobem na powiedzenie „dziękuję"
c) środkiem do celu

6. Zanim udasz się z facetem na kolację
a) golisz nogi
b) zbierasz o nim jak najwięcej informacji
c) zakładasz niebotycznie wysokie szpilki i liczysz na to, że będzie dobrze

7. Codziennie rano budzisz się
a) z gotowym planem dnia
b) i robisz to, na co tylko masz ochotę
c) i obracasz się do osoby leżącej obok, mówiąc: „Cześć, kochanie"

8. Dzieciństwo jest dla ciebie
a) tematem, którego nie poruszasz
b) pięknym wspomnieniem
c) koszmarem, od którego uciekasz przez całe życie

9. Twój ojciec
a) kochał cię, budując w tobie pewność siebie
b) był jak Clark Gable
c) nauczył cię grać w piłkę

10. Twoja matka
a) przeraża cię
b) zostawiła ci wszystkie swoje akcje giełdowe
c) skrycie bardziej od ciebie kocha twoją młodszą siostrę

11. Po pierwszej wspólnej nocy z nowym facetem on
a) proponuje ci główną rolę w swoim filmie
b) prosi cię o rękę
c) na tacy ze śniadaniem kładzie ci drogą błyskotkę

12. Pieniądze są dla ciebie
a) wszystkim
b) naprawdę w s z y s t k i m
c) niezbyt ważne – dopóki masz dach nad głową, a w lodówce francuskiego szampana, wszystko jest w porządku

13. Wybierając się na pierwsze spotkanie z przyszłą teściową
a) nawracasz się judaizm
b) odkurzasz swój francuski
c) nie zakładasz bielizny

14. Twoi byli faceci kontaktują się z tobą
a) przez Facebooka
b) za pomocą pierwszej strony „New York Timesa"

c) nie kontaktują się z tobą, bo ciągle nie mogą otrząsnąć się po zerwaniu. Nigdy się z tym nie pogodzą. Nigdy

15. Przyjaźnisz się
a) z koleżanką z czasów szkoły średniej
b) z fryzjerem, charakteryzatorką, zastępcą twojego rzecznika prasowego, gosposią, majordomusem i dziennikarzami – w różnych kombinacjach
c) tylko ze swoim ukochanym. Z nikim więcej

16. Tematy do dyskusji. Czy w poniższych sytuacjach lepiej być Jackie, czy Marilyn?
- Ubiegasz się o stanowisko pierwszej damy Stanów Zjednoczonych.
- Jesteś w łóżku z przystojnym nieznajomym, którego więcej nie zobaczysz.
- Jesteś w łóżku z francuskim projektantem mody.
- Pniesz się po szczeblach kariery przez łóżko.
- Składasz papiery na renomowaną uczelnię.
- Bierzesz udział w sesji zdjęciowej u Berta Sterna, ze skrzynką szampana i poczuciem nieśmiertelności.

Odpowiedzi:

1) a – John Bouvier; 2) c – Marilyn Monroe; 3) a – Madonna (chociaż w młodości wyglądem przypominała M.M., to w głębi duszy jest stuprocentową J.K.O.); 4) a – Jackie, b – Jackie, c – Marilyn; 5) a – Marilyn, b – Marilyn, c – Jackie; 6) a – Marilyn, b – Jackie, c – Marilyn; 7) a – Jackie, b – Marilyn, c – obie; 8) a – Marilyn, b – Jackie, c – Marilyn; 9) a – Jackie, b – Marilyn, c – żadna; 10) a – obie, b – Jackie,

c – Jackie; 11) a – Marilyn, b – Marilyn, c – Jackie, 12) a – Jackie, b – Jackie, c – Marilyn; 13) a – Marilyn, b – Jackie, c – Marilyn (oczywiście); 14) a – żadna, b – obie, c – Marilyn; 15) a – Jackie, b – Marilyn, c – Marilyn

Podsumowanie wyników:
Żeby poznać wynik testu, przyznaj sobie jeden „punkt Jackie", jeśli w danym pytaniu odpowiedziałaś tak jak ona, albo „punkt Marilyn", jeśli odpowiedziałaś tak jak blond bogini. Wyższa liczba punktów odzwierciedla twój dominujący wzorzec. Remis oznacza, że albo się oszukujesz, albo jesteś Umą Thurman.

1

Jak stać się kobietą tajemniczą

Kiedy byłam mała, nikt mi nie mówił, że jestem ładna.
Wszystkim dziewczynkom powinno się mówić, że są ładne,
nawet jeśli to nieprawda.

M.M.

Kiedy opisuję Jacqueline, lubię używać określenia
„oryginalna"... Była niezwykle emocjonalna i miała bardzo
zdecydowane poglądy...

JANET LEE AUCHINCLOSS, MATKA J.K.O.

Jeśli chcesz żyć tak jak Jackie lub Marilyn (albo ich kombinacja), po pierwsze musisz wykreować się na najlepszą wersję samej siebie.

Okryty złą sławą *paparazzo* Ron Galella (nieźle dał w kość takim gwiazdom jak Jackie, Robert Redford i Marlon Brando, ale dzięki temu ma na koncie wiele niesamowitych zdjęć) opisał transformację Jackie i Marilyn następująco: „Obie były aktorkami – obie kreowały swój wizerunek. Jackie stworzyła wokół siebie pewną aurę i trzymała ludzi na dystans, zwracając się do nich szeptem. Tak naprawdę nie lubiła się z niczym afiszować. Była tajemnicą. Marilyn rzucała się w oczy i była bardziej bezpośrednia. A jeśli chodzi o seksapil, to przewyższała Jackie. O niebo ją przewyższała".

Nie pozwól, by drobnostki takie jak brak wykształcenia (M.M.), pochodzenie (M.M.) czy trudne dzieciństwo (J.K.O. / M.M.) odwiodły cię od wizji, jaką sobie stworzyłaś. F. Scott Fitzgerald mylił się, mówiąc: „Nie ma drugich aktów". Obecnie wielu Amerykanów, rozciągając górną granicę wieku średniego, jest w stanie z poważną miną ogłosić, że „sześćdziesiątka jest nową czterdziestką" (całkowicie w to wierząc). Wygląda więc na to, że wymyśliliśmy trzeci, czwarty i piąty akt.

Odwagi! Spróbuj stać się tym, kim chcesz. Może zajmie ci to kilka dni, a może wystarczy kilka godzin, najważniejsze jednak, żebyś to ty miała kontrolę nad swoją przemianą.

Życiowe lekcje J+M

Jackie radzi: Zmień swoją przeszłość

Marilyn radzi: Uciekaj od swojego dzieciństwa, ile sił w nogach

Jackie została wychowana w sposób typowy dla wyższych sfer: surowo i bez zbytniej troski (dzieciństwo upłynęło jej głównie na doskonaleniu umiejętności jeździeckich, robieniu wrażenia na odpowiednich młodzieńcach, strojeniu się i utrzymywaniu szczupłej sylwetki). Z Marilyn było zupełnie inaczej. Jej dzieciństwo było bardzo trudne, wręcz dickensowskie.

W przeciwieństwie do Jackie Marilyn wychowywała się na marginesie społeczeństwa w rodzinach zastępczych i domach dziecka. Trwało to do roku 1937. Wówczas zamieszkała u przyjaciółki swojej matki Grace McKee Godard i jej męża. Czas spędzony w ich domu był dla Marilyn szczęśliwy. Grace kochała filmy i popołudniami zabierała swoją podopieczną (nazywaną wówczas Norma Jeane) do kina na produkcje z Jean Harlow. Zachęcała ją też do robienia sobie makijażu i wizyt u fryzjera. Niestety zaledwie cztery lata później mąż Grace został przeniesiony na Wschodnie Wybrzeże, a pary nie stać było na zabranie ze sobą szesnastoletniej Normy Jeane. Dziewczyna miała dwa wyjścia: albo wrócić do sierocińca (którego nienawidziła), albo wyjść za mąż.

Na młodej Marilyn piętno odcisnęły problemy psychiczne jej matki, wykorzystywanie seksualne i pobyt w rodzinach zastępczych, z których niemal każda była gorsza od poprzedniej. Trudno wyobrazić sobie trudniejszy życiowy start. I jak tu jej nie podziwiać?

Zarówno Jackie, jak i Marilyn wykreowały siebie na takie, jak pragnęły być, niemal wyłącznie dzięki sile własnej woli. Oczywiście dzieciństwo Marilyn było nieporównywalnie gorsze od dzieciństwa Jackie, ale bez względu na to, którą z nich jesteś, tobie też może się udać.

Do dzieła!

Dzieciństwo pisane od nowa

Przedstawiając historię swojego dzieciństwa według modelu Jackie / Marilyn, masz do wyboru kilka sposobów zaprezentowania jej światu. Możesz być jak Jackie i trzymać się jednej wersji albo na wzór Marilyn mieć ich w zanadrzu całe mnóstwo (i jak przystało na prawdziwą aktorkę wyciągać z rękawa tę, która najlepiej pasuje do danej sytuacji). Jeśli wszystko inne zawiedzie, zawsze możesz też uciec się do niezawodnej metody sław – kłamstwa.

Bob Dylan twierdził na przykład, że jest sierotą (to ulubione „wspomnienie" wschodzących gwiazd) oraz że uciekł z domu i wychowywał się w cyrku. W rzeczywistości jednak nazywał się Robert Zimmerman i dorastał w ustatkowanej, średnio zamożnej rodzinie w Hibbing w stanie Minnesota. Na dodatek jego rodzice stali jeszcze mocno obiema nogami na tym świecie, kiedy w prasie ukazały się rewelacje o jego smutnym, lecz barwnym dzieciństwie.

Ojciec Jackie, John „Black Jack" Bouvier, którego zawsze prezentowała jako wytwornego zawadiakę, tak naprawdę był żałosnym alkoholikiem, który miał problemy z utrzymaniem granic ojcowskiej relacji z córką, oraz rozrzutnym hulaką, niepotrafiącym dotrzymać wierności żonie. W noc poprzedzającą ślub Jackie „Black Jack" upił się do tego stopnia, że następnego dnia nie był w stanie poprowadzić córki do ołtarza.

Jackie przymykała na to wszystko oko. Uwielbiała ojca i stawiała go na piedestale, na którym nie było miejsca dla jej surowej, zgorzkniałej matki. Jednym z ukochanych przedmiotów J.K.O., który towarzyszył jej przez całe życie, było biurko ojca w stylu *empire*[1]. Kiedy „Black Jack" zmarł w 1957 roku, Jackie, dla podkreślenia wagi tego smutnego wydarzenia, wysłała swojego męża, wtedy senatora Kennedy'ego, by osobiście doręczył

[1] Biurko zostało sprzedane po jej śmierci przez dom aukcyjny Sotheby's za siedemdziesiąt tysięcy dolarów.

do „New York Timesa" napisany przez nią nekrolog.

Sama też zaplanowała pogrzeb. „Wszystko ma wyglądać jak letni ogród. Jak Lasata w sierpniu"[1], oznajmiła swoim zdumionym ciotkom. Co więcej zarządziła, by trumnę obsypać bławatkami, które w Stanach nazwane są „guzikami kawalerów". Był to gest bardzo wymowny, zważywszy, że na mszy żałobnej w katedrze św. Patryka tajemnicze, odziane w czerń szlochające kobiety zajmowały nie jedną, a kilka ławek.

Marilyn wskutek zaburzeń psychicznych swojej matki trafiła pod kuratelę państwa i wychowywała się w kilku rodzinach zastępczych. Niektórzy z jej przyszywanych rodziców mieli dobre intencje, ale byli też tacy, którzy ją wykorzystywali[2]. (Dużo później wyznała swojemu psychiatrze, doktorowi Ralphowi Greensonowi, że kiedy skończyła siedem lat, jeden z jej zastępczych ojców zaczął wykorzystywać ją seksualnie i że kiedy powiedziała o tym jego żonie, ta nie uwierzyła).

Pomiędzy okresami spędzonymi w domach zastępczych lądowała w sierocińcu Los Angeles Orphans Home (później zmienił nazwę na Hollygrove), którego nienawidziła (część źródeł podaje, że traktowano ją tam z miłością i szacunkiem, więc

[1] Lasata to nazwa majątku rodziny Bouvierów w Hamptons w stanie Nowy Jork. W 2007 roku został nabyty za dwadzieścia cztery tysiące dolarów przez Reeda Krakoffa, prezesa i dyrektora generalnego znanej marki „Coach", produkującej skórzane akcesoria.

[2] Marilyn urodziła się w czasach wielkiego kryzysu, kiedy zdarzało się, że rodziny adoptowały dzieci raczej ze względów finansowych, niż z potrzeby serca.

trudno jednoznacznie stwierdzić, co jest prawdą, a co wytworem wyobraźni Marilyn).

Wspominała kiedyś: „Miałam dziesięć, nie, chwila… jedenaście rodzin. Pierwsza mieszkała w małym miasteczku niedaleko Los Angeles – urodziłam się w Los Angeles. Przebywałam tam do mniej więcej siódmego roku życia. Ci ludzie byli strasznie surowi. Wychowywali mnie twardą ręką i karcili w sposób według mnie niedopuszczalny – za pomocą skórzanego paska. W końcu wyszło to na jaw, więc zabrano mnie stamtąd i oddano parze Anglików. Życie z nimi było zwyczajne, ale niespokojne".

Jako dziecko Marilyn zaczęła się bardzo jąkać i walczyła z tym aż do dorosłości. „Zaczęłam się jąkać w sierocińcu, w dniu kiedy mnie tam przywieziono. Pamiętam, jak płaczącą i krzyczącą wciągnięto mnie do środka i jak nagle znalazłam się w dużej jadalni, gdzie za stołami siedziała setka innych dzieci. Wszystkie się na mnie gapiły. W jednej chwili przestałam płakać. Być może to przez to i przez całą resztę: moją matkę i świadomość bycia sierotą. W każdym razie jąkałam się".

Nadinterpretacja historii. Gruba nadinterpretacja historii

Wszyscy ludzie, w szczególności celebryci, w mniejszym lub większym stopniu modyfikują prawdę o swojej przeszłości[1]. Jackie przychodziło to bardzo naturalnie. Kiedy wychodziła za mąż za J.F.K., jej rodzina i krewni rozpuszczali fantazyjne

[1] Na przykład Madonna, która gdzieś po drodze zaczęła mówić z wytwornym angielskim akcentem, choć wychowała się w Rochester Hills w stanie Michigan.

plotki o swoim pochodzeniu. Twierdzili, że są potomkami Karola Wielkiego i że ich ród jest daleko świetniejszy od pospolitych hulaków i szemranych dorobkiewiczów Kennedych. „To były bajki", stwierdził później kuzyn pierwszej damy John Davis. Prawda była taka, że pochodzili od francuskiego wytwórcy mebli Michela Bouviera, który przybył do Ameryki w 1815 roku i osiedlił się w Filadelfii.

Pradziadek Jackie, James Lee, pracował jako nadzorca systemu edukacji publicznej w Nowym Jorku, ale Janet Bouvier rozpowiadała, że był urodzonym w stanie Maryland weteranem wojny secesyjnej i dalekim krewnym generała Roberta E. Lee, przywódcy sił konfederacji. Doszło do tego, że pod koniec życia sama uwierzyła w tę historię i dziwiła się, że jej nazwisko nie widnieje w oficjalnych dokumentach genealogicznych rodziny generała Lee.

Teraz twoja kolej. Pomyśl o swoim pochodzeniu i zastanów się, czy bardziej przypominasz w tym względzie Jackie, czy Marilyn.

Czy miałaś trudne dzieciństwo? Pamiętaj, że jeśli nie dostałaś samochodu na osiemnaste urodziny, to się nie liczy. Chodzi o prawdziwe problemy. Jeśli tak, to prawdopodobnie jesteś Marilyn.

Czy twoje pochodzenie popchnęło cię do tego, by stać się „kimś" i tylko to się dla ciebie liczy? Znowu Marilyn.

A może jest zupełnie inaczej? Może czujesz potrzebę nieznacznego ulepszenia swojej historii rodzinnej – która tak naprawdę jest całkiem w porządku – i chcesz ją jedynie tu i ówdzie przyciąć i wypolerować, żeby była jeszcze porządniejsza? Jeśli tak, jesteś Jackie.

W epoce Google'a trudno, o ile w ogóle jest to możliwe, udawać, że skończyło się Harvard albo inną renomowaną uczelnię, ale nic nie stoi na przeszkodzie, żeby odciąć się od zgrai pomylonych kuzynów, ciotek i wujków! Zapomnij o robotniczych korzeniach na rzecz francuskiej arystokracji (trochę szyku nie zaszkodzi)! Porzuć nudny katolicyzm i przyłącz się do jakiegoś postępowego Kościoła!

Tak jak Jackie możesz wynieść się ponad swoje pochodzenie. Nie przejmuj się krytyką. Do niczego się nie przyznawaj. Za plecami innych popracuj nad swoją reputacją z największym lizusem w rodzinie (w przypadku Jackie była to Mary Van Rensselaer Thayer), zlecając jej / jemu spisanie swojej biografii, kiedy zamieszkasz już w Białym Domu. (Nieznana nikomu Thayer „napisała" *Jacqueline Bouvier Kennedy*, „ciepłą, osobistą historię pierwszej damy ilustrowaną rodzinnymi fotografiami" przy znaczącym wkładzie redaktorskim Jackie).

W podeszłym wieku, kiedy w wyniku własnych zasług zdobędziesz już wielką sławę, przyznaj się z dumą i pompą do dziedzictwa, które wcześniej odrzuciłaś. Jackie wysłała opinii publicznej jasny sygnał i przyznała się swoich irlandzkich korzeni, oglądając paradę z okazji dnia św. Patryka ze swojego balkonu przy Piątej Alei, a jej syn J.F.K. Junior wytatuował sobie symbol Irlandii (trójlistną koniczynę) na pośladku.

Marilyn nie miała „poetyckich" wspomnień w stylu Jackie, do których mogłaby z przyjemnością wracać. W jej przeszłości nie było książek, koni ani różanych ogrodów. Dziewczyna uciekała od rzeczywistości, chodząc do kina (słynnego Grauman's Chinese Theatre) albo wyglądała przez okno, wpatrując się w wierzę ciśnień jednej z czołowych wówczas wytwórni Hollywood RKO Pictures i marząc, że kiedyś zostanie gwiazdą.

„Otaczająca mnie rzeczywistość była raczej przygnębiająca – wspominała. – Musiałam nauczyć się udawać, żeby nie dopuszczać do siebie tego przygnębienia. Cały świat wydawał się przede mną zamknięty… [Czułam się] jakbym istniała poza wszystkim, i jedynym, co mogłam zrobić, było wymyślanie zabaw w udawanie".

Czy powinnaś grać damę w opałach?

Dzieciństwo Jackie nie zawsze było różowe. Jej matka miała gwałtowne usposobienie – była, używając określenia z tamtych czasów – „straszną kosą" i kiedy puszczały jej nerwy, miała w zwyczaju dawać córce klapsa albo spuszczać jej lanie szczotką do włosów[1]. „Nic, co robiłyśmy, nie było wystarczająco dobre", wspominała Lee, młodsza siostra Jackie. Nikt nie słyszał jednak, by J.K.O. kiedykolwiek narzekała na swoją młodość. Nigdy. Nie leżało to w jej naturze.

Dzieciństwo Marilyn było tragiczne. Być może brak stabilizacji we wczesnym okresie jej życia sprawił, że jako dorosła kobieta często czuła się samotna i niekochana. W trudnych momentach, kiedy była w stresie albo pod presją, od razu czuła się porzucona, pozbawiona pomocy i wsparcia (choć nie zawsze miała ku temu powody). Kiedy rozmawiała o swoim dzieciństwie z dziennikarzami, kochankami, psychiatrami czy przyjaciółmi, lubiła tu i ówdzie zmienić szczegół jakiejś historii. Czy naprawdę w wieku jedenastu lat została zgwałcona? Czy miała

[1] Pewnego pamiętnego razu zdarzyło się jej też rzucić nożem w pokojówkę, która nierówno poskładała ręczniki.

szesnaście aborcji? Czy jako początkująca gwiazda rzeczywiście zmuszona była żyć za dolara dziennie (biorąc przy tym lekcje aktorstwa)? Czy wystawała na Hollywood Boulevard jako prostytutka? I w końcu, czy poszczególne fakty są rzeczywiście aż tak ważne dla prawdy, którą przekazywała i w którą sama wierzyła?

Jej przyjaciółka powiedziała kiedyś: „Marilyn miała zdolność wzbudzania w ludziach współczucia, co skrzętnie wykorzystywała. Nawet ci, którzy znali ją bardzo, bardzo długo, nie pozostawali obojętni wobec jej wołania o ratunek".

Kruchość oraz koloryzowanie przeszłości (w zależności od tego, z kim rozmawiała) stały się podstawowymi elementami mitu Marilyn.

Notatki robocze J+M: zdecyduj, którą z nich chcesz być

Kiedyś będę wielką gwiazdą filmową.
M.M.

Mogłabym być kimś w rodzaju dyrektora artystycznego dwudziestego wieku, obserwującego wszystko z podestu w kosmosie.
J.K.O.

Pierwsze kroki Marilyn w Hollywood nie były łatwe, ale kiedy uświadomiła sobie, że uwielbia stać przed kamerą, zdała sobie sprawę, że znalazła swoją pasję i powołanie. Obrała sobie życiową drogę i uparcie nią podążała. Przeprowadziła się do

Hollywood, rozwiodła się ze swoim pierwszym mężem, zapisała na zajęcia z aktorstwa i coraz bardziej rozjaśniała włosy, pragnąc upodobnić się do swojej ulubionej aktorki Jean Harlow. Chodziła na przesłuchania, katowała się dietami, żyła (podobno) za dolara dziennie i pozowała dla każdego fotografa, który ją o to poprosił.

Kontakt z hollywoodzką śmietanką towarzyską miała na niedzielnych pokerowych przyjęciach u prezesa studia filmowego Joego Schencka, gdzie uzupełniała kieliszki i czyściła popielniczki. W końcu studio 20th Century Fox podpisało z nią umowę, oferując pensję w wysokości stu dwudziestu sześciu dolarów tygodniowo.

Zanim Jackie i Marilyn odniosły sukces, pozowały na osoby, którymi chciały się stać – Marilyn na gwiazdę filmową a Jackie… cóż, Jackie nie była do końca pewna, kim pragnie być (później twierdziła, że gdyby jej życie potoczyło się inaczej, to możliwe, że zostałaby pisarką albo dziennikarką), ale wiedziała, że chce prowadzić światowe życie.

Jeśli pragniesz odkryć, którą z naszych bohaterek w sobie masz, po pierwsze musisz zdecydować, kim chcesz być. Dopiero wtedy będziesz mogła ruszyć dalej. Znajomość siebie jest przydatna nie tylko w kwestii dylematu „jestem bardziej jak Jackie, czy jak Marilyn?", ale w każdej innej sferze kreatywnej działalności, w której chcesz odnieść sukces – od finansów i polityki po przemysł modowy.

Jackie czy Marilyn? Ocena charakteru

Jackie – albo Dziewczyna Jackiepodobna – uwielbia historię, opowiastki i anegdoty, które odzwierciedlają ludzką naturę. Ciągnie ją do wpływowych mężczyzn (do kobiet również, ale w mniejszym stopniu). Pragnie zająć odpowiednie miejsce w biegu zdarzeń i stać się kimś więcej, niż jest. Polityka interesuje ją w czysto szekspirowskim sensie. Znaczenie mają dla niej bohaterowie w nią zaangażowani, działania, które podejmują i z których rezygnują, kiedy myślą, że nikt nie patrzy.

Jackie wierzy, że prawda o naturze człowieka objawia się w jego konfrontacji z przeciwnościami losu. Czuje odrazę do ludzi słabych, malkontentów (W e ź s i ę w g a r ś ć! Ma ochotę nimi potrząsnąć[1]), którzy znęcają się nad słabszymi, i do grubasów. Nie znosi też braku elegancji (oraz marynarek z szerokimi klapami i dziwacznych krawatów u mężczyzn). Irytuje ją również, kiedy ktoś ma piskliwy głos (bez względu na płeć).

Jackie naszych czasów uwielbia małych chłopców, ale jest bardzo podejrzliwa wobec

[1] Ale tego nie robi.

mężczyzn, którzy ubierają się jak czterolatki (baseballówka, bojówki i podkoszulek odpadają). Jeśli dorosły facet nosi adidasy poza siłownią albo chodaki czy crocsy poza kuchnią w restauracji, to Jackie w jednej chwili wyrabia sobie o nim zdanie.

Dzisiejsza Marilyn jest dużo bardziej wyrozumiała wobec ludzkich słabości. Zna życie lepiej niż jej stylowa koleżanka Jackie. Poznała zarówno jego wytworne, jak i wstydliwe strony. Bierze ludzi i zdarzenia takimi, jakie są, z ufnością i wiarą, ale nie jest zbytnio zaskoczona, kiedy okazuje się, że się przeliczyła. *Que sera, sera*[1] – to wszystko.

Pod tym względem jest dużo bardziej wrażliwa niż Jackie.

Wgląd w zakamarki umysłu J+M

Przepisując historię swojego dzieciństwa i na nowo tworząc wizerunek swojego ojca, relacji z matką i obu małżeństw, Jackie była bardzo konsekwentna. Przerabiała i prezentowała swoją przeszłość według skrupulatnie przemyślanego planu. Wszystko miało wyglądać dokładnie tak, jak tego chciała. Można uznać, że wcześnie odkryła popularną teorię sukcesu, znaną szerokiej publiczności z filmu i książki po tytułem *Sekret,* kiedyś wyznała bowiem: „Zawsze wypieram z umysłu wszystko, co negatywne. Wierzę, że jeśli nie myśli się o nieszczęściach, to nas omijają".

Marilyn prezentowała zupełnie odmienną postawę i psychologicznie miała predyspozycje do przegrywania. Emocjonalnie była zupełnie rozchwiana. W jednej chwili

[1] Co ma być, to będzie (przyp. tłum.).

z oszałamiającej, promiennej, charyzmatycznej gwiazdy potrafiła zmienić się w cień samej siebie. W dużo większym stopniu niż Jackie (i zapewne reszta ludzkości) poddawała się emocjom i nie bała się ich okazywać.

W głębi duszy Marilyn na pewno miała świadomość, że jej nieskrępowany sposób bycia – robiła, co chciała i kiedy chciała i uchodziło jej to na sucho – był jedną z cech, które czyniły ją atrakcyjną w oczach innych, a także znaczącą składową (obok talentu i urody) jej sławy.

W końcu każda prawdziwa gwiazda ma w sobie coś z diwy. Tego się od niej oczekuje[1].

„Jestem samolubna, niecierpliwa i odrobinę rozchwiana – wyznała kiedyś Marilyn. – Popełniam błędy, tracę panowanie nad sobą i czasem trudno ze mną wytrzymać. Ale jeśli ktoś nie jest w stanie znieść mnie, kiedy jestem w dołku, to nie zasługuje, by być ze mną, kiedy jestem w szczytowej formie"[2].

Czy któraś z naszych bohaterek jest lepsza od drugiej? Idealnie byłoby mieć mieszaninę ich cech. Psychologowie obecnie zaczynają dochodzić do tego, że zdrowiej jest skupiać się na tym, czego chcemy, i ignorować to, czego nie chcemy. Przeciwnicy doradztwa małżeńskiego twierdzą, że terapeuta, który zamiast pomagać skłóconym stronom się pogodzić, skupia się na problemach pary i w kółko je roztrząsa, może przyczynić się do zaognienia konfliktu.

---

[1] Liz Taylor, Sharon Stone u szczytu kariery, Winona Ryder, Mariah Carey…
[2] To bez wątpienia wyznanie godne prawdziwej diwy.

Z drugiej jednak strony czasem byłoby przyjemnie po prostu wybuchnąć i sobie ulżyć, zamiast tak bardzo starać się być poprawną.

Plotkary

Choć często sama jest obiektem domysłów (bez względu na to, czy mieszka w mieście, czy na zapyziałej prowincji) dzisiejsza Jackie w każdej społeczności jest jak Królowa Pszczół i żyje dla plotek[1]. W towarzystwie uchodzi za osobę, która potrafi wznieść się ponad to i której sekrety innych nie obchodzą (i w pewnym sensie tak właśnie jest – Jackie ma ważniejsze sprawy na głowie). Z drugiej jednak strony nie ma dla niej nic – absolutnie nic – przyjemniejszego niż *tête-à-tête* z przyjaciółką (albo, jeszcze lepiej, z przyjacielem).

Należy jednak zaznaczyć, że Jackie jest szalenie dyskretna i potrafi milczeć jak głaz, jeśli chodzi o jej prywatne sprawy. Być może wynika to z tego, że dorastała w rozbitej rodzinie. A może z tego, że kiedy była małą dziewczynką, pokładała ufność w dorosłych, a ci w chwilach złości często to wykorzystywali. Nie ulega jednak wątpliwości, że Jackie ma mnóstwo sekretów.

Zdolność nieujawniania tajemnicy jest jednym z podstawowych elementów jej siły. Podobnie jak dyskrecja w kwestiach osobistych.

[1] Taka niestety jest prawda.

Jackie zbiera anegdoty i opowieści o sławach – o Pameli Churchill Harriman, Hilary Clinton czy Keicie Richardsie – zaczytuje się w ich opasłych biografiach, analizując drogę do sukcesu. Lubi dowiadywać się o ludziach – tak o postaciach historycznych, jak i tych z prawdziwego życia – ile tylko się da.

Jackie i kobiety jej podobne mocno wierzą, że, cytując Szekspirowskiego Falstaffa, „najlepszą połową męstwa jest dyskrecja”[1].

I to działa!

Jakie plotki lubi Jackie? Wszelakie. Ale nie zniża się do buszowania po internecie, czy (Boże, uchowaj!) oglądania telewizji. To zbyt oczywiste, zbyt dostępne, zbyt oklepane. Ona lubi tylko to, co najlepsze, na przykład ciekawostki zasłyszane na przyjęciach (kiedy właśnie podano deser, towarzystwo dopija piątą butelkę wina, a rozmowa staje się coraz luźniejsza i głośniejsza). Anegdotki, które jeśliby je wydrukować w gazecie, skończyłyby się dla wydawcy więzieniem. Sekreciki, które ma się ochotę zdradzić koleżance podczas lunchu następnego dnia – oczywiście wyłącznie ściszonym głosem.

Marilyn dla kontrastu nie plotkuje. Zbyt często była po tej drugiej stronie. Słyszała zbyt wiele kłamstw, półprawd i domysłów na swój temat i sama myśl o pomyjach, które na nią wylano, sprawia jej ból[2].

[1] William Szekspir, *Kroniki*, [w:] tegoż, *Dzieła dramatyczne*, tłum. Leon Ulrich, t. 3, Warszawa 1981, s. 360 (przyp. tłum.).

[2] Jeszcze jedno – Jackie i jej podobne nie mają żadnych skrupułów jeśli chodzi o plotkowanie na temat dziewczyn takich jak Marilyn. Żadnych. Twierdzą, że takie jest życie.

Błyskawiczny test J+M

Żeby się upewnić, czy jesteś bardziej jak Jackie, czy jak Marilyn, przeczytaj poniższe stwierdzenia i zadaj sobie pytanie: „Czy w tym momencie tak właśnie myślę?". Jeśli chcesz, by test wypadł wiarygodnie, zastosuj metodę Marilyn i nie zastanawiaj się za długo. Zaufaj swojej intuicji.

Marilyn: Ludzie dają mi różne rzeczy. Nie wiem dlaczego.

Jackie: Ludzie, z wyjątkiem mojej matki, zwykle robią, co im każę. Choć nie naciskam.

Nie sposób zaprzeczyć: sekrety = tajemniczość

Nie da się zaprzeczyć, że zarówno Jackie, jak i Marilyn już w bardzo młodym wieku były kobietami tajemniczymi. A to dlatego, że miały wiele do ukrycia. Współcześnie, w epoce powodzi informacyjnych zalewających nas dwadzieścia cztery godziny na dobę, w erze wszechobecnego internetu i blogerów, którzy chętnie ujawniają Każdy Najmniejszy Szczegół swojego życia, zachowanie dla siebie jednego czy dwóch sekretów może dodać nam pewności siebie.

Przyjrzyjmy się na przykład Donowi Draperowi z serialu *Mad Men*. Co czyni go tak niewiarygodnie pociągającym? Tajemnice. (Niezliczone tajemnice). I co z tego, że są one powodem jego wewnętrznej walki i że rozrywają go od środka (przynajmniej w niektórych odcinkach). Przecież to dzięki nim tak świetnie się prezentuje! A Daniel Craig jako James Bond? Tajemnice. Angelina Jolie? Tajemnice!

A czemu bohaterowie *reality show*, których możemy nieustannie podglądać, są zupełnie nieciekawi? Ponieważ nie mają żadnych tajemnic!

Dyskrecja = tajemniczość

Pani Nash, która w szkole podstawowej uczyła Marilyn przedmiotów ścisłych, zapamiętała ją jako „dobre, choć nieco wyobcowane dziecko". Jackie zamknęła się w sobie w wyniku paskudnego rozwodu rodziców (sprawa ciągnęła się przez cztery lata, a John Bouvier nie uporał się ze skutkami rozpadu swojego małżeństwa do końca życia). W szkole średniej przyszła pierwsza dama Ameryki uchodziła za osobę wycofaną i trzymającą się na uboczu. Na studiach w renomowanym Vassar College uczyła się pilnie, ale w czasie weekendów przeważnie znikała z kampusu.

Tajemniczość = tajemniczość

Przede wszystkim nie odkrywaj kart. Marilyn może i wyglądała na rozebraną na ekranie w swoich zapierających dech tiulowych i satynowych cielistych sukniach (na przykład w *Przystanku autobusowym*), ale nigdy tak naprawdę się nie obnażyła. W końcu żyła w latach pięćdziesiątych i dobrze wiedziała, co odsłonić, a co zasłonić, by uzyskać pożądany efekt.

Tak samo było z Jackie. Kiedy po raz pierwszy została dopuszczona do hałaśliwego, pełnego fałszu i współzawodnictwa prywatnego sanktuarium, czyli jadalni rodziny Kennedych, jej świeżo poślubiony małżonek odwrócił się do niej i rzekł: „Dam pensa za jedną z twoich myśli".

„To moje myśli – odparła. – A jeślibym ci je zdradziła, przestałyby być moje, nieprawdaż?".

Trafiony, zatopiony.

Sekretne sekrety Jackie.
Czy wiesz, że…?

Nie przyznawała się do tego, ale od zawsze pragnęła wieść wytworne życie – w księdze pamiątkowej w szkole średniej napisała, że jedną z jej ambicji jest „nie zostać gospodynią domową".

Sekretne sekrety Marilyn.
Czy wiesz, że…?

W szkole Marilyn najbardziej lubiła język angielski i plastykę. „Nie znosiłam liczb… Na matematyce gapiłam się w okno i bujałam w obłokach".

2

Jak naśladować styl Jackie i Marilyn

Wychodzę z domu tylko wtedy,
kiedy jestem odpowiednio ubrana.

J.K.O.

Nie wiem, kto wymyślił wysokie obcasy,
ale wszystkie kobiety wiele tej osobie zawdzięczają.

M.M.

Jeśli chodzi o styl, to Jackie i Marilyn są jak dwie strony medalu. Jak światło kontra ciemność. Dzień kontra noc. Konwenanse kontra seks. Wytworność kontra wdzięczna naiwność.

Jackie to francuski szyk i proste sukienki bez rękawów, a Marilyn – biała jedwabna sukienka, której ramiączka, kiedy się śmiała, niby przez przypadek ześlizgiwały się z ramion.

Co ciekawe obie kobiety dobrze wiedziały, co podkreśla ich walory, i potrafiły to wykorzystać. W kwestii wyglądu nie było miejsca na przypadek. Jako młoda modelka usiłująca zaistnieć w Hollywood Marilyn szybko odkryła, że fotografowie częściej zatrudniają blondynki. Dopiero po szesnastu farbowaniach jej włosy przybrały właściwy odcień, który przemienił ją z ładnej brunetki w blond seksbombę. Uzyskawszy platynowy kolor na wzór Jean Harlow, Marilyn już nigdy go nie zmieniła. Wkrótce potem, dając światu do zrozumienia, że jest prawdziwą diwą, zaczęła na potęgę otaczać się bielą. Białe były jej stroje, a nawet meble w jej mieszkaniu.

Krążą również plotki, że Marilyn przycinała prawy obcas wszystkich swoich butów o nieco ponad pół centymetra (zawsze, niezmiennie obcasy – żadne czółenka, baleriny, czy, Boże uchowaj, tenisówki), żeby móc poruszać się nieco przesadnie rozbujanym krokiem, który jeszcze bardziej uwydatniał jej biodra. W pamiętnej scenie, w której pierwszy raz pojawia się w *Pół żartem, pół serio* i hipnotyzuje widza (oraz Tony'ego Curtisa i Jacka Lemona), uwodzicielsko krocząc wzdłuż peronu kolejowego, Marilyn dokładnie wie, co robi.

Nauczyłam się tak chodzić jako dziecko i od tamtej pory nigdy nie brałam żadnych lekcji.

M.M.

Każda z naszych bohaterek stworzyła sobie własny, rozpoznawalny *image*. Jackie (tak jak Audrey Hepburn) znalazła swój styl bardzo wcześnie i choć ulegał on delikatnym zmianom, była mu wierna przez całe życie.

Wyczucie stylu zarówno u Jackie, jak i u Marilyn było tak silne i unikatowe, że ich publiczny, znakomicie rozpoznawalny wizerunek dla wielu z nas wciąż jest niewyczerpanym źródłem inspiracji – i wtedy, kiedy mamy ochotę wyglądać klasycznie, i wtedy, kiedy pragniemy być sexy (albo klasycznie sexy).

Dla Jackie, dla Marilyn, dla ciebie: styl jest najważniejszy

Sukces w przybliżaniu się do obrazu Jackie czy Marilyn w dziewięćdziesięciu ośmiu procentach zależy od tego, czy uda ci się stworzyć oryginalny styl. Może już taki masz, a może dopiero do niego dążysz.

Zatrzymajmy się na moment nad postacią Coco Chanel, która była jedną z ulubionych projektantek Jackie. Nic dziwnego – i J.K.O., i wielka projektantka urodziły się pod znakiem Lwa, a Jackie, choć twierdziła, że w Białym Domu nosi jedynie stroje od Olega Cassiniego, miała sporo projektów Chanel oraz Huberta de Givenchy (udawała, że to projekty jej rodaka Cassiniego). Oprócz tkanin i krojów jej projektów Jackie z pewnością podziwiała też twardy charakter Chanel. Poczucie oryginalności francuskiej projektantki było tak silne, jej talent tak niepodważalny, a ego tak wielkie, że ponad pół wieku po jej śmierci w dalszym ciągu nosimy i podziwiamy to, co stworzyła. Unikatowy styl Chanel był tak ważną częścią jej samej, że udało się jej zbudować imperium mody od początku do końca na własnych warunkach.

Choć pochodziły z przeciwległych końców drabiny społecznej, Jackie i Marilyn podziwiały wiarę Chanel w to, że styl to coś więcej niż sukienki, że stanowi on ważną część tego, kim jesteśmy – definiuje nas. I rzeczywiście, kiedy spojrzymy na sylwetkę Jackie lub Marilyn (Jackie – klasyczna, Marilyn – w stroju opiętym do granic możliwości), od razu jesteśmy w stanie powiedzieć, która jest która.

Wizerunek

Nasze bohaterki diametralnie różniły się wyglądem i dla każdej z nich sprawdzał się inny wizerunek. M.M. lubiła miękkie, błyszczące tkaniny, które opinały jej ciało, uwydatniając wzbudzające ogólny zachwyt kształty. Z kolei J.K.O. ubierała się w sposób bardziej stonowany i nie lubiła zbyt wiele odsłaniać ani opinać. Jej wdzięki były zawsze delikatnie podkreślone, a nie przesadnie uwidocznione. Jako młoda małżonka Johna F. Kennedy'ego, kursując między Cape a Georgetown podczas kampanii prezydenckiej, później w Białym Domu i aż do połowy lat sześćdziesiątych wybierała stroje skromne, które zakrywały jej ciało. Sztywno ułożona fryzura, „kanciaste" sukienki i dwucentymetrowe obcasy składały się na mundurek, który przysłaniał jej kobiecość.

Kiedy Jackie porzuciła styl oficjalny (wraz z ciężarem oczekiwań, jaki wiązał się z byciem żoną prezydenta), wydała się wszystkim dużo młodsza. Jej znajomy fotograf, dla którego pozowała w latach siedemdziesiątych, kiedy pracowała w wydawnictwie Doubleday, stwierdził, że mając pięćdziesiąt lat, Jackie wyglądała młodziej, niż za czasów, kiedy mieszkała w Białym Domu.

Jackie nosiła się klasycznie, ale potrafiła nadać swoim strojom indywidualny charakter, który odzwierciedlał jej osobowość. Marilyn z kolei (kiedy nie wyglądała akurat oszałamiająco atrakcyjnie w rybaczkach i zwykłym T-shircie) była uosobieniem hollywoodzkiego szyku.

Przepis na styl Jackie

Styl Jackie to połączenie nowojorskiego szyku ze szczyptą paryskiej elegancji i domieszką łobuzerii. Jest czysty, klasyczny i nieco oszczędny, ale daleko mu do minimalizmu czy przesadnej chłopięcości. Bardzo amerykański. W skrócie można powiedzieć, że to styl Ralpha Laurena, choć Jackie twierdzi, że to Lauren kopiuje jej styl.

Wiesz już co nieco o charakterystycznych cechach stylu Jackie, czas więc na kilka wskazówek, które pomogą ci go zaadaptować.

To ty wybierasz ubrania, a nie ubrania ciebie

Trudno się tego nauczyć, ale najważniejsze jest to, by poczuć się dobrze we własnej skórze. Dlatego właśnie J.K.O., oraz Audrey Hepburn, czy nawet Elvis Presley, nigdy nie radzili się nikogo w kwestiach mody ani nie korzystali z usług stylisty. Jackie doszła do tego, w czym wygląda najlepiej, metodą prób i (bardzo niewielu) błędów.

Wystarczy wyobrazić sobie aktorkę albo piosenkarkę, która idzie po czerwonym dywanie tak skrępowana, jakby wciśnięto ją w cudzy kostium. Nie chcesz tak wyglądać! Byłoby idealnie, gdyby, tak jak w przypadku Jackie, twój styl był odzwierciedleniem twojego życia, doświadczeń i pochodzenia. W związku z tym powinnaś podkraść porządnie wykonane ciuchy i akcesoria mamie, tacie, dziadkowi, bratu czy aktualnemu facetowi. Starsze rzeczy są nie tylko z reguły lepiej wykonane, ale stanowią część twojej historii – to właśnie powinnaś nosić!

Upewnij się, że ubranie na ciebie pasuje

To zasada nie do przecenienia. Gdybyś miała przestrzegać tylko jednej, to niech to będzie właśnie ta. Żadnych spodni wlekących się po ziemi czy za długich mankietów marynarki! Wizyta u krawca, który zwęzi, skróci i podszyje, co trzeba, zajmie tylko chwilę.

Kupuj najlepsze rzeczy, na jakie cię stać

Kupowanie stert tanich ubrań nie jest wskazane. Owszem, raz na jakiś czas można wejść do H&M-u, ale to raczej *passé*, nie sądzisz? Będąc Jackie, powinnaś robić zakupy jak Francuzka albo redaktorka „Vogue'a" . Musisz wiedzieć, czego chcesz, i kupować najlepsze rzeczy, na jakie cię stać. A potem o nie dbać. Nachodzić się w nich. A pod koniec życia oddać do muzeum kostiumów (tak jak bogini *haut couture* Nan Kempner[1]) albo zostawić swoim siostrzenicom (szczęściary).

Od mężczyzn, którzy noszą się w garniturach skrojonych na miarę przez świetnych krawców, można się nauczyć, że nie ma lepszej zachęty do dbania o linię niż kupowanie dobrych ubrań. Dodatkową korzyścią z takich nabytków będzie to, że zamiast rzucać je na podłogę, będziesz je porządnie wieszać w szafie.

Wrzuć na luz

Pamiętaj, że kiedy sprawisz już sobie ubrania dobrej jakości, powinnaś nosić je z lekkością. Nie wkładaj na siebie całego zestawu od jednego projektanta. Nie ubieraj się w rzeczy, które krzyczą: „Jesteśmy markowe, jesteśmy markowe!". Łącz ciuchy i akcesoria z wyższej i z niższej półki – do jeansów włóż parę drogich butów. Sprawiaj wrażenie nonszalanckiej. W zwykły dzień załóż ekstrawagancką kosztowną biżuterię (szanse, że ktoś zorientuje się, ile jest warta, są raczej zerowe, a poza tym takie cudeńka często można ubezpieczyć). Jeśli czujesz się tak samo swobodnie w sukni wieczorowej i kostiumie kąpielowym jak w jeansach i podkoszulku (albo *vice versa*), to znaczy, że jesteś w obozie Jackie.

[1] Nan Kempner miała taką obsesję na punkcie ubrań, że praktycznie wyrzuciła ze swojego nowojorskiego mieszkania własne dzieci, a ich sypialnie zamieniła na garderoby.

Najlepsi przyjaciele stylu Jackie

Jackie chętnie sięgała po stroje i akcesoria szerokiego grona najwyższej klasy europejskich projektantów i zestawiała je z klasycznymi amerykańskimi ubraniami sportowymi. W pierwszym rzędzie polegała na gigantach (i gigantkach) świata mody takich jak: Chanel, Valentino, Givenchy, Yves Saint Laurent, Gucci, Giorgio Armani, Carolina Herrera i Hermès (w kwestii torebek). Następne w kolejce były nieco mniej wytworne marki, odpowiednie na co dzień: Lacoste, Lily Pulitzer, Zoran, Roger Vivier (płaskie buty ze sprzączką), Jack Rogers (sandały), Manolo Blahnik, Ferragamo, Creed (perfumy Fleurussimo), Tretorn (trampki). Jackie lubiła także zapalniczki Dunhill, podkoszulki marki Gap, emaliowane bransoletki Jean Schlumberger (drogie!) i bryczesy, w których często chodziła. Jeśli chodzi o samochody, to kiedy J.F.K. był senatorem, Jackie sprezentowała mu jaguara (który później musiał zostać wymieniony na amerykański samochód). W późniejszych latach prowadziła BMW.

Gdzie lubiła robić zakupy? Wszędzie! Jej ulubionym domem handlowym w Nowym Jorku był prawdopodobnie Bergdorf Goodman, ale uwielbiała również ekskluzywne sklepy przy Madison Avenue marek takich jak: Armani, David Webb czy Porthault (pościel). W Paryżu zawsze odwiedzała siedziby Hermèsa i Givenchy oraz Fogal, gdzie kupowała rajstopy.

Przepis na styl Marilyn

Jeśli czujesz, że drzemie w tobie Marilyn, to prosi się, by twój styl ociekał zmysłowością. Ale pamiętaj, że Marilyn wciąż nas fascynuje po części dlatego, że łączyła w sobie dojrzałą seksualność i niewinność, które były równie ważne. Kiedy dokonujesz wyborów w kwestii garderoby, jedynie trafna decyzja przesądzi, czy będziesz wyglądać jak Marilyn, czy jak Pamela Anderson albo jakaś tandetna blond cizia.

Talia osy przede wszystkim

Podstawowe założenie stylu Marilyn brzmi: nieważne, jaki rozmiar sukienek nosisz (jeśli umiesz się poruszać w świecie mody, rozmiar nigdy nie ma wielkiego znaczenia), jeśli masz wcięcie w tali – pokaż je. Sprowadza się to do jednego: zaciskania paska.

Jeśli nie jesteś zbytnio zachwycona swoją figurą, weź przykład z bohaterek serialu *Mad Men* i przekonaj się do bielizny kształtującej sylwetkę.

Odkryj trochę ciała!

Jesteś śliczna, świetna w łóżku, kochasz szampana, wszyscy chcą się z tobą umówić. Co ci szkodzi – wykorzystaj to! Jeśli masz dwie nogi, pokaż je światu. To samo tyczy się pięknych ramion, smukłej szyi i idealnych dłoni... Dziewczyna z obozu Marilyn nie boi się odsłonić odrobiny ciała. Nigdy nie pokazuje jednak za wiele – pępek na wierzchu nie jest w jej stylu (chyba że ma na sobie – szczęśliwi, którym dane jest to zobaczyć – bikini). I żadnych tatuaży na lędźwiach!

Grunt to poczucie humoru

Tak samo jak w przypadku Jackie najprzyjemniejsze w naśladowaniu stylu Marilyn jest to, że nie musisz podchodzić do niego (ani do siebie) zbyt poważnie. Jeśli naprawdę czujesz ducha Marilyn, to nawet nie przejdzie ci to przez myśl – luz jest częścią twojego wizerunku. Mężczyźni nie znoszą, kiedy ktoś za bardzo się sobą przejmuje. Nieważne więc, czy jesteś na pierwszej randce, czy kroczysz po czerwonym dywanie obwieszona diamentami (pożyczonymi, ma się rozumieć), zawsze podchodź do siebie z dystansem.

Najlepsi przyjaciele stylu Marilyn

Styl Marilyn jest bardziej eklektyczny niż styl Jackie, który można automatycznie zakwalifikować jako klasykę. Hollywoodzka gwiazda, która uwielbiała być fotografowana, w ubiorze wykazywała się dużą odwagą. Nie bała się obcisłej satyny, krzykliwych kolorów ani umieszczanych w strategicznych miejscach kokardek czy kropek. Lubiła lejące się, wiązane na szyi sukienki, długie kryształowe kolczyki, etole z białego futra, buty z odsłoniętymi palcami i głębokie dekolty (a miała co odsłaniać).

Jak większość Amerykanek Marilyn zestawiała ubrania sportowe z kosztownymi, jedynymi w swoim rodzaju, zapierającymi dech w piersiach cudeńkami. Nie miała, jak na gwiazdę swojego pokroju, zbyt wielu strojów (w przeciwieństwie do zakupoholiczki Jackie), jednak wystarczyło, że włożyła daną rzecz, a ta od razu wyglądała jak uszyta specjalnie dla niej. Na zwykłe okazje korzystała z własnej szafy, ale kiedy potrzebowała czegoś na rozdanie nagród albo wyjście do wytwornej restauracji Romanoff's, nurkowała w zasoby garderoby studia Fox.

Poza planem filmowym Marilyn nosiła ubrania popularnych amerykańskich marek takich jak: JAX (lubiana również przez Audrey Hepburn i Patricię Kennedy Lawson), Madcap, Geistex, John Moore, Levi's, Lee czy J.C. Penney. Jeśli chodzi o projektantów, to jej absolutnymi faworytami byli Emilio Pucci oraz Billy Travilla, który stworzył dla niej pamiętną białą sukienkę koktajlową ze *Słomianego wdowca* oraz seksowną różową suknię, w której śpiewała *Diamenty są najlepszymi przyjaciółmi dziewczyny* w *Mężczyźni wolą blondynki.* Marilyn kochała szpilki od Ferragamo (gdybyś przypadkiem zastanawiała się, co miała na nogach, kiedy w *Słomianym wdowcu* dała popis zmysłowości na kratce wentylacyjnej, to były to właśnie białe szpilki bez pięt tej marki). Oprócz zwyczajnych sukienek koktajlowych miała też kilka kosztownych strojów. Szyli dla niej: Norman Noreli, Ceil Chapman i Galanos.

Podczas pobytu na Manhattanie nosiła się w płaszczu z wielbłądziej wełny albo w sprezentowanym jej przez Joego DiMaggio futrze z norek marki Blackglama.

Marilyn nie miała zbyt wiele prawdziwej biżuterii. Wśród jej osobistych skarbów znajdowała się wysadzana diamentami platynowa ślubna obrączka od Joego DiMaggio (obrączka ta, z trzydziestoma pięcioma niestandardowo ciętymi kamieniami – brakowało jednego – została później sprzedana na aukcji za ponad siedemset pięćdziesiąt tysięcy dolarów). Marilyn posiadała również ponadczterdziestocentymetrowy sznur pereł od Mikimoto, który dostała podczas miesiąca miodowego w Japonii (później podarowała go nastoletniej Susan Strasberg, a ta w 1998 roku zwróciła go do Mikimoto).

Robocze notatki J+M – pięć nieodłącznych elementów stylu

Pięć nieodłącznych elementów stylu Jackie

Prosta klasyczna sukienka. Chociaż po 1972 roku nie nosiła ich zbyt często, to proste sukienki z odkrytymi ramionami świetnie sprawdziły się, kiedy pełniła obowiązki pierwszej damy. Zdają egzamin również dziś (wystarczy spojrzeć na Michelle Obamę!). Drobna sugestia: jeśli chcesz włożyć taką sukienkę, twoje ramiona muszą być w świetnej formie, więc lepiej zacznij robić pompki).

Białe lub granatowe jeansy. J.K.O. była jedną z tych szczęściar, które świetnie prezentowały się w jeansach o chłopięcym fasonie (tak jak Audrey Hepburn czy Kate Moss), nawet kiedy była już grubo po sześćdziesiątce. To pewnie dzięki temu, że próbując umknąć przed długim obiektywem aparatu Rona Galelli, przemierzała Manhattan bardzo szybkim krokiem. Przed trzydziestką często wkładała niebieskie jeansy, ale później w słonecznej Grecji czy na wyspie Martha's Vineyard preferowała białe, które jednoznacznie wskazywały na jej wysokie pochodzenie.

T-shirt. J.K.O. (oraz jej przyszła synowa Carolyn Bessette) lubiły proste podkoszulki od Petit Bateau w kolorze białym lub granatowym albo w paski. Teraz można dostać je wszędzie, ale Jackie hurtowo kupowała swoje w Paryżu.

Zabójcza biżuteria. Obłędne, szalone błyskotki, na przykład złote klipsy z rubinami, które dostała od swojego drugiego męża, magnata transportu morskiego Aristotelisa Onasisa w 1969 roku z okazji lądowania człowieka na Księżycu. Klipsy naprawdę przedstawiały podbój Księżyca – w rubinach wydrążone były kratery, a całość wieńczyły złote statki kosmiczne. Oczywiście zostały wykonane specjalnie dla miliardera przez jego greckiego złotnika. Oprócz zwariowanych cudeniek Onasis obdarowywał Jackie także wspaniałymi diamentami marki Harry Winston i Van Cleef & Arpels.

Szal od Hermèsa. Załóż go na głowę i zawiąż pod szyją, a na nos wsuń ogromne okulary. Będziesz mogła dzięki temu udawać, że jesteś *incognito*, choć wszyscy i tak będą wiedzieć, że to ty. Taki szal przyda ci się również świeżo po wizycie u dobrego fryzjera.

Pięć nieodłącznych elementów stylu Marilyn

Marilyn była tak atrakcyjna, że bez względu na to, co miała na sobie, i tak wyglądała zniewalająco. Podstawowa zasada jej stylu brzmi: „Jeśli masz czym, pochwal się!".

Oszałamiająca suknia wieczorowa. Billy Travilla (znany po prostu jako Travilla) stworzył dla Marilyn suknie, które przeszły do historii. M.M. pierwszy raz spotkała tego projektanta w roku 1950, kiedy skorzystała z jego garderoby, by przymierzyć nowy kostium.

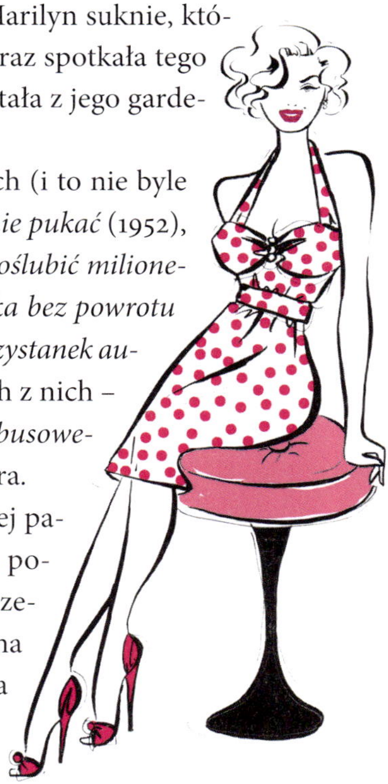

Pracowali razem przy ośmiu filmach (i to nie byle jakich): *Małpia kuracja* (1952), *Proszę nie pukać* (1952), *Mężczyźni wolą blondynki* (1953), *Jak poślubić milionera* (1953), *Nie ma jak* show (1954), *Rzeka bez powrotu* (1954), *Słomiany wdowiec* (1955) oraz *Przystanek autobusowy* (1956). Za kostiumy do dwóch z nich – *Nie ma jak* show oraz *Przystanku autobusowego* – Travilla był nominowany do Oskara.

Zaprojektował większość najbardziej pamiętnych kreacji filmowych gwiazdy, pomagał też pozszywać na niej suknię z przetykanego złotem jedwabiu, którą miała na sobie (przez chwilę, bo cenzura uznała ją za zbyt wyzywającą) w *Mężczyźni wolą blondynki.*

Nic dziwnego, że M.M. była wielbicielką jego talentu i że zostali przyjaciółmi. Marilyn podarowała mu nawet kalendarz ze swoimi roznegliżowanymi zdjęciami. Zapisała na nim: „Billy, skarbie, proszę, ubieraj mnie już zawsze. Kocham Cię, Marilyn".

Sukienka na co dzień / Sukienka koktajlowa. Marilyn miała tak fantastyczną figurę, że nawet w zwykłej białej wiązanej na szyi sukience wyglądała oszałamiająco. W ciągu dnia lubiła ubierać się na luzie w stylu charakterystycznym dla Zachodniego Wybrzeża USA – zazwyczaj wkładała coś od Pucciego lub jasnozieloną sukienkę podkreślającą jej sylwetkę. Jej ulubionym kolorem na nocne wyjścia był (oczywiście) czarny, a materiałem udrapowana wełna lub aksamit.

Bikini (a co tam!). W czasach Marilyn nie noszono jeszcze skąpych bikini. Dół jej stroju kąpielowego miał wysoki stan i pomimo tego, że odsłaniał pępek, to dziś uznalibyśmy go za nieco pruderyjny. Na wszystkich zdjęciach w stroju kąpielowym Marilyn jest jednak uśmiechnięta i wygląda na bardzo szczęśliwą. Bierz z niej przykład. Kiedy zakładasz bikini, to wcześniej zrób sobie *pedicure* i dumnie wypnij pierś.

Biały szlafrok *frotte* (nic pod spodem). Idealny, jeśli chcesz się zrelaksować w domu lub na planie w przerwie między ujęciami, kiedy poprawiają ci makijaż czy włosy. Szlafrok koniecznie musi być z grubej tkaniny *frotte*, wiązany z przodu. Możesz zachować się jak prawdziwa gwiazda i zwędzić go z luksusowego hotelu, na przykład Chateau Marmont albo Beverly Hills.

Piękna jedwabna halka z koronkowymi wstawkami – Może również służyć jako podomka. (Wiemy, że dziewczyny w typie Marilyn nie używają koszuli nocnej).

Rada Joan Holloway z serialu *Mad Men*, z którą zgodziłyby się Jackie i Marilyn: „Jeśli chcesz być uwodzicielska, upewnij się, że kiedy siadasz, pokazujesz maleńki, malusieńki skrawek halki".

Marilyn na obcasach. Zawsze

Czas na kilka rad związanych z kolekcją butów Marilyn. Początkujące aspirantki do jej stylu muszą pamiętać, że w świecie Marilyn buty i stopy mają ogromne znaczenie (niewolnicy mody, fetyszyści i naśladowcy Louboutina dobrze o tym wiedzą).

Obcasy (na równi z czerwonym lakierem na paznokciach u stóp) są tak ważne dla psychiki dziewczyn z duszą Marilyn, że jeśli któraś z nich zostałaby poproszona o napisanie swojej autobiografii (bo czemuż nie miałoby się to jej kiedyś przydarzyć), to prawdopodobnie nadałaby jej tytuł: *Obcasy. Zawsze obcasy.*

Marilyn nosiła szpilki od Ferragamo, a gdyby żyła w dzisiejszym świecie, bez wątpienia robiłaby zakupy u Manolo, Louboutina i Jimmy'ego Choo. Jackie chodziła w butach od Blahnika, kiedy jeszcze stanowiły towar niszowy – można je było kupić wyłącznie w jednym sklepie przy King's Road w Londynie, a później również w jednym malutkim butiku w Nowym Jorku[1].

Jakie buty nosiły? Styl Marilyn był bardziej swobodny niż styl Jackie. W przeciwieństwie do J.K.O. Marilyn zawsze nosiła obcasy i jej stopy wyglądały bardziej seksownie niezależnie od

[1] Jako kawaler J.F.K. Junior podobno pewnego razu udał się do sklepu Blahnika na Manhattanie ze stroną wyrwaną z „Vogue'a", żeby kupić buty dla swojej ówczesnej dziewczyny.

tego, czy miała na nich szpilki z odsłoniętymi palcami, espadryle na słomianych koturnach (do których zakładała podkoszulek w paski i szorty), czółenka, czy nawet kowbojki.

Nosić futra czy nie? Oto jest pytanie

Poruszmy kwestię praw zwierząt. Jak podeszłyby do niej Jackie i Marilyn?

Trzeba zaznaczyć, że w czasach, w których żyły (i aż do początku lat dziewięćdziesiątych), futra były oznaką sukcesu i dobrobytu (w wielu miejscach na świecie wciąż panuje takie przekonanie). Noszenie ich miało również wymiar romantyczny – zamożni małżonkowie lub wielbiciele często obdarowywali swoje ukochane kosztownymi futrami.

Co więcej wizerunek Marilyn, blond ideału, w czarnym futrze z norek na trwałe zapisał się w historii.

Z drugiej jednak strony i Jackie, i Marilyn były wielkimi miłośniczkami zwierząt. Obie posiadały psy, a Jackie przez całe swoje życie także konie, jej dzieci z kolei miały między innymi rybki i chomiki. Jako pierwsza dama Jackie nosiła płaszcz z futra lamparta (prezent od cesarza Etiopii), co okazało się tragiczne w skutkach – lamparcie futro stało się nagle tak pożądane wśród naśladowczyń Jackie, że dziki kot został prawie całkowicie wybity. Jackie była tym bardzo zasmucona.

Prawdopodobnie więc obie damy współcześnie stanęłyby raczej po stronie obrońców zwierząt.

Jednocześnie zarówno Jackie, jak i Marilyn były ponadprzeciętnymi indywidualistkami. Zawsze miały swoje zdanie i postępowały tak, jak chciały, bez względu opinię otoczenia.

Jak więc brzmi odpowiedź? Tak czy nie dla futer? Nie ulega wątpliwości, że obie posiadały ich wiele i przez całe życie często je nosiły[1]. Najprawdopodobniej gdyby żyły dzisiaj, opowiedziałyby się za wolnym wyborem i robiły to, na co miałyby ochotę.

M.M. i jeansy

Marilyn była królową jeansu.

Owszem, Jackie wyglądała w jeansach uroczo (zwłaszcza w białych rybaczkach, które zakładała w lecie), ale wychodząc na ulicę, nie wstrzymywała ruchu i nie wzbudzała trwających po dzień dzisiejszy zachwytów nad tym, jak świetnie prezentowała się w nich jej figura.

Jeansy Marilyn stały się ikoną do tego stopnia, że kiedy w roku 1999 zostały wystawione na sprzedaż przez dom aukcyjny Christie's w Nowym Jorku, Tommy Hilfiger za trzy pary, które nosiła w filmie *Rzeka bez powrotu* z 1954 roku, zapłacił ponad czterdzieści dwa tysiące dolarów[2].

Podczas tej samej aukcji, za osiemdziesiąt pięć tysięcy dolarów, projektant kupił również buty Marilyn z filmu *Skłóceni z życiem* z roku 1961.

Hilfiger podarował po parze jeansów Marilyn Britney Spears i Naomi Campbell. Jedną zachował dla siebie – wisi w wyjątkowym miejscu w jego biurze.

[1] M.M. była właścicielką wielu rozmaitych futer: miała kilka płaszczy z norek, etoli z lisa i mufek z królika... Nie wiadomo, czy nosiłaby je dzisiaj (być może poszłaby w ślady Stelli McCartney), ale nie ulega wątpliwości, że w swoich czasach prezentowała się w nich świetnie.

[2] Na metce widniało: „J.C. Penney, rozm. 24 w pasie".

Z przewodnika po stylu Marilyn – jak dbać o jeansy

Oto kilka wskazówek.

Jeśli nie masz w zwyczaju taplać się w błocie i nie pracujesz w kopalni węgla, to nie musisz zbyt często ich prać. W zależności od tego, jak często wkładasz daną parę, raz–dwa razy w miesiącu powinno wystarczyć.

Znawcy mody twierdzą, że noszone prawidłowo jeansy są takim samym wyznacznikiem naszej tożsamości jak odciski palców. Dlatego też radzą – to nie żart – żeby nie prać nowych jeansów przez co najmniej sześć miesięcy. Albo nawet dłużej. O ile nie jesteś na pierwszym roku studiów ani nie grasz w zespole rockowym[1], to pewnie niezbyt ci się to uśmiecha, dlatego proponujemy złoty środek: zanim wypierzesz nowe jeansy, noś je tak długo, jak tylko dasz radę.

Jeśli chcesz, by pozostały ciemne (to dużo bardziej stylowe), zanim wrzucisz je do pralki, przewróć na drugą stronę. Pamiętaj także, by posortować pranie według kolorów – nie chcesz przecież, żeby twój ulubiony biały podkoszulek zrobił się niebieski.

Jeśli jeansy są na ciebie w sam raz, przewróć je na lewą stronę i pierz w zimnej wodzie. W ten sposób zachowają swój kształt i kolor. Jeśli chcesz, by się odrobinę skurczyły, użyj ciepłej, a nawet gorącej wody.

Jeszcze kilka słów w kwestii suszenia. Niektórzy fanatycy jeansu twierdzą, że jeśli chcemy, żeby nowe spodnie idealnie

[1] Przecież musisz wychodzić z domu i przebywać z innymi ludźmi.

dopasowały się do naszej figury, po wypraniu powinnyśmy od razu włożyć je na siebie i posiedzieć na chwilę w wannie pełnej wody. Następnie zalecają, żeby pochodzić w tych mokrych jeansach, aż zupełnie się dopasują.

Nie do wiary!

Wszystkie kochamy jeansy i uwielbiamy być modne, ale to już przesada! Nie rób tego, o ile nie chcesz złapać zapalenia płuc (nie byłoby to w stylu ani Jackie, ani Marilyn). Susz jeansy w konwencjonalny sposób.

I jeszcze jedno: strzeż się pralni chemicznej (zaprasują ci jeansy na koszmarny kant), chyba że pracujesz w banku albo jesteś niemiecką arystokratką.

Marilyn Monroe: powalająca nawet w worku na ziemniaki

M.M. nie bez powodu okrzyknięto legendą kina, nie bez powodu też po dziś dzień pozostaje jedną z najbardziej rozpoznawalnych kobiet.

Słyszałaś kiedyś powiedzenie: „Ona wyglądałaby dobrze nawet w worku na ziemniaki"? (OK, mogłaś nie słyszeć, bo to fraza z lamusa, ale zapytaj swoich rodziców albo dziadków). W roku 1952 dział reklamy studia 20th Century Fox postanowił ubrać dwudziestosześcioletnią Marilyn w sukienkę mini z frędzlami, uszytą z jutowego worka na ziemniaki z Idaho. Jak przewidywano, efekt był oszałamiający. Ze swoją idealną fryzurą, promiennym uśmiechem i sandałkami wiązanymi wokół kostek Marilyn wyglądała tak szykownie jak w sukni od Patou.

Jackie Kennedy: ulubiona debiutantka Ameryki

Kiedy w roku 1947 Jackie zadebiutowała w towarzystwie, dziennikarz grupy wydawniczej Hearst Igor Cassini okrzyknął ją „Debiutantką roku". Jej córka Caroline, będąc w stosownym do tego wieku, odmówiła prezentowania się na salonach. Wnuczkom Jackie też nie było to w głowie.

Błyskawiczny test

Jesteś Marilyn, jeśli: twoje włosy zawsze wspaniale się układają. Zawsze. Oprócz tego, bez względu na to, co na siebie włożysz, wyglądasz świetnie.

Jesteś Jackie, jeśli: za dnia i w nocy masz na nosie okulary przeciwsłoneczne.

Czy Marilyn nosiła rozmiar XXL?

Odpowiedź brzmi: nie. Z jakiegoś powodu dzisiejsze kobiety wydają się mieć obsesję na punkcie wagi i wymiarów Marilyn. W jej czasach bardziej zwracano uwagę na jej bujne kształty, niż na to, jaki nosiła rozmiar.

Gwoli wyjaśnienia: M.M. miała sto sześćdziesiąt sześć centymetrów wzrostu, a jej waga w różnych momentach życia wahała się między pięćdziesięcioma dwoma a sześćdziesięcioma trzema kilogramami (najwięcej ważyła za czasów związku z Joem DiMaggio. Objadała się wówczas włoskim jedzeniem, a poza tym kilkakrotnie zachodziła w ciążę, której nie udawało się jej donosić)[1]. Jeśli chodzi o wymiary, to Marilyn mogła pochwalić się klasycznym dziewięćdziesiąt–sześćdziesiąt–dziewięćdziesiąt.

Nie mając przed oczami jej oryginalnych ubrań, trudno jest stwierdzić, jaki rozmiar nosiłaby według dzisiejszych standardów. Warto zaznaczyć, że wszystkie jej kostiumy były projektowane specjalnie dla niej i szyte na miarę. Sądząc po tym, jak wygląda manekin, na którym wieszano sukienki M.M., aktorka miała bardzo wąskie plecy, drobną klatkę piersiową i biust w rozmiarze 80C. Tym, co czyniło jej figurę tak niezwykłą, była trzydziestocentymetrowa różnica między obwodami jej biustu i bioder a obwodem talii. Nadawało jej to kształt bardzo wciętej klepsydry. (Pamiętacie żonę królika Rogera z filmu *Kto wrobił królika Rogera?* – Marilyn to jej ucieleśnienie).

Projektant Jeffrey Banks twierdzi: „Rozmiarówka w latach pięćdziesiątych była znacznie hojniejsza. Dopiero w roku 1967 Anne Klein zaczęła ustalać rozmiary pod bardziej płaskie kobiety. Ubrania, które w latach pięćdziesiątych miały rozmiar czterdzieści dwa, teraz oznaczono by jako trzydzieści osiem". Jeffrey uważa, że M.M. nosiłaby dzisiaj czterdziestkę (przy jej sześćdziesięciocentymetrowym

[1] W chwili śmierci w roku 1962 (w wieku trzydziestu sześciu lat) ważyła pięćdziesiąt trzy kilogramy.

obwodzie talii ubrania w tym miejscu trzeba byłoby zwężać) albo nawet czterdziestkę dwójkę, ale z poprawkami.

Nie oszukujmy się więc, Marilyn była kobietą szczodrze obdarzoną przez naturę. Nie miała chłopięcej, chudej sylwetki modelek, którą dziś uważa się za wzór piękna, a jednak nie można jej było odmówić (wciąż nie można) wdzięku, który zyskał jej miliony fanów. Nie bez powodu została gwiazdą filmową i prawdopodobnie jednym z najbardziej rozpoznawalnych (a już z pewnością najseksowniejszym) symboli dwudziestego wieku.

Materialistka Jackie

Trzeba przyznać, że w robieniu zakupów Jackie była mistrzynią świata.

Jeden z partnerów biznesowych Onasisa nazwał ją kiedyś „wyścigówką zakupową" (nie miał na myśli nic pozytywnego). Mówił, że „potrafiła w zaledwie dziesięć minut wydać w jednym sklepie sto tysięcy dolarów. A czasem i więcej". Truman Capote, który towarzyszył jej kiedyś w, jak to określił, „zakupowym szaleństwie", wspominał: „Wchodziła do sklepu, zamawiała dwa tuziny jedwabnych bluzek w różnych odcieniach, podawała swój adres i wychodziła". Pewnego razu, podczas jednej z takich eskapad, kupiła dwieście par butów, wydając sześćdziesiąt tysięcy dolarów.

Częściowo za taką rozrzutnością stało zapewne to, że była żoną jednego z najbogatszych ludzi świata. Żonom bogaczy wolno robić wszystko, na co mają ochotę, czyż nie? Co więcej Onasis też na tym korzystał. Małżeństwo z jedną z najwspanialszych kobiet stąpających po Ziemi dodawało blasku wizerunkowi jego firmy, rozumiał więc, że jego żona nie może wyglądać jak szara mysz. Jackie nigdy nie hamowała swoich zakupowych zapędów. Rachunki wysyłała prosto do Ariego albo pozyskiwała gotówkę ze sprzedaży swoich strojów – wielu z nich nigdy nie miała na sobie – przekazując je do nowojorskich lumpeksów takich jak Michael's czy Encore.

I kupowała dalej.

Gdzie Jackie i Marilyn kupowałyby dzisiaj

Jackie

Michael Kors
Lisa Perry (po roku 1967)
The Town Shop albo Le Petite Coquette (bielizna)
J. Crew
Bergdorf Goodman
Lanvin
Charvet w Paryżu (rzeczy dla szczęśliwca, któremu dane jest być jej mężczyzną)
Roger Vivier (w Nowym Jorku jedynie przy Madison Avenue)
(Tu J.K.O. zrobiłaby sobie przerwę i wpadła do Red Mango na deser)

Tory Burch
D. Porthault
Jason Wu
Petit Bateau
Van Cleef & Arpels
Miho Flowers (gdzie zgodnie z zasadą, że lepiej jest dostawać, niż dawać, kupiłaby sobie kwiaty)

Marilyn

Juel Park Lingerie w Los Angeles (robiono tam bieliznę specjalnie dla niej. Sklep ciągle działa)
M.M. absolutnie oszalałaby na punkcie kopertowych, wiązanych z boku sukienek od DVF
Nosiłaby też koszulki marki Paris Review („Przegląd paryski"), doprowadzając męską część maniaków literatury do szaleństwa. (Rzeczy tej marki można kupić jedynie *online*. Trzeba mieć na uwadze, że firma działa na małą skalę)
La Petite Coquette
J. Mendel w Paryżu
Barneys w Nowym Jorku
Oscar de la Renta (na szczególne okazje)
Harry Winston
Brooks Brothers (płaszcz z wełny wielbłądziej)

Obie podkradałyby koszule / kaszmirowe swetry z szaf swoich mężów / chłopaków.

Sekretne sekrety Jackie.
Czy wiesz, że…?

Choć jej garderoba była porównywalna z asortymentem drugiego piętra domu handlowego Bergdorf's (również pod względem liczby ciuchów znanych projektantów), Jackie przez dziewięćdziesiąt procent czasu nosiła jeansy i T-shirty.

Sekretne sekrety Marilyn.
Czy wiesz, że…?

Chociaż była znana z olśniewającego wizerunku, nie przepadała za makijażem ani biżuterią i kiedy nie musiała, nie dbała ani o jedno, ani o drugie.

3

Jak być piękną

Chcę się cała czuć blondynką.

M.M. ZAPYTANA, DLACZEGO SIĘ NIE OPALA

Ponad wszystko inne jestem kobietą.

J.K.O.

Jackie i Marilyn zdawały sobie sprawę z siły piękna. Co bardzo ciekawe (choć pewnie niezbyt zaskakujące) żadna z nich w okresie dorastania nie uważała się jednak za zbytnio urodziwą. W rodzinie Jackie to jej siostra Lee była „tą ładną", podczas gdy J.K.O. uchodziła za „tę mądrą"[1].

[1] Podobnie wyglądała sytuacja w rodzinie Grace Kelly. Starsza siostra przyszłej księżnej Monako uważana była za „gwiazdę", a Grace (choć trudno to sobie wyobrazić) za szarą myszkę. W schemat ten wpisuje się również Audrey Hepburn (dziś to doprawdy niepojęte), której uroda określana była jako „dziwna".

Niezależnie od tego, jak układało się jej życie, Marilyn zawsze była uosobieniem piękna i seksu. Stanowiło to jednocześnie jej siłę – dawało władzę nad mężczyznami – i słabość – trudno sobie wyobrazić, co by się stało, gdyby nagle straciła urodę albo zechciała, żeby wzięto ją na poważnie i potraktowano jako kogoś więcej, niż obiekt seksualny.

Będąc dzieckiem Hollywood, zdawała sobie sprawę z ulotności fizycznego piękna, ale wiedziała również, że w świecie show-biznesu jest ono absolutną koniecznością. „Grawitacja w końcu dopada każdego", mówiła. Świadomość ta prawdopodobnie sprawiała, że Marilyn jeszcze bardziej pragnęła zostawić po sobie coś trwałego – swój wizerunek na ekranie.

Jeśli chodzi o rodzaje piękna, to Jackie i Marilyn reprezentowały przeciwne wzorce. Marilyn była zmysłowa i lekka, Jackie nieco mroczniejsza i bardziej kanciasta. Marilyn spryskiwała się Chanel No.5, kiedy kładła się do łóżka, Jackie zakładała kostiumy od Chanel podczas pełnienia obowiązków w Białym Domu. Obie maksymalnie wykorzystały to, czym obdarowała je natura. Będąc pierwszą damą, Jackie stała się wzorem stylu dla milionów kobiet na całym świecie i zdołała przenieść francuski szyk z wybiegów do szaf gospodyń domowych z przedmieść. Marilyn wniosła poczucie humoru do relacji damsko-męskich; unikała słońca, lubiła obcisłe ciuchy i nie przepadała za noszeniem bielizny.

Każda z nich, na swój własny sposób, została ikoną stylu.

„Piękno jest prawdą, prawda jest pięknem..."[1]

Bez względu na to, jak postanowiły się zaprezentować światu (Jackie na łodzi w Grecji, w białych jeansach, T-shircie i sandałach od Jacka Rogersa; Marilyn na czerwonym dywanie ze wszystkimi atrybutami gwiazdy filmowej – cała w diamentach, w białej sukni z ciężkiego jedwabiu i futrzaną etolą do kompletu), obie zawsze były świadome tego, jak wyglądają i jak odbiera je otoczenie. Obie potrafiły się świetnie ubrać i miały swój naturalny styl wywodzący się u jednej z Southampton, u drugiej zaś z Hollywood. Obie posiadały wrodzony zmysł estetyczny, wyostrzony albo w związku z pochodzeniem i dążeniami, albo z konieczności.

Sprawiały wrażenie beztroskich. Wystarczy przywołać w myślach obraz Marilyn uśmiechającej się spod prześcieradła podczas sesji dla „Vogue'a" i Jackie, która ubrana w cienki sweter i jeansy odwraca głowę, by uśmiechnąć do obiektywu fotografa, który złapał ją na ulicy. Ale nie oszukujmy się – obie potrafiły o siebie zadbać. To prawda, że niewiarygodnie poszczęściło się im na genetycznej loterii, ale dodatkowo bardzo dbały o skórę, włosy i sylwetkę, inwestując w siebie tyle, ile pozwalał im budżet.

[1] J. Keats, *Oda o urnie greckiej*, [w:] tegoż, *33 wiersze*, oprac. S. Barańczak, Kraków 1997, s. 74–77 (przyp. tłum.).

Jackie: perfekcja skrojona na miarę

Jako córka Johna Bouviera, debiutantka, studentka elitarnego Vassar College, pierwsza dama, żona bogacza (w dwóch osobnych przypadkach) oraz „najsławniejsza kobieta świata" Jackie nie mogła o siebie nie dbać. Nigdy nie zobaczyłybyśmy jej, jak wlecze się do supermarketu w welurowej, sportowej bluzie z napisem na plecach. Albo jak spaceruje po mieście w japonkach. Przetłuszczone włosy, co oczywiste, także nie wchodziły w grę. Podobnie jak kobiety z rodu Kennedych w ich wieku Jackie i Lee stosowały restrykcyjne diety. Jeśli Jackie przytyła choćby dwa kilogramy, jej matka (która sama bardzo dbała o szczupłą sylwetkę) dobitnie dawała jej do zrozumienia, co o tym myśli.

Marilyn: piękno to seks

Uroda była dla Marilyn biletem, który wyrwał ją z żałosnej, anonimowej egzystencji (takiej, jaka przypadła w udziale jej matce). To dzięki niej udało się jej wspiąć po drabinie kariery w Hollywood bez protektora, powiązań rodzinnych ani wszechstronnej edukacji, jaką otrzymała Jackie. Marilyn w pewnym sensie musiała być piękna, żeby się wybić i żeby uciec jak najdalej od swoich korzeni. Chociaż i tak zawsze wyglądała powalająco, patrzyła na siebie krytycznym okiem i podkreślała to, co miała najlepsze, żeby wywrzeć jeszcze większe wrażenie. W jej życiu nie było miejsca na przypadkowość. W kwestii autoprezentacji była (podobnie jak Jackie) perfekcjonistką.

David Conover, fotograf, który „odkrył" Marilyn, podczas jednej z pierwszych sesji powiedział, że nie pamięta drugiej tak „samokrytycznej" modelki ani takiej, która „tak pieczołowicie studiowałaby każdą kliszę, negatyw i zdjęcia, wypatrując najmniejszej skazy". Kiedy coś się jej nie podobało, pytała: „Co się tu ze mną stało?" albo „To okropne. Co zrobiłam nie tak?".

Żeby stać się „Marilyn", potrzebowała od półtorej do trzech godzin, co było jednym z powodów jej ciągłego spóźniania się na plan, umówione spotkania i przyjęcia koktajlowe[1]. Chciała prezentować się idealnie. Wiedziała, czego oczekuje od niej publiczność i wkładała sporo wysiłku, by dać widzom to, czego pragnęli. Nie mogła inaczej – wierzyła, że to publiczność czyni ją gwiazdą.

Sekrety pielęgnacji skóry Jackie i Marilyn

Jako młoda kobieta Jackie, wracając samolotem z Londynu (gdzie dla gazety „Washington Times-Herald" pisała relację z koronacji królowej Elżbiety II), wyciągnęła od hollywoodzkiej gwiazdy Zsa Zsy Gabor sekret jej pięknej skóry. Gabor poleciła jej Erno Laszlo, hollywoodzkiego dermatologa, nieznanego w szerszych kręgach, którego produktów używały między innymi Marilyn Monroe, Audrey Hepburn i Ava Gardner. Wkrótce J.K.O. dołączyła do jego wielbicielek. (Zsa Zsa Gabor doradziła jej również, żeby „dla uzyskania i utrzymania pięknej cery jadła

[1] I to nie uwzględniając godzin, które spędzała w kąpieli albo na kilkakrotnym myciu głowy, kiedy jej włosy nie układały się tak, jak chciała.

codziennie kawałek surowej zielonej papryki". Nie wiadomo, czy J.K.O. wzięła sobie tę radę do serca).

Metoda Laszlo, zresztą stosowana po dziś dzień, słynęła z tego, że była bardzo złożona i składała się z wielu faz. Najpierw oceniany był wiek skóry w oparciu o stopień jej suchości albo przetłuszczenia. W zależności od wyniku tego testu dermatolog zalecał stosowanie zestawu mydeł z mułu morskiego, radził trzydzieści razy ochlapywać twarz letnią wodą, nakładać na nią specjalny olejek oczyszczająco-nawilżający, preparat ściągający z białym pudrem na noc oraz środek ściągający na dzień z pudrem innego koloru. Oprócz tego przepisywał przeróżne preparaty nawilżające na dzień i na noc oraz sypki puder dla zwieńczenia dzieła…

Skomplikowane? Marilyn i Jackie zarzekały się, że jego metoda działa.

Notatki robocze J+M: skład diety

Marilyn kochała jeść, a jeszcze bardziej kochała pić szampana – o każdej porze dnia i nocy. „Dajcie mi szampana i dobre jedzenie, a będzie mi jak w niebie i poczuję się jak zakochana", mawiała. Żeby rozluźnić ją przed pamiętną sesją dla „Vogue'a" w 1962 roku, Bert Stern zamówił do hotelu Bel-Air, gdzie odbywały się zdjęcia, skrzynkę Dom Pérignon. Nie da się ukryć, że szampan podziałał. W połowie sesji Marilyn nie miała już na sobie nic i radośnie baraszkowała w zmiętych białych prześcieradłach. Jej blond włosy zlewały się z bielą poduszek, czerwone usta układały się w przebiegły uśmieszek, a spod prześcieradeł wystawało jej piękne, nagie ramię.

Jackie z kolei bardzo drobiazgowo podchodziła do swojej diety, podobnie jak do kwestii ubioru i wizerunku publicznego. Nigdy nie zgodziłaby się na rozbieraną sesję dla „Vogue'a", o wypiciu skrzynki szampana nawet nie wspominając.

Dla rozładowania stresu przez całe życie paliła dwie paczki papierosów dziennie (zaczęła, mając piętnaście lat) i ogryzała paznokcie. To właśnie z powodu żółtych od tytoniu opuszek palców i ogryzionych paznokci, występując publicznie, zakładała rękawiczki, zapoczątkowując tym samym nowy trend. Jeszcze w Białym Domu, kiedy czuła, że przekroczyła swoją graniczną wagę pięćdziesięciu czterech kilogramów, przechodziła na dietę i jadła prawie wyłącznie rosół i owoce, aż znowu schudła. (J.F.K. też martwił się tym, że w dojrzałym wieku przybrał na wadze. Przed każdym posiłkiem brał popularny w latach sześćdziesiątych środek odchudzający Metamucil. Bardzo przejmował się też swoimi „pyzami", obawiając się, że z ich powodu nikt na niego nie zagłosuje w nadchodzących wyborach).

Obsesja na punkcie wagi przeszła na kolejne pokolenia rodu Kennedych. Kiedy pewnego razu Jackie jadła ze swoją córką Caroline lunch w Ritzu w Bostonie, dogryzła jej tak, jak tylko matka potrafi: „Lepiej nie zamawiaj deseru, bo jak będziesz gruba, to nikt cię nie zechce".

Musiało zaboleć.

Dieta seksbomby

Marilyn osiągnęła dorosłość w połowie dwudziestego wieku i stosowała dietę bardzo typową dla lat pięćdziesiątych. Jadła według wytycznych obowiązujących w tamtych czasach (głównie warzywa i produkty białkowe, jak najmniej węglowodanów), które tak naprawdę sprowadzają się do zasad zdrowego żywienia obowiązujących współcześnie.

Jako początkująca aktorka Marilyn była biedna i podobno zmuszona żyć za dolara dziennie (pamiętajmy, że pieniądze w latach czterdziestych miały nieco inną wartość niż dziś). Na jej dietę składały się więc hamburgery, masło orzechowe, hot dogi, chili, krakersy, owsianka i sok pomarańczowy.

Była zaniedbanym dzieckiem czasów wielkiego kryzysu, więc nie w głowie jej było wybrzydzanie. Lubiła przyrządzać bardzo proste posiłki, na przykład marchewkę z groszkiem, którą uwielbiała ze względu na ładną kombinację kolorów. Mając dwadzieścia sześć lat, w rozmowie z jednym z magazynów wspomniała o swoich „dziwacznych nawykach żywieniowych" (wywiad opatrzony był zachwycającym zdjęciem, na którym leżała na łóżku w pełnym makijażu, z idealną fryzurą, skrywając swe roznegliżowane wdzięki pod prześcieradłem i zniewalająco uśmiechając się do obiektywu). Zdradziła wówczas, że na śniadanie podgrzewa sobie kubek mleka na kuchence w pokoju hotelowym, następnie wbija do niego dwa jajka, miesza wszystko widelcem i popija tę miksturę w trakcie ubierania się. Wyznała również, że łyka multiwitaminy.

Na początku kariery Marilyn brała lekcje aktorstwa, chodziła na przesłuchania i na plan filmowy w nadziei, że ktoś zatrudni ją chociażby w charakterze statystki. Zdarzało się, że po drodze do domu wpadała do lodziarni Willa Wrighta na waniliowy deser z polewą z gorącej czekolady (Audrey Hepburn miała ten sam zwyczaj i odwiedzała lodziarnię popołudniami). „Jestem pewna, że nie mogłabym pozwolić sobie na taką rozpustę, gdyby moja codzienna dieta nie składała się głównie z potraw białkowych", twierdziła.

„Moje obiady domowe – zdradziła – są zaskakująco proste. Każdego wieczoru zatrzymuję się na targu nieopodal hotelu i zaopatruję się w steki wołowe, kotlety jagnięce i wątróbkę, które później opiekam w elektrycznym piekarniku w swoim pokoju. Do mięsa zazwyczaj zjadam cztery, pięć marchewek. I to wszystko. Pewnie mam w sobie coś z królika, bo nigdy nie mam dość surowych marchewek".

Marilyn nie przestała hołdować prostocie nawet w późniejszych latach, kiedy już osiągnęła sukces. Joe DiMaggio zapoznał ją z kuchnią włoską i od kiedy za niego wyszła, do końca życia z różną częstotliwością jadała makaron. Kiedy związała się z Arthurem Millerem, przekonała się do potraw żydowskich.

Jeśli nie odchudzała się akurat do jakiejś roli, z przyjemnością pozwalała sobie na hot dogi, kawior, jedzenie meksykańskie, steki wołowe (jej ulubione) i lody waniliowe (za którymi wprost przepadała).

Pod koniec lat pięćdziesiątych, podczas zdjęć do *Pokochajmy się*, zajadała się spaghetti i duszoną jagnięciną, popijając je wódką i szampanem (uważała, że Dom Pérignon rocznik pięćdziesiąty trzeci jest najlepszy). Jak każda wschodząca gwiazda i licząca się osobistość w latach pięćdziesiątych i sześćdziesiątych (Babe Paley, Jackie Kennedy, legendarna redaktor naczelna „Vogue'a" Diana Vreeland, a także ich matki) na śniadanie zazwyczaj wypijała szklankę soku z winogron (Grace Kelly kazała go najpierw gotować).

Dziś na pewno nie powiedzielibyśmy o Marilyn, że jest gruba (przecież żyjemy w czasach, w których otyłość to prawdziwa plaga). Jej waga utrzymywała się między pięćdziesięcioma dwoma a pięćdziesięcioma czterema kilogramami, choć kiedy była żoną Joego DiMaggio, a także w burzliwych latach u boku Arthura Millera (1956–1961), przytyła do sześćdziesięciu trzech kilo. Trudno powiedzieć, co było powodem takiego przybrania na wadze w czasie, kiedy była z Millerem. Niektórzy podejrzewają, że stały za tym trzy niedonoszone ciąże oraz stres spowodowany przez śledztwo w sprawie domniemanej kolaboracji dramatopisarza z komunistami. Być może dodatkowe kilogramy pojawiły się jednak w wyniku poczucia bezpiecznej stabilizacji u boku mężczyzny, którego kochała, albo były skutkiem kryzysu ich małżeństwa po kilku latach od ślubu.

Kiedy Marilyn musiała schudnąć do roli, stosowała się do zasad, które dzisiaj nazwalibyśmy dietą Atkinsa. Jej typowe śniadanie mogło składać się z białek przyrządzonych na oleju z krokosza barwierskiego, tostów, jajek na twardo albo grejpfruta. Na lunch jadła zapewne grillowany stek wołowy z warzywami. Kiedy pracowała, ograniczała picie wszystkich napojów alkoholowych oprócz wódki. W roku 1962 zrzuciła około dziesięciu kilogramów, przygotowując się do roli w *Something's Got to Give*, i twierdziła, że jest tak szczupła i w tak doskonałej formie jak nigdy wcześniej.

Sekret szczupłej figury Jackie

Przy prawie stu siedemdziesięciu centymetrach wzrostu Jackie pozostawała szczupła dzięki bardzo regularnym ćwiczeniom, paleniu i diecie. I oczywiście genom (jej siostra Lee również była wyjątkowo szczupła). Nie gustowała w śmieciowym czy przetworzonym jedzeniu. Czasem pozwalała sobie na lody czekoladowe, ale nie miała w zwyczaju odwiedzać McDonalda. Owszem, podjadała między posiłkami, ale sięgała po marchewkę pokrojoną w plasterki albo seler naciowy.

Na dobry początek dnia: zielony koktajl

Każda modelka, aktorka czy po prostu osoba dbająca o zdrowie potwierdzi, że zielony koktajl naprawdę działa. Co więcej to świetny i szybki sposób na dostarczenie sobie porcji warzyw, jeśli żyje się w pośpiechu. J.F.K. Junior był miłośnikiem koktajli białkowych, a Jackie i Marilyn zapewne zastosowałyby przepis podany poniżej. To fantastyczny sposób, by dobrze zacząć dzień.

Ten zielony napój przyrządza się z dowolnych zielonych, surowych warzyw (sałaty, selera, szpinaku, kapusty włoskiej), wody i jakiegoś owocu dla osłody (by uczynić go bardziej strawnym). Dla zagęszczenia pod koniec miksowania można dodać kilka kostek lodu. By uzyskać jeszcze lepszy efekt, miksturę można wzbogacić o miarkę protein w proszku albo garść nasion siemienia lnianego.

Zielony koktajl J + M

garść surowego szpinaku
2 łodygi selera naciowego
½ ogórka

garść kapusty włoskiej (usunąć głąby)
1–2 banany
4–5 mrożonych truskawek (całych)
1– 2 szklanki wody (w zależności od tego, jaką konsystencję chcesz uzyskać)

W internecie można znaleźć miliony wariacji na temat tego przepisu. Świetny efekt uzyskamy, do pozostałych składników dodając ananas (może być z puszki). Równie znakomicie sprawdza się uzupełnienie mikstury mrożonymi czarnymi jagodami. Jeżeli nie chcesz, żeby koktajl był zbyt gęsty, dolej wody.

Zanim zmiksujesz warzywa, pamiętaj, żeby dokładnie je umyć. O mrożone owoce (truskawki albo jagody) nie musisz się martwić. Najlepszy efekt uzyskasz, ustawiając mikser na wysokie obroty.

Zasady odżywiania J+M

Zastanawiasz się może, co takiego jadły Jackie i Marilyn, że wyglądały tak fantastycznie?

Po pierwsze obie świetnie znały swoje ciało i wiedziały, na co mogą sobie pozwolić. Równocześnie zdawały sobie sprawę, co negatywnie odbija się na ich urodzie. Marilyn na przykład musiała pamiętać, że nadmiar croissantów i przetworzonego jedzenia (chipsów, lodów – generalnie wszelkich pyszności) sprawiał, że tył jej ud zaczynał wyglądać nieapetycznie (przynajmniej w jej bardzo wyczulonych na takie szczegóły oczach).

Jackie w kwestii jadłospisu była zdyscyplinowana wręcz do szaleństwa (nawet bardziej niż Marilyn). Restrykcyjna dieta stała się jej drugą naturą na długo zanim wprowadziła się do Białego Domu. Posiadała podstawową wiedzę z zakresu dietetyki i zawsze była na bieżąco z najnowszymi doniesieniami dotyczącymi zdrowia i medycyny (zarówno z tymi z głównego nurtu, jak i z alternatywnymi). Śpiewająco odpowiedziałaby na każde pytanie związane ze znaczeniem witaminy D, włączaniem protein do śniadania oraz uzależniającymi właściwościami węglowodanów i białego cukru. Kiedy jej ukochana ciotka Edith Bouvier Beale, a potem również matka, zaczęły zdradzać objawy choroby Alzheimera, Jackie nabrała poważnych obaw, że i ona straci pamięć (nic takiego się nie stało), wyrzuciła więc ze swojej kuchni wszystkie teflonowe patelnie.

Błyskawiczny test

Jesteś Jackie, jeśli: mogłabyś na zawsze wyłączyć ze swojej diety pieczywo. Bez mrugnięcia okiem.

Jesteś Marilyn, jeśli: twierdzisz, że się odchudzasz, ale tak naprawdę wolisz, kiedy jesteś bardziej krągła.

Współczesna Jackie: praktyczne porady

Nie oszukujmy się – chociaż geny mają znaczenie, to żeby dobrze wyglądać, współczesne Jackie i Marilyn muszą o siebie zadbać. Oba typy kobiet powinny koniecznie zwrócić uwagę na to, co jedzą (w szczególności te z obozu Jackie, które radośnie pochłaniają na lunch frytki, ale za to przez resztę dnia popijają jedynie sok marchewkowy). J.K.O. naprawdę była w stanie funkcjonować, zjadając na obiad tylko kawałek kurczaka (bez skóry) albo ryby i sałatę z odrobiną dressingu. Jej jadłospis był porównywalny z dietą często stosowaną przez modelki (choć nie wypijała hektolitrów kawy i nie faszerowała się witaminą C).

Jeśli współczesna Jackie wieczorem wybiera się do dobrej restauracji, to w ciągu dnia je tylko lekkie posiłki. Jeśli zamierza spędzić noc sylwestrową w szwajcarskim Gstaad, objadając się czekoladkami, to po powrocie do domu zaraz wskakuje na bieżnię albo rozkłada matę do jogi. Kiedy odwiedzi Paryż, z pewnością zje tyle croissantów, ile tylko zdoła (gdzie jeść croissanty, jeśli nie w ich stolicy?), ale po powrocie z wycieczki będzie unikać węglowodanów.

Kiedy zostanie zaproszona na obiad, albo gdy obiad ugotuje dla niej mężczyzna, współczesna Jackie zje wszystko, co zostanie jej podane, a nawet poprosi o dokładkę. Co więcej jeśli po obiedzie na stole pojawi się deser – a w szczególności jeśli będzie to coś, czego zwykle nie jada (Profiterole! Crème brûlée! Ciastka Rice Krispies!) – to na pewno sobie pofolguje.

J.K.O. nigdy nie odmówiła prawdziwej bitej śmietany. Przenigdy. Nie była entuzjastką produktów odtłuszczonych,

przetworzonych, dietetycznych i sztucznych. Kiedy przebywała na wyspie Vineyard, nie bez powodu zatrzymywała się w lodziarni Mad Martha's i kupowała sobie rożek. Wiedziała bowiem, że dla zdrowia włosów i skóry organizm potrzebuje odrobiny tłuszczu.

Jackie charakteryzowała się świetną intuicją i doskonale wyczuwała, co jej służy, oraz miała niezwykle sprawny metabolizm, dzięki czemu nigdy nie straciła smukłej sylwetki. Współczesna Jackie ma podobnie.

Notatki robocze: J+M na siłowni

Chociaż Marilyn miała bujniejsze kształty, a także nieco więcej ciała niż kanciasta Jackie, należała do propagatorek ćwiczeń fizycznych. Kiedy była wschodzącą gwiazdą, żeby utrzymać kształtny biust i smukłą linię, ćwiczyła z ponaddwukilogramowymi ciężarkami i codziennie rano biegała. Idąc za radą swojego masażysty Ralpha Roberta, brała także lodowate kąpiele (skrapiając wodę Chanel No. 5), żeby dodać blasku skórze i zredukować cellulit.

Jackie zapracowała sobie na to, by całe życie mieścić się w rozmiar trzydzieści sześć – była niemal uzależniona od wysiłku fizycznego. Jeździła konno i na nartach wodnych, biegała, uprawiała jogę, chodziła po górach, pływała kajakiem i była członkinią dwóch klubów fitness w Nowym Jorku[1].

Jakie dokładnie ćwiczenia wykonywały? Na początku trzeba zaznaczyć, że Marilyn najprawdopodobniej wzbudziłaby zamieszki w chwili, w której przekroczyłaby próg jednej ze współczesnych siłowni. Ledwie pojawiała się w studiu i już nie mogła się opędzić od mężczyzn. Trzeba jednak przyznać, że w zaciszu własnego domu chętnie podnosiła ciężary. Co więcej kiedy była wschodzącą (czytaj: głodującą) gwiazdą, poprosiła wojskowego instruktora ciężarowców, mistrza tej dyscypliny, żeby nauczył ją obchodzić się ze sztangą i innymi przyrządami, które można znaleźć na siłowni.

---

[1] Jej syn John też zapracował sobie na swój świetny wygląd. Był członkiem czterech siłowni w różnych częściach Manhattanu, żeby zawsze, kiedy nachodziła go ochota na ćwiczenia, móc zajrzeć do którejś z nich.

Zgodził się.

Tak jak Cary Grant, Marilyn narzuciła sobie własny, bardzo prosty system ćwiczeń (Grant miał prywatną siłownię we własnym garażu), co dla kobiety żyjącej w latach czterdziestych czy pięćdziesiątych było nie do pomyślenia. Jej goście często widywali sprzęt do ćwiczeń leżący w kącie salonu. W czasach, w których mało kto biegał dla zdrowia (bez względu na płeć), Marilyn regularnie uprawiała jogging po bocznych uliczkach Beverly Hills.

Swój system ćwiczeń opisywała następująco: „Co rano po umyciu zębów i twarzy i strząśnięciu z siebie pierwszej grubej warstwy snu, kładę się obok łóżka i zaczynam trening. To proste, ujędrniające biust ćwiczenia z dwuipółkilogramowymi ciężarkami. Kładę się na plecach i podnoszę ręce tyle razy, ile jestem w stanie. Później zataczam rękami okręgi, tak długo, aż braknie mi sił. Nie liczę rytmicznie, tak jak prowadzący gimnastykę w radiu. Nie zniosłabym ćwiczeń, gdybym czuła się do nich zmuszana".

Marilyn uwielbiała pokazywać się na plaży w Malibu (zwłaszcza jeśli w pobliżu czaił się akurat fotograf z magazynu „Life") i przebywać na łonie natury, ale nie przepadała za sportami takimi jak golf czy tenis. „Zostawiam je mężczyznom", mówiła.

Jackie z kolei była tak wysportowana, że gdyby chciała, zapewne mogłaby zostać olimpijką. Choć do jej ulubionych sportów należały: polowanie na lisy, bieganie, narciarstwo, flirtowanie, dobre jedzenie i intensywne zakupy, to trzeba jej przyznać, że świetnie radziła sobie też na korcie tenisowym i żaglówce.

Kiedy mieszkała w Nowym Jorku, miała w zwyczaju wychodzić na poranną przebieżkę wokół sztucznego jeziora w Central

Parku (które później zostało nazwane jej imieniem), gdzie czasami naprzykrzał się jej *paparazzo* Ron Galella. Dodatkowo dwa razy w tygodniu miała sesję z osobistym trenerem w klubie fitness Vertical przy East 56th Street. Przez ostatnie siedem lat życia dwa razy w tygodniu przyjmowała z wizytą Tillie Weitzner, znaną instruktorkę jogi. Weitzner zdradziła kiedyś, że gdy w nowojorskim mieszkaniu J.K.O., które nie miało klimatyzacji, robiło się za gorąco, Jackie wkładała „stary czarny, podziurawiony strój gimnastyczny" i nigdy nie narzekała. „Podchodziła do jogi bardzo poważnie. Stale pracowała nad tym, by rozwijać swoje umiejętności".

Podczas letnich miesięcy spędzanych na wyspie Martha's Vineyard miała równie napięty program ćwiczeń. Po śniadaniu całe ranki spędzała na wiosłowaniu w kajaku, a godziny po lunchu przeznaczała na pływanie lub jazdę na nartach wodnych. (Jako mieszkanka Białego Domu zachęciła Joan Kennedy, by podczas pływania u wybrzeży Cape Cod dla ujędrnienia ud zakładała płetwy).

Jesienią Jackie jeździła konno w Bernardsville w stanie New Jersey. Tydzień przez dwudziestym drugim listopada (rocznicą zabójstwa J.F.K.) zwykła spędzać w Middleburgu w stanie Wirginia, gdzie uczestniczyła w polowaniach w klubie myśliwskim Orange Hunt i mieszkała w domu będącym częścią posiadłości Rachel „Bunny" Mellon.

Zimą Jackie prawie codziennie wychodziła na spacer do Central Parku albo szybkim krokiem przemierzała Madison Avenue. Po Bożym Narodzeniu, żeby odpocząć po świątecznym zamieszaniu, latała na leżącą na Morzu Karaibskim Antiguę i wypoczywała w kurorcie Curtain Bluff.

Sport według Jackie

Jeśli należysz do obozu Jackie, to jesteś typem zapalonej atletki. Co więcej ćwiczysz z klasą! (Dzisiejsza Jackie nie może tak po prostu pójść na siłownię. Zatrudnia osobistego trenera, który przychodzi do niej do domu, albo zostaje członkinią jednego z renomowanych klubów sportowych takich jak Reebok Sports Club w Los Angeles albo w Nowym Jorku czy East Bank Club w Chicago). Jackie potrzebuje dużo różnych przyrządów do ćwiczeń, prywatnego jeziora, prywatnej wyspy z prywatnym oddziałem ochroniarzy, jachtów, stadniny, butów do biegania, odpowiedniego stroju do jazdy konnej oraz znoszonego stroju gimnastycznego.

Sport według Marilyn

Jeśli należysz do obozu Marilyn, zapewne masz nieco więcej dystansu do aktywności fizycznej i jesteś w tej kwestii „Zosią Samosią". Jeśli nie przygotowujesz się akurat do roli albo do sesji fotograficznej na rozkładówkę magazynu, to niezbyt przykładasz się do ćwiczeń. Wyszło szydło z worka! Odpocznij sobie dla urody (przyznaj się, pewnie długo wczoraj balowałaś), wybierz się na spacer po plaży późnym popołudniem i od czasu do czasu podźwigaj ciężary – ale tylko, jeśli masz na to ochotę.

Jako Marilyn jesteś świadoma, że to, czy ćwiczysz, i tak ma znikome znaczenie, bo zawsze będziesz bardziej atrakcyjna fizycznie niż Jackie.

Jackie i Marilyn: ekshibicjonistki

„Czuję się swobodnie tylko wtedy, kiedy jestem naga", twierdziła Marilyn. Współczesne Marilyn też najchętniej od razu zrzuciłyby z siebie bieliznę. Kobiety z duszą Marilyn uwielbiają być nagie. I nawet kiedy są ubrane od stóp do głów, jakimś cudem sprawiają wrażenie, jakby były w negliżu.

Marilyn wyglądała piękniej (o ile to w ogóle możliwe) bez ubrania niż w jakimkolwiek stroju. Żaden kostium kąpielowy, futro z soboli, jeansy, T-shirt czy nawet suknia projektu Travilli nie zdobiły jej tak jak nagość. Lee Strasberg, który uczył Marilyn gry aktorskiej, mówił: „Kiedy staje przed obiektywem, zamienia się w istotę o niemal nadprzyrodzonej urodzie".

Jackie pokazywała się topless publicznie, ale tylko wtedy, kiedy panowały ku temu sprzyjające warunki, na przykład na południu Francji albo w Grecji, gdzie prawdopodobieństwo tego, że wpadnie na znajomych swoich rodziców albo przedstawicieli amerykańskich wyższych sfer, było raczej znikome.

Tak jak wciąż zdarza się to Amerykankom, Jackie dostawała małpiego rozumu, kiedy wyjeżdżała do Europy: dziewictwo straciła w staromodnej windzie w paryskim *pensione* („I to wszystko?", zapytała już „po"), podczas wakacji na wyspie Skorpios kąpała się w morzu nago, a pod koniec lat sześćdziesiątych nie wkładała pod bluzkę stanika. Ku niezadowoleniu swoich purytańskich przodków współczesna Jackie, kiedy wyjeżdża za granicę, wkłada piękną bieliznę (o równowartości swojego tygodniowego zarobku) i wysokie szpilki – do diabła z wybrukowanymi ulicami!

Dzisiejsza Marilyn posuwa się dużo, dużo dalej. Nie ma problemu z seksem ani nagością. Kocha swoje ciało i jest najszczęśliwsza, kiedy zrzuci z siebie ubranie. Uwielbia też kąpiele. Ubóstwia wodę i plaże.

Chirurgia plastyczna?

W roku 1950 Marilyn poddała się operacji plastycznej zwężania nosa (szczegóły procedury nie są jednak znane). Nie licząc tego epizodu, wydawała się jednak nastawiona negatywnie do chirurgii plastycznej. Na pewno nigdy nie miała powiększanych piersi ani ust. Nie poddała się też liposukcji, nie miała zastrzyków z botoksu, zabiegów Restylane ani żadnych innych podobnych procedur, tak popularnych wśród dzisiejszych dwudziestokilkuletnich wschodzących gwiazdeczek (albo ambitnych króliczków „Playboya") na południu Kalifornii. „Chcę się zestarzeć bez liftingów – deklarowała. – Pragnę zdobyć się na odwagę i pozostać lojalną twarzy, którą sobie stworzyłam".

Jackie z kolei nie miała problemu z tego typu zabiegami (było to zjawisko dość częste w jej kręgach). Wiosną 1989 roku poddała się bardzo delikatnemu liftingowi twarzy, przeprowadzonemu przez lubianego przez gwiazdy chirurga plastycznego Michaela Hogana.

Notatki robocze: typ sylwetki

Freud nie żartował. Anatomia jest przeznaczeniem. Określenie, czy twoja figura przypomina bardziej sylwetkę Jackie czy Marilyn, pozwoli ci stwierdzić, jakie ubrania i dodatki powinnaś nosić, jaką ścieżkę kariery wybrać, za kogo wyjść za mąż i jaki styl życia prowadzić. To całkiem proste.

W kwestii figury Marilyn i Jackie dają nam tylko dwie opcje: typ klepsydry albo typ chłopczycy. Kobiece magazyny i nachalne programy telewizyjne, które dyktują kobietom, jak się ubierać, tylko komplikują sprawę. Nieważne czy jesteś wysoka, czy niska, ile masz w pasie, jaki nosisz rozmiar sukienek i butów i ile kilogramów pokazuje codziennie rano twoja waga. Jeśli masz bujne kształty, jesteś Marilyn, a jeśli nie – Jackie.

Figura Marilyn

Masz kobiece kształty, więc się nimi pochwal! Nie ma nic prostszego! Ściśnij się mocniej w pasie. Niech twoje ciuchy będą odrobinę za ciasne. Pokochaj obcisłe spódnice (takie, w których trzeba chodzić małymi kroczkami). Oddaj jeansy do przeróbki, żeby bardziej opinały cię w talii (najlepiej załatwi to krawcowa). Możesz też spróbować prostszej metody – wrzuć wyprane jeansy do suszarki nastawionej na wysoką temperaturę. Rozepnij trzy lub cztery górne guziki bluzki i nic pod nią nie zakładaj. Pokaż trochę ciała! Marilyn nie lubi białych podkoszulków.

Pamiętaj, że jeśli będąc Marilyn, jesteś w stanie chodzić zbyt szybko i zbyt lekko (albo, nie daj Boże, biegać bez skręcenia kostki), to znaczy, że coś jest nie tak. Wyluzuj. Zwolnij. Odejdź od swojego faceta i złam mu serce. Idź przez życie, kołysząc biodrami, i pozwól innym cieszyć się twoim widokiem.

Figura Jackie

Jeśli masz chłopięcą figurę, to też ją podkreślaj. Noś wszystkie rzeczy, o których twoje pełniejsze koleżanki mogą tylko pomarzyć (i bez wyrzutów sumienia chodź po domu bez stanika). Noś się z klasą, ale i z pazurem – rybaczki tak, ale bez skarpetek. Białe jeansy albo sztruksy w grudniu. Masz świetne nogi, więc podnieś sobie poprzeczkę i wskocz w mini. A jeśli zdecydujesz się na obcasy, załóż rajstopy w podobnym odcieniu, żeby stworzyć wrażenie ciągłości i optycznie wydłużyć nogi jeszcze bardziej.

Jeśli zależy ci na dobrej jakości w przyzwoitej cenie, zakupy rób w dziale męskim w sklepach z klasą. Przy twojej prostej sylwetce możesz ubierać się klasycznie z nutką ekstrawagancji – nie bój się kowbojek, marynarskich płaszczy, okularów przeciwsłonecznych w deszcz ani wielkich futrzanych czapek (naturalnych lub sztucznych).

Współczesna Jackie musi dotrzymać kroku swojemu pierwowzorowi. Nieważne, ile ma lat, zawsze sprawia wrażenie dziewiętnastoletniej studentki, która spóźniona na zajęcia pośpiesznie przemierza dziedziniec przed uczelnią. Czy to w wielkim mieście, czy na prowincji dziewczyna z obozu Jackie chodzi szybkim krokiem, jakby chciała uciec przed *paparazzi* (prawdziwymi albo wyimaginowanymi), którzy bez ustanku śledzą każdy jej ruch.

Fryzjer

Jeśli zwolennicy teorii spiskowych połączyliby siły, doszliby do wniosku, że mistrz fryzjerstwa Kenneth Battelle jest brakującym ogniwem łączącym Jackie i Marilyn – to on stworzył legendarne fryzury obu dam. W roku 1954 pracujący w salonie fryzjerskim Heleny Rubinstein w Nowym Jorku Battelle zmienił fryzurę młodej mężatki Jacqueline Kennedy, nadając jej miękkość i wydłużając włosy, które do tej pory były skręcone jak u Audrey Hepburn w *Rzymskich wakacjach*.

W roku 1958, pod koniec zdjęć do *Pół żartem, pół serio*, Marilyn, za radą swojego projektanta Normana Norella, zwróciła się do Battelle'a o pomoc: jej włosy zaczęły wypadać od ciągłego rozjaśniania i trwałej. Fryzjer sprawił, że Marilyn stała się jeszcze bardziej M a r i l y n. To on stworzył blond boginię, z którą ją dzisiaj utożsamiamy. Od tamtego czasu Marilyn odwiedzała go za każdym razem, kiedy przyjeżdżała do Nowego Jorku. Rok po pierwszej wizycie Kenneth pojechał z nią do Chicago na światową premierę *Pół żartem, pół serio*.

W 1960 roku Battelle stworzył dla Jacqueline naturalnie wyglądającą fryzurę w stylu *bouffant*, która wywołała spore kontrowersje w towarzystwie (matka J.K.O., pani Auchincloss, uważała, że uczesanie to jest zbyt „pospolite" i nowoczesne, czyli nieodpowiednie).

Rok później Kenneth uczesał całą rodzinę Kennedych z okazji zaprzysiężenia Johna Fitzgeralda na prezydenta.

W kolejnym roku uczesał Marilyn na uroczystość z okazji czterdziestych piątych urodzin J.F.K. w Madison Square Garden. Kilka miesięcy później, przez całe lato, układał jej włosy do sesji fotograficznej Berta Sterna dla „Vogue'a", która okazała się jej ostatnią.

Dwudziestego pierwszego listopada 1963 roku o siódmej rano, tuż przed wyjazdem Jackie i jej męża do Dallas, Kenneth znów podciął włosy pierwszej damie.

W tym samym roku mistrz fryzjerstwa spełnił swoje wielkie marzenie i otworzył własny salon przy East 54th Street. Mieścił się on w kamienicy o powierzchni ponad tysiąca pięciuset metrów kwadratowych, która niegdyś była rezydencją rodziny Vanderbiltów. Urządził go popularny wśród elit dekorator wnętrz Billy Baldwin (ulubieniec J.K.O.). Przez następne trzydzieści lat Kennetha odwiedzały kobiety z wyższych sfer, między innymi Babe Paley, Diana Vreeland i Happy Rockefeller. Mistrz czesał również modelki i rozmaite sławy do zdjęć na okładki „Vogue'a", „Glamour" i „Harper's Bazaar".

Battelle w dalszym ciągu codziennie pracuje w swoim salonie (który teraz mieści się w hotelu Waldorf Astoria). W miejscu tym, które pod czujnym okiem dyrektora artystycznego Kevina Lee wciąż tętni życiem, dba się o fryzury nowego pokolenia trendsetterek.

Fryzury Jackie i Marilyn

Bez względu na to, czy jesteś Jackie, czy Marilyn, włosy są twoim znakiem rozpoznawczym. Chociaż poza porannym szczotkowaniem nie poświęcasz im zbyt wiele uwagi, to fryzura jest niezmiernie istotna dla twojej tożsamości. Niemal posiada swój własny charakter. Nieważne, ile masz lat, twoje włosy są miękkie jak u dziecka. Jeśli je farbujesz – nawet gdy jest to platynowy blond – nigdy się do tego nie przyznawaj.

Jackie wyglądała bardziej naturalnie niż Marilyn. Nikt nie zauważał, że stosuje farbę. Tylko Carmen Dell'Orefice, jedynej w swoim rodzaju modelce, wolno mieć siwe włosy! Żadna Jackie ani Marilyn nigdy nie osiwieje. Wykluczone!

Jednym ze sposobów na zachowanie koloru jest zmniejszenie częstotliwości mycia głowy. Ostatnio furorę robi popularny w latach sześćdziesiątych drobniutki proszek do oczyszczania włosów zwany suchym szamponem. Marilyn uzyskiwała podobny efekt, posypując nasady włosów pudrem Johnson's Baby, który przesiewała dodatkowo przez sitko, by jeszcze bardziej go rozdrobnić. Suchy szampon sprawdza się w podróży albo kiedy chcesz, żeby fryzura „utrzymała" się przez kilka dni. Dziś można dostać tego typu specyfiki naprawdę dobrej jakości.

Jak uczesać się na Marilyn

Przypuszczamy, że gdyby kobietom przyszło wybierać między fryzurą Jackie a fryzurą Marilyn, to większość wybrałaby tę drugą (mężczyźni szaleli na jej widok).

Dla uzyskania fryzury „na Marilyn" warto mieć na zawołanie Kennetha (Nowy Jork) lub Gladys Rasmussen (Kalifornia) – dwoje stylistów pracujących dla M.M. przez długie lata. Co zrobić, jeśli nie mamy takiej możliwości? Kevin Lee, dyrektor artystyczny salonu Kennetha, radzi: „Żeby wyglądać jak Marilyn, trzeba naprawdę porządnie ułożyć włosy. Można próbować zrobić to samodzielnie, nakręcając je na gorące wałki, ale tak uzyskane fale nie będą się trzymać. Wałki trzeba nakręcić w odpowiedni sposób, a później posiedzieć z nimi pod profesjonalną suszarką fryzjerską. Owszem, można próbować wysuszyć je zwykłą suszarką, ale może to zająć nawet sześć, siedem godzin!".

Kevin poleca również stosowanie specjalnego płynu do układania włosów. Co jednak ważniejsze, zauważa, że „istnieją współczesne wersje uczesania Marilyn. Obecnie nie dąży się do dokładnego odwzorowania jej fryzury, ale do jej ulepszenia i unowocześnienia. Współczesna fryzura Marilyn to miłe w dotyku, rozpuszczone włosy. Właśnie to obecnie jest sexy. Kobieta ma wyglądać mniej więcej tak, jakby dopiero wstała z łóżka. Jeśli fryzura będzie zbyt sztywna albo wymuskana, jej właścicielka będzie wyglądać na nieco nadętą".

Blond niejedno ma imię

Chociaż większość ludzi sądzi, że Marilyn od zawsze była platynową blondynką, nie jest to prawdą. Wraz z rozwojem kariery gwiazdy jej włosy przybierały najróżniejsze odcienie koloru blond. Kiedy była początkującą modelką, właścicielka agencji Blue Book Emmeline Snively powiedziała jej, że jako blondynka będzie miała więcej propozycji pracy, bo wówczas fotografowie będą mogli za pomocą światła zmieniać jej wygląd. Co więcej będąc nastolatką, Marilyn miała bzika na punkcie Jean Harlow, gwiazdy kina lat trzydziestych, co również rozpalało jej pragnienie przeistoczenia się w idealną, wytworną, nieziemską platynową blondynkę (czyż to nie idealna recepta na sukces w Hollywood?).

Przygoda Marilyn z tym kolorem rozpoczęła się w Hollywoodzkim salonie fryzjerskim Franka Josepha w 1946 roku, gdzie jej włosom nadano złotą barwę i chemicznie je wyprostowano. Pnąc się po szczeblach kariery, M.M. wypróbowała prawie każdy odcień z palety blond firmy Clairol, między innymi: złoty blond, szary blond, szampański blond, miodowy blond, gołębi blond, truskawkowy blond i platynowy blond, by w końcu odnaleźć ideał i esencję „Marilynizmu" – biały blond. Lubiła także rozjaśniać swoje włosy łonowe. Jak mawiała, „cała chciała się czuć blondynką".

Kiedy została światową gwiazdą, utrzymanie blond wizerunku wymagało od niej regularnego stosowania rozjaśniacza – co trzy tygodnie. Wskutek tego jej naturalnie cienkie włosy stały się bardzo kruche i łamliwe (na szczęście Kenneth za pomocą swoich magicznych specyfików potrafił przywracać im życie). W chwili śmierci Marilyn w 1962 roku jej włosy były całkowicie pozbawione pigmentu i miały odcień, który ich właścicielka często nazywała „białym jak prześcieradło".

Co można wyczytać z kobiecych dłoni

Dzisiejsze Jackie i Marilyn mają piękne dłonie. Dbają o nie, bo wiedzą, że ludzie (nawet nieświadomie, ale jednak) zwracają na nie uwagę. Jackie wyznała, że będąc pierwszą damą, jako kremu nawilżającego do rąk używała balsamu Johnson's Baby, a później specyfiku marki One & All.

Dzisiejsza Jackie używa transparentnego lub pasteloworóżowego lakieru do paznokci. Dłonie są dla niej narzędziem pracy, więc jej paznokcie nie mogą być za długie – szpony w stylu Barbry Streisand odpadają.

Marilyn z kolei nie stroni od kolorów – jej paznokcie mogą być ciemnoróżowe, pod kolor wieczorowej sukienki, a nawet czerwone.

Ulubione perfumy

Marilyn – Chanel No. 5, Fracas, Joy

Jackie – Jicky marki Guerlain (używała ich również jej przyszła synowa Carolyn Bessette), Joy, Fleurissmo, Jean Patou 1000

Opalać się czy się nie opalać?

Pomimo tego, że w Kalifornii panuje moda na opaleniznę, nie uważam, że opalona skóra jest bardziej atrakcyjna niż biała.

M.M. O KĄPIELACH SŁONECZNYCH

J.K.O. miała zupełnie przeciwne zdanie i tak jak reszta klanu Kennedych spędzała letnie miesiące na wyspie Cape albo Skorpios, opalając się na złoto. Absolutnie nie wyglądała jak ktoś, kto spędza całe dnie za biurkiem.

Metody Jackie i Marilyn na zawsze piękny wygląd

Dzięki osobistym metodom i sztuczkom M.M. i J.K.O. do dziś podziwiamy ich urodę. Obie ikony stylu należały do jednego pokolenia, dzieliły więc kilka sekretów dotyczących piękna (Erno Laszlo czy fryzjer Kenneth). Ponadto Marilyn poddawała się masażom, a czasem, kiedy chciała szybko stracić na wadze, stosowała lewatywę.

Pod koniec lat pięćdziesiątych i na początku sześćdziesiątych Jackie brała zastrzyki z witaminą B12 od Maksa Jacobsona, znanego również jako Dr Feelgood („Błogostanek"), które oprócz witamin zawierały psychostymulanty. W czasie, kiedy prezydentem Stanów Zjednoczonych został J.F.K., Max Jacobson był ulubionym lekarzem amerykańskich elit. „Nie obchodzi mnie, czy to końskie szczyny. Ważne, że działa!", oznajmił J.F.K., kiedy specyfiki Jacobsona pomogły mu na ból pleców. Każdy, kto liczył się w ówczesnym świecie, odwiedzał gabinet słynnego medyka. Do jego pacjentów należeli: Marlena Dietrich, Truman Capote, fotograf Mark Shaw oraz Leonard Bernstein. Wiele osób z tego zaszczytnego grona wspomina, że w poczekalni siedziała sama śmietanka towarzyska.

Sekrety urody Marilyn

Jak przystało na prawdziwą diwę, Marilyn niechętnie dzieliła się swoimi sekretami, ale kilka z nich udało się odkryć. Pisząc do jednej ze swoich fanek, zdradziła, że nie stosuje zbyt wielu unikalnych metod pielęgnacji urody, ale że rano i wieczorem zanurza twarz z umywalce z bardzo gorącą wodą.

Jako wielbicielka sposobów pielęgnacji skóry zalecanych przez Erno Laszlo po każdym umyciu twarzy trzydzieści razy ochlapywała ją wodą.

Jeśli nie miała makijażu, nakładała na twarz kosmetyki pielęgnacyjne: wazelinę, tłusty krem, lanolinę, oliwę z oliwek albo krem z hormonami.

Marilyn była znana ze swojego uwodzicielskiego spojrzenia. Kiedyś przyznała, że kiedy robiono jej zdjęcia, delikatnie przymyka powieki, żeby nadać sobie tajemniczy wygląd.

Nosiła sztuczne rzęsy i była jedną z pierwszych kobiet, które skrupulatnie dzieliły je na pół i przyklejały jedynie w zewnętrznych kącikach oczu.

Tak jak J.K.O. Marilyn uwielbiała Cold Cream („zimny krem") marki Pond's. (Jeśli weźmiemy pod uwagę chronologię zdarzeń, Jackie była w tej kwestii naśladowczynią Marilyn. Kiedy wyjeżdżała na wyspę Martha's Vineyard, nakładała go obficie na twarz, po czym siadywała na werandzie i czytała rękopisy. Zupełnie nie przejmowała się gośćmi swojego syna Johna. A co jej tam!).

Sekrety urody Jackie

Jackie nigdy nie przywiązała się niewolniczo do jednego sposobu pielęgnacji urody i nieustannie poszukiwała nowych metod.

Używała podkładu od Elizabeth Arden.

Na tydzień przed galą zorganizowaną w American Ballet Theatre w 1980 roku zaprosiła do swojego nowojorskiego mieszkania profesjonalistkę, żeby zrobiła jej próbny makijaż. Włożyła biały szlafrok, bo w wielkim dniu zamierzała wystąpić w sukni białego koloru, i w podręcznym lusterku obserwowała poczynania makijażystki, dokładnie śledząc każdy z jej ruchów, by później móc je odtworzyć.

Z włosami też nie miała lekko. Żeby wyglądać jak przystało na perfekcyjną przedstawicielkę wyższych sfer, dwa razy w tygodniu chodziła układać fryzurę do Thomasa Morrisseya na Upper East Side.

Podobnie jak Marilyn uwielbiała poddawać się masażom.

Zrób się na Jackie / Zrób się na Marilyn

Darac, guru makijażu, udzielił kilku wskazówek pomocnych w uzyskaniu wyglądu Jackie albo Marilyn. Obie uwielbiały eksperymentować z makijażem. Teraz twoja kolej!

Jackie

Według Daraca Jackie to klasyczna elegancja – delikatnie podkreślone, przystępne piękno i satynowa skóra.

Brwi

Brwi powinny wyglądać naturalnie i mieć zaokrąglony kształt – chyba nic w naturze nie ma kąta czterdziestu pięciu stopni. Powinny zaczynać się delikatnie, zataczać łuk i kończyć równo z kącikiem oka.

Oczy

Aby uzyskać efekt delikatnie przydymionego oka, użyj cieni do powiek w kolorze beżowym, szaro-brązowym i ciemnoszarym oraz miękkiej kredki i pogrubiającego tuszu do rzęs.

Policzki

Nałóż podkład na środek policzków i rozetrzyj go na reszcie twarzy.

Wklep go tak, żeby wyglądał jednolicie.

Twarz

Pokryj delikatnie całą twarz cienką warstewką różowego / brzoskwiniowego pudru.

Usta

W pierwszej kolejności nałóż szminkę lub błyszczyk, a następnie użyj konturówki. Pamiętaj, że masz podkreślić zarys ust, a nie je obrysować.

Marilyn

Proponujemy wygląd w stylu *femme fatale*. Totalnie prowokacyjny! Makijaż ma być wykończony i nałożony idealnie, a skóra – nieskazitelna.

Brwi

Łuk powinien być ostry, pełny i mocno zaznaczony. Wyrazistość to podstawa!

Oczy

Użyj cieni do powiek w kolorze twojej cery, żeby podkreślić kontrast między skórą a starannie wydłużonymi tuszem rzęsami. W kącikach przyklej sztuczne rzęsy i eyelinerem namaluj zawijające się do góry kreski, które spotęgują efekt.

Policzki
Same policzki zaledwie muskamy kolorem, skupiamy się za to na podkreśleniu kości policzkowych.

Twarz
Porcelanowa – gładka i bez skazy.

Usta
Najpierw obrysuj je konturówką, uwydatniając kształt „kokardki" górnej wargi. Następnie nałóż szminkę, odbij usta na chusteczce, przypudruj je i ponownie nałóż szminkę.

Krwista czerwień

Marilyn była królową czerwonej szminki!
Czerwona szminka na szczęście znowu jest w modzie, a jej wyznawczyniami są między innymi Madonna, Gwen Stefani, Scarlett Johansson i Christina Hendricks. Marilyn używała szminki od Shiseido w kolorze, który już nie jest dostępny. Dzisiejsze szminki mają jednak o wiele lepszy skład niż ich poprzedniczki z lat pięćdziesiątych, a różnica odcieni jest prawie niezauważalna.

Oto kilka rad, jak oswoić czerwoną szminkę.

Kolor skóry. Przy wyborze odpowiedniego odcienia czerwieni najważniejsze jest określenie swojego koloru skóry. Będzie ci dobrze w czerwieni ciepłej czy zimnej?
Jeśli twoja skóra jest różowawa, powinnaś używać szminek, które mają różową bazę. Jeśli zaś jest bardziej brzoskwiniowa, twój wybór powinien paść na szminki bazujące na odcieniach złota lub ciepłych brązów. Jeśli masz klasyczną biało-różową cerę, pomadka z domieszką niebieskiego będzie dla ciebie idealna.

Odpowiednio przygotuj usta. Kiedy nakładasz na twarz krem nawilżający, pamiętaj o ustach. O nie też trzeba dbać.

Pokryj i chroń. Używając czerwonej szminki, nie zapominaj o konturówce. „Zamyka" ona kolor i zapobiega najgorszemu szminkowemu *faux pas*: rozmazywaniu. Świetnie sprawdza się też jako baza pod szminkę, więc możesz nakładać ją na całą powierzchnię ust. Jeśli nie chcesz, by zmieniła ostateczny kolor, musi mieć odcień identyczny ze szminką albo być w kolorze twoich ust.

Pociągnięcia pędzelka. Czerwienie zawsze nakładaj pędzelkiem. Daje to więcej kontroli nad tym, gdzie i jak grubo nakładasz szminkę. Najpierw nałóż kolor, następnie przyciśnij do ust chusteczkę higieniczną, po czym znowu nałóż kolor (tym razem n i e u ż y w a j już chusteczki). W ten sposób utrwalisz efekt.

Kilka polecanych czerwonych szminek:

Lancôme, Chris and Tell (inspirowane Marilyn Monroe)
Jemma Kidd
Makeup School
Collection, Scarlett
Chanel Rouge Allure Laque, Dragon

Sekretne sekrety Jackie.
Czy wiesz, że…?

O każdej porze dnia i nocy, niezależnie od tego, gdzie się znajdowała, na zawołanie potrafiła zrobić dziesięć pompek. I to prawdziwych, nie „damskich".

Sekretne sekrety Marilyn.
Czy wiesz, że…?

Jako początkująca modelka Marilyn miała usunięty, za pomocą elektrolizy, „ząbek", w który układała się linia jej włosów na czole.

4

To coś: seksapil

Czuję się swobodnie tylko wtedy, kiedy jestem naga.

M.M.

Są dwa rodzaje kobiet: takie, które pragną władzy w świecie, i takie, które pragną władzy w łóżku.

J.K.O.

Jackie i Marilyn dobrze wiedziały, co jest najlepszą kartą przetargową w życiu. Rozumiały fundamentalną zasadę rządzącą światem – seks to władza.

Obie cieszyły się z bycia kobietami i wiedziały, jakie niesie to ze sobą korzyści. Spójrzmy prawdzie w oczy – w kwestii umawiania się na randki czy zawierania małżeństw ostateczna decyzja należy do płci pięknej. To kobiety mówią „tak” (lub „nie”). Wiadomo również, że właściwa kobieta może w ogromnym stopniu zmienić życie mężczyzny na lepsze – albo sprawić, że stanie się nie do zniesienia.

Choć Jackie i Marilyn zgadzały się w kwestiach fundamentalnych, do seksu miały odmienne podejście.

Marilyn nie kryła się ze swoją seksualnością. Ani w życiu prywatnym, ani pozując do zdjęć czy grając w filmach, niczego się nie krępowała. Od razu wiadomo było, o co jej chodzi i co ma do zaoferowania.

Sprawa z Jackie miała się zupełnie inaczej. J.K.O., choć seksowna, wcale się z tym nie afiszowała. Trzeba się było sporo napracować, żeby poznać ją bliżej, choć i tak nie zawsze to wystarczało. Jackie miała tego pełną świadomość. Mówiąc o swojej miłości do J.F.K., porównała siebie i swojego męża do dwóch gór lodowych i wyznała, że „nad taflą wody jest życie publiczne, a życie prywatne kryje się pod nią".

Seksualność Marilyn była jej nieodłącznym atrybutem, który wysuwał się na pierwszy plan. Ona była seksem.

Jackie prezentowała się jako kobieta wstrzemięźliwa. Czy wynikało to z jej wysokiego urodzenia? Z tego, że żyła w latach pięćdziesiątych? Niewykluczone. (Chociaż przecież Grace Kelly, jej rówieśniczka, w młodości była niekwestionowaną seksbombą).

Marilyn całkowicie akceptowała swoją seksualność, nie miała z jej powodów żadnych wyrzutów sumienia i nie zamierzała za nią nikogo przepraszać. Pewnego razu, kiedy zapytano ją, co zakłada do łóżka, odparowała: „Oczywiście Chanel No.5, a cóż innego?". (W roku 1955 było to bardzo odważne wyznanie. Co gorsza, była to prawda).

Jackie należała do elity – szybko znikającego przyczółka zasad moralnych, dobrych manier i konwenansów. Marilyn natomiast pragnęła uciec od tego, co ją ograniczało, i wyznawała zasadę „kto by się przejmował!". Zdawała sobie sprawę, jakie wywiera wrażenie, i wykorzystywała to. „Mężczyźni lubią wesołe dziewczyny", twierdziła i kiedy wychodziła na randkę, zawsze wyglądała na beztroską i wesołą, bez względu na to, jak czuła się w rzeczywistości. Mogła mieć złamane serce, mogła umierać z głodu, ale za żadne skarby nie zamierzała się z tym zdradzać.

Jackie była dużo bardziej powściągliwa, kiedy pokazywała się publicznie. Jej tajemniczy uśmiech, cichy głos i sylwetka baletnicy (kto wie, co naprawdę kryło się za tą wystudiowana pozą) były przeciwieństwem tego, co reprezentowała sobą Marilyn – gotowa zrobić wszystko i stać się kimkolwiek. Postawa M.M. była tym bardziej szokująca, że w latach pięćdziesiątych „grzecznym dziewczynkom" nie wypadało zachowywać się rozpustnie, a już w szczególności gdy na horyzoncie nie majaczyła perspektywa rychłego zamążpójścia. Niejednokrotnie nawet po ślubie kobiety nie robiły się odważniejsze.

Marilyn zawsze stwarzała wrażenie, że jest gotowa na wszystko. „»A co mi tam« to zawsze właściwa odpowiedź", powiedziała kiedyś.

Jackie pewnie też przed niczym by się zawahała, potrzebowała tylko trochę czasu… Nie była jednak znana ze zbytniej frywolności. Koledzy ze studiów nazywali ją, używając popularnego wówczas określenia, typem dziewczyny „panie kierowco, proszę nie wyłączać licznika". Wiedzieli bowiem, że chwilę po odwiezieniu jej taksówką do domu będą wracać do siebie. Taksówkarz musiał poczekać jedynie, aż odprowadzą Jackie do drzwi – bo na nic więcej nie mieli szans.

Marilyn potrafiła roztapiać serca spojrzeniem

Nie wolno lekceważyć siły seksu i piękna. Fotograf Lawrence Schiller zauważył kiedyś: „Marilyn była bardzo zmysłowa. Wiedziała, co zrobić z własnym ciałem i z ustami. Kiedy była w dobrej formie, stanowiła harmonijną całość. Była ideałem. Wiedziała, jak spojrzeć w oczy. Robiła piorunujące wrażenie".

Łącząc w sobie poczucie humoru z pewną dozą kruchości (była dużo bardziej krucha niż Jackie), Marilyn stanowiła nieodpartą pokusę dla mężczyzn.

Symbol seksu staje się przedmiotem, a ja nie znoszę być traktowana jak przedmiot. Zawsze wchodzi się wtedy w ludzką podświadomość. Owszem, to miłe, kiedy ktoś o tobie fantazjuje, ale chciałabym, by akceptowano mnie taką, jaką naprawdę jestem. Sama nie postrzegam siebie jako towar, ale jestem pewna, że wiele osób tak mnie widzi… Jeśli sprawiam wrażenie, że doznałam „nieprzyjemności" z tego powodu, to dlatego, że tak istotnie było.

M.M. O BYCIU SYMBOLEM SEKSU

Jackie lepiej się całowała i była pierwszorzędną pokerzystką

Współczesne kobiety utożsamiające się z Jackie albo Marilyn są zmysłowe, przy czym te w typie J.K.O. cechuje większa powściągliwość. Nie uzewnętrzniają tak bardzo swojej seksualnej energii – doświadczony mężczyzna wie jednak, co w nich drzemie.

Może cię to zaskoczy, ale współczesna Jackie świetnie się całuje, chociaż dorastała w przekonaniu, że jej atutem jest inteligencja, a cała uroda przypadła w udziale jej siostrze. Chodziła jednak do szkół tylko dla dziewcząt, w których panowała bardzo surowa dyscyplina, miała więc długie miesiące, a nawet lata na to, żeby porządnie wszystko przećwiczyć na szyjach koleżanek.

Marilyn była bardzo bezpośrednia i otwarta w kontaktach z płcią przeciwną. Jackie wskutek tego, że przeżyła burzliwy rozwód rodziców (i to w czasach, kiedy rozwody były rzadkością i uchodziły za hańbę) oraz została wprowadzona w świat relacji damsko-męskich przez swojego nad wyraz cynicznego ojca, zdawała sobie sprawę, że kontakty z mężczyznami na pewnym poziomie są grą. I była świetnym graczem…

Twierdziła, że związek przypomina partię pokera (przynajmniej we wczesnych fazach) i w każdym momencie trzeba być gotowym, żeby przerwać rozgrywkę i zostawić karty na stole.

Wiedziała również, że w związku trzeba umieć zamieszać, bo mężczyźni szybko się nudzą. Jeśli chcesz być jak Jackie, możesz skorzystać z poniższych wskazówek:

1. Nie rzucaj się na niego.
2. Skupiaj się na „tu i teraz".
3. Czasem zniknij na chwilę.
4. No dobrze – możesz się na niego rzucić.

Udawaj, że jesteś pierwszoligowym graczem i postaraj się urozmaicić nieco każdą rozgrywkę. Zadzwoń do swojego faceta z samego rana, żeby powiedzieć mu „dzień dobry", ale potem przez tydzień umawiaj się z innymi, a jego ignoruj. Cokolwiek robisz, zawsze pamiętaj, żeby nie odsłaniać wszystkich kart.

Seksapil Jackie

Sekret zmysłowości Jackie tkwił w tym, że nikt nie oczekiwał od niej, iż będzie sexy. W tej kwestii była zupełnym przeciwieństwem Marilyn – tam gdzie Marilyn się afiszowała, Jackie była powściągliwa.

Na wzór swojej niedoścignionej romantycznej rywalki Grace Kelly Jackie starała się sprawiać wrażenie osoby bardzo konwencjonalnej, by od czasu to czasu (na przykład do starszej osoby podczas oficjalnej kolacji w Białym Domu) powiedzieć coś takiego, że jej rozmówca z wrażenia wybałuszał oczy.

Aristotelis Onasis (mężczyzna, który bez wątpienia wiedział, jak uwieść kobietę) powiedział kiedyś o niej: „To całkowicie niezrozumiana kobieta. Być może nawet sama siebie nie rozumie. Przedstawia się ją jako wzór poprawności, stałości i wielu innych nudnych zalet amerykańskich kobiet. Całkowicie pozbawia się ją tajemnicy. Żeby odżyć, Jacqueline potrzebuje małego skandalu – grzeszku, niedyskrecji. Żeby na nowo zdobyć współczucie ludu, coś powinno się jej przytrafić. Świat uwielbia litować się nad upadłą wielkością".

W niespełna rok po wypowiedzeniu tych słów był już jej mężem.

Nie krępuj się nagości. Pokochaj swoje ciało takim, jakie jest. Niezależnie od pory dnia czy nocy, oraz tego, jak wyglądasz, kiedy przychodzi co do czego, większość mężczyzn będzie tak podekscytowana, widząc cię nagą, że naprawdę nie musisz się przejmować, że nie nosisz rozmiaru trzydzieści sześć. Chodzi o twoją energię i sposób, w jaki się postrzegasz – Europejki są tego bardziej świadome niż Amerykanki.

Pamiętaj też, żeby podchodzić do siebie z humorem. Kiedyś zapytano Marilyn, czy do roznegliżowanej sesji do kalendarza, w której wzięła udział jako początkująca modelka / aktorka, włączono jakieś elementy garderoby. Odparowała, że włączono jedynie radio.

90–60–90![1]

Jeśli planujesz kogoś uwieść, musisz mieć na sobie bieliznę, w której świetnie się prezentujesz.

W sprawach dotyczących bielizny warto skorzystać z rad Rebeki Apsan, właścicielki La Petite Coquette, sklepu z bielizną dla wtajemniczonych, uwielbianego przez Cindy Crawford, Sarah Jessicę Parker, Angelicę Houston, Umę Thurman i inne wytworne kobiety z całego świata (oraz mężczyzn, którzy je kochają).

Rebeka twierdzi, że osiemdziesiąt pięć procent kobiet nosi niewłaściwe biustonosze i wciska się „w ten sam rozmiar, który dobrała im mama, kiedy miały czternaście lat!". Jeśli dodać do tego brak standaryzacji rozmiarów biustonoszy różnych marek, to nic dziwnego, że większość z nich zamiast poprawiać kobiecą sylwetkę, zniekształca ją.

Apsan sugeruje, byśmy odwiedziły miejscowy sklep z bielizną i spędziły przynajmniej czterdzieści pięć minut na przymierzaniu różnych rozmiarów, a w końcu wybrały taki stanik, który leży na nas naprawdę dobrze. Twierdzi również, że najbardziej osobista garderoba powinna zawierać cztery do sześciu podstawowych biustonoszy na co dzień, do noszenia na zmianę, w tym proste staniki, które można założyć pod T-shirt. Nie może w niej również zabraknąć dwóch, trzech koronkowych lub kolorowych bardotek albo biustonoszy typu *push-up*, które umożliwią

[1] Wymiary Marilyn.

każdej z nas rozpoczęcie dnia z dumnie uniesioną piersią. Nie wolno nam też zapomnieć o dwóch biustonoszach bez ramiączek.

Najlepszymi kolorami są beż i czerń – biały za bardzo się odcina.

To nie koniec ciekawostek. Nasza ekspertka wyznała również, że „im bardziej wytworna jest kobieta – tak jak Jackie – tym bardziej wyzwolona jest w łóżku i ma mniej zahamowań. Pończochy i podwiązki noszą właśnie te kobiety, które wyglądają na najbardziej porządne. Te w typie Marilyn – epatujące zmysłowością – mają najmniejszy pociąg seksualny…".

Na koniec Apsan dodała: „Dobry stanik jest jak dobry mężczyzna – ładnie wygląda, wspiera nas i zawsze ciągnie w górę…". Każda doświadczona w obu kwestiach kobieta w pełni się z tym zgodzi.

Kryptonim Spanx

Jeśli zastanawiasz się, jak to możliwe, że nagle wszystkie kobiety między dwudziestką a osiemdziesiątką mają figurę Marilyn Monroe i Joan Holloway, poznaj Spanx®, genialną, wyszczuplającą bieliznę wynalezioną przez Sarę Blakely!

Jeśli jeszcze jej nie znasz, koniecznie musisz nadrobić zaległości!

Do fanek tej marki należą zarówno Oprah, jak i Gwyneth Palthrow, tak chudziutkie stylistki, jak i puszyste damy z wyższych sfer. Wszystkie rozpływają się w zachwytach i zgodnie twierdzą, że Spanx nadaje im świetną linię.

Wszystko zaczęło się od zaskakująco wygodnego body shapera. Obecnie kolekcja zawiera także podkoszulki, biustonosze oraz leggínsy do noszenia pod spodnie (krążą słuchy, że niektóre kobiety zakładają dwie pary naraz, dla jeszcze lepszego efektu w okolicach bioder. Aż trudno sobie wyobrazić, że ktoś może być aż tak zdeterminowany).

Sara, kobieta o złotym sercu, nie dość, że wynalazła – bez niczyjej pomocy, we własnym domu – jedną z najważniejszych rzeczy służących poprawieniu kobiecego piękna od czasu powstania szminki, założyła również własną organizację charytatywną wspierającą kobiety na całym świecie. „Mam ogromne szczęście, że realizuję swoje pomysły w Ameryce, gdzie kobiety mogą swobodnie zakładać własne firmy", powiedziała kiedyś.

Słowa jak wyjęte z ust współczesnej Jackie / Marilyn!

Marilyn: seksapil na zawołanie

Marilyn, tak jak większość kobiet, potrafiła przywołać swój seksapil w zależności od chwili. „Marilyn Monroe" była dla niej postacią wymyśloną, którą sama stworzyła.

Kiedyś, będąc w Nowym Jorku, zwróciła się do znajomego słowami: „Nawet w palcie i bez makijażu świetnie dam obie radę… Chcesz zobaczyć, jak zmieniam się w Monroe?".

I rzeczywiście, dawała sobie radę znakomicie.

Lawrence Shiller twierdził, że Marilyn „była prawdziwą aktorką. Postać »głupiej blondynki« to całkowita kreacja. Potrafiła ją włączać i wyłączać".

Fotograf wspominał również: „Pamiętam, jak pewnego razu szedłem z nią z parkingu do garderoby. Miała na sobie obszerny czarno-biały rozpinany sweter. Mówiła cichym głosem. Rozmawialiśmy o tym, co zamierza robić po południu. Nagle zza rogu wyłoniło się kilku facetów, którzy zaczęli iść w naszym kierunku. Automatycznie zamieniła się w Marilyn Monroe, głupiutką blondynkę. Zmieniły się jej ramiona i twarz. Kiedy nas minęli, odwróciła się za nimi przez ramię i posłała im ten swój kokieteryjny uśmiech – grała dla nich, bo wiedziała, że chcą zobaczyć »Marilyn Monroe«".

Wizerunek Marilyn: rozbrajający nieład

Jeśli chodzi o styl i sposób zachowania – a także ubiór – współczesna Marilyn ma w sobie więcej luzu niż współczesna Jackie, i to na wielu płaszczyznach.

Chociaż lubi się opinać, to z jej ramienia zawsze zsuwa się ramiączko (jeśli nawet nie dzieje się to w danej chwili, to i tak ma się wrażenie, że niewiele brakuje).

Nawet kiedy jest zapięta pod szyję, mając na sobie – na znak przyzwoitości albo w ramach ukłonu w stronę najnowszej jesiennej kolekcji – kaszmirowy sweterek na guziki (na przykład na zebraniu członków zarządu), sprawia wrażenie jakby zaraz miała wyskoczyć z ubrania.

W przeciwieństwie do Jackie Marilyn rzadko trwa w bezruchu. Powietrze wokół niej jest naelektryzowane. Nawet kiedy po prostu siedzi, zawsze niezauważalnie się porusza. W rezultacie nie można być wobec niej obojętnym.

A o to właśnie chodzi.

Nawet jej włosy są sexy. Owszem, ma „fryzurę", ale to fryzura ułożona na randkę poprzedniego wieczoru, więc odrobinę wczorajsza. Ale Marilyn, nawet kiedy jest w lekkim nieładzie, wygląda olśniewająco.

Obcasy nosi przez dziewięćdziesiąt procent czasu, a jej klapeczki na szpilce mają rozbrajający zwyczaj zsuwania się ze stóp. Tak jak naczelna „Vogue'a", Marilyn rzadko nosi rajstopy, nawet w lutym, a jeśli już je zakłada, to jest to para klasycznych czarnych pończoch, rzadziej kabaretek marki Fogal (kupionych w Bloomingdale albo małym sklepiku, na który natknęła się w jednej z dzielnic Paryża). Wzorzyste i grube rajtki odpadają – po co nadmiernie przystrajać i tak piękne nogi, albo co gorsza je zasłaniać. Na pełny rynsztunek (pończochy, pas i podwiązki) decyduje się tylko dla mężczyzny, którego naprawdę kocha.

Jeśli nie jest w szpilkach, chodzi na bosaka – po domu albo po plaży w Malibu. Paznokcie u stóp ma pomalowane na kolor czerwony.

Należy do rzadkiego typu kobiet, którym wypada włożyć seksowne szpilki z futerkiem nawet na wyjście.

Marilyn Monroe była uosobieniem najbardziej pozytywnych cech Ameryki. Była zabawna, seksowna, beztroska, ufna i prostoduszna oraz tak otwarta i tak prawdziwa, że w jej pragnieniach i wizerunku nie było żadnych haczyków. W tym właśnie tkwił jej urok.

Marilyn jest na swój sposób doskonała.
Jest niewiarygodnie kobieca… Sprawia, że
mężczyzna, jest dumny z bycia mężczyzną.
CLARK GABLE

Wizerunek Jackie: szczególna powściągliwość

Jackie to typ „porządnisi". Jeśli ubiegasz się o posadę ambasadora, partnerstwo w kancelarii adwokackiej albo pragniesz podpisać lukratywny kontakt, to ją właśnie powinnaś stawiać sobie za wzór.

Ze względu na duży bagaż doświadczeń Jackie potrafi zachowywać się jak przedstawicielka zarówno wysokich, jak i niskich sfer.

Mówisz po francusku? Ona pewnie mówi lepiej od ciebie.

Masz ochotę pojeździć konno (po angielsku albo jak cowboy)? Zgoda.

Chcesz zatrzymać się w jakiejś knajpie na zapadłej wsi i napić się piwa prosto z butelki? Nie ma problemu. Jackie napije się z tobą. I zatańczy z miejscowymi.

Kobieta w typie Jackie dopasuje się do każdej sytuacji. Z równą gracją będzie prezentować się w sukni od Valentino i w zwykłym T-shircie i jeansach.

Prawdziwa Jackie mocno przyciskała karty do piersi. Mogła być ironiczna i skrycie sarkastyczna wśród osób, którym ufała. W tym sensie była równie dobrą aktorką co Marilyn. W końcu to przecież ona wypowiedziała słynne zdanie: „Seks nie jest dobry, bo gniecie się ubranie". (Miejmy nadzieję, żartowała).

A jaka jest w łóżku?

Cóż, jej się nie zapomina. Kiedy już komuś uda się ją uwieść i zdobyć jej zaufanie, wszystko może się zdarzyć.

Tak jak większość kobiet utożsamia seks z miłością. Ale niełatwo ją usidlić. Jako prawdziwy zodiakalny Lew Jackie jest dumna. Oczekuje odpowiedniego traktowania, bo zna swoją wartość (to jedna z niewielu rzeczy, których nauczył ją ojciec). Nie zdradzi się ani słowem, ale jeśli ktoś ją zlekceważy albo kupi jej na gwiazdkę byle jaki prezent, to długo będzie odzyskiwał jej względy.

I to bez gwarancji powodzenia.

Władza Marilyn nad mężczyznami (i niektórymi kobietami)

Jackie może i była społecznie akceptowana (przynajmniej w swoich czasach) i chodziła do lepszych szkół, ale to Marilyn kontrolowała mężczyzn – seksualnie, emocjonalnie i mentalnie. Niektórzy twierdzą, że to właśnie kontrola nad płcią przeciwną jest najważniejsza i że to ona decyduje o osiągnięciu sukcesu.

„Nie mam nic przeciwko temu, że przypisuje się mi atrakcyjność i seksapil – mówiła Marilyn. – Piękno i kobiecość nie podlegają upływowi czasu i nie da się ich udawać. A wewnętrznego blasku (wbrew temu, czego oczekują producenci) nie można wyprodukować… Wszyscy rodzimy się jako istoty seksualne, dzięki Bogu, i to przykre, że tyle osób gardzi tym naturalnym darem i niszczy go. Prawdziwa sztuka wywodzi się właśnie z niego, tak jak wszystko inne".

Siła Marilyn wypływała z jednej kluczowej zdolności. Wystarczyło, że spojrzała mężczyźnie w oczy, a dostawała, czego chciała. I była tego świadoma. Jej uwodzicielska moc, jej potrzeba bycia kochaną działały również na kobiety. Pierwsza nauczycielka aktorstwa Marilyn Natasha Lytess przez lata wiernie trwała u jej boku, deklarując swą miłość, która przerodziła się niemal w obsesję. To samo przydarzyło się innej nauczycielce gwiazdy Pauli Strasberg oraz gosposi Marilyn – Eunice Murray.

Marilyn w ogromnej mierze polegała na swoim uroku i kiedy zbliżała się do trzydziestki, a później do czterdziestki, bała się, że magia, którą emanuje, zniknie. Niepotrzebnie. Uroda była jedynie częścią jej seksualnej energii (którą emitowała strumieniem szerokim jak Nil), nie zaś jej fundamentem.

W przeciwieństwie do Jackie Marilyn potrzebowała publiczności. Potrzebowała być w centrum uwagi. Chciała być rozpoznawana. Pragnęła uciec jak najdalej od swojego pochodzenia, zerwać z anonimowością, zostawić w świecie swój ślad. „Kochajcie mnie", zdawała się mówić. Marilyn potrzebowała pracy (inaczej niż Jackie). Koniecznie musiała zaistnieć w sferze publicznej.

I wciąż było jej mało. Choć współczesna Marilyn może jeszcze nie zna siebie od tej strony, to tylko kwestia czasu.

Władza Jackie nad mężczyznami

Jak robiła to Jackie? Trzeba zacząć od tego, że lubiła mężczyzn. A to ogromna zaleta. (To zaskakujące, jak wiele kobiet ich nie lubi). Wiedziała również, że jej obecność u boku mężczyzny podnosi jego wartość. Miała umiejętność charakterystyczną między innymi dla kurtyzan (mieli ją również obaj jej mężowie) polegającą na tym, że kiedy patrzyła komuś w oczy i go słuchała, to nagle wszystko inne przestawało istnieć. Naprawdę słuchała. Słyszała. I pamiętała, co zostało powiedziane.

Jak większość zawodowych żon była nad wyraz troskliwa i jeśli widziała, że może zmienić (albo przynajmniej poprawić) czyjeś życie, wkraczała do akcji – nie trzeba było jej o to prosić. Kiedy wracała z Londynu po koronacji królowej Elżbiety – od ponad roku spotykała się wówczas z J.F.K., który nie śpieszył się z oświadczynami[1] – przytaszczyła do domu ogromną walizkę

[1] Jak się okazuje, przedstawiciele klanu Kennedych, z racji swojego irlandzkiego pochodzenia, lubili długie narzeczeństwa. Eunice, siostra J.F.K., skazała biednego Sarge'a na siedem lat zalotów.

pełną rzadkich książek w twardych oprawach, jako prezent dla ukochanego. (Za wniesienie ich na pokład samolotu musiała zapłacić dodatkowo sto dolarów, co w tamtych czasach było sporą sumą).

Do podobnych wyczynów była zdolna dla Onasisa. Jej drugi małżonek uwielbiał tort czekoladowy marki Duncan Hines robiony z proszku i choć na swojej prywatnej wyspie Skorpios miał francuskiego szefa kuchni, nic nie smakowało mu tak bardzo. Wiedząc o tym, Jackie skrupulatnie dbała, by na wyspie zawsze było kilka pudełek gotowej mieszanki przysyłanych z Nowego Jorku.

Przywiązywanie wagi do szczegółów i dostrzeganie wartości drobiazgów sprawiało, że Jackie była niezwykle troskliwą partnerką.

J.K.O. nie miała milionów przyjaciółek. Całą młodość spędziła w szkołach żeńskich i czuła się niekomfortowo w dużych grupach kobiet. Nie potrafiła tego wytłumaczyć, po prostu ją denerwowały. Współczesna Jackie musi być ostrożna – ma tak mocną osobowość, że przyciąga tłumy naśladowczyń (te, które mają słabsze charaktery, szybko zamieniają się w jej ulubione sekretarki i asystentki). Jest tego świadoma. Dlatego woli mężczyzn.

Jak to jest być Marilyn: wszyscy chcą iść z tobą do łóżka

Współczesna Marilyn ma w sobie seks. Mnóstwo seksu.

Nawet poza łóżkiem emanuje silną energią seksualną, którą obezwładnia swoich partnerów, wielbicieli i przypadkowo spotkanych facetów. Ktoś, kto raz ją ujrzał, nie może przestać o niej myśleć. Ciągle ma ją przed oczami i modli się, by dane było mu jeszcze kiedyś ją spotkać. Wciąż czuje zapach jej perfum, pamięta, jaką miała fryzurę, w co była ubrana i co dokładnie mu powiedziała. Ona z kolei nie pamięta go wcale.

Zdarza się również, że zadurzają się w niej kobiety. Udaje, że tego nie zauważa, bo nie chce się z tym mierzyć. Przydarzało się jej to w przeszłości i jeszcze nieraz się z tym spotka. Wie, że z czasem każde takie zauroczenie przemija.

Marilyn potrafi stać się przedmiotem jeszcze gorętszej obsesji niż Jackie. Zawsze tak było.

Mężczyźni robią dla niej rzeczy, o które wcześniej by się nie podejrzewali: piszą wiersze[1] (nawet jeśli nie potrafią), zapraszają do teatru w Londynie i ofiarowują w prezencie szczeniaka[2]. Marilyn oczywiście zdaje sobie sprawę, że wszyscy do niej lgną, choć czasem ma wrażenie, że całe to zamieszanie nie ma z nią nic wspólnego. Tak jakby „Marilyn" była pozą, którą wymyśliła i którą mogła przyjmować w zależności od potrzeby chwili.

Czasami myśli sobie, że to naturalne, że wszyscy chcą spać z „Marilyn". Nic na to nie poradzą! Przecież nawet ona z nią sypia! I sprawia jej to wielką przyjemność.

Żartuje.

(No, może nie do końca).

Marilyn zaczyna wzbudzać męskie pożądanie, kiedy kończy piętnaście lat, skutkiem czego jako dorosła kobieta lubi towarzystwo kobiet i homoseksualistów. Wtedy może opuścić

[1] Gdyby życie Marilyn potoczyło się inaczej, spędzałaby czas z poetą Carlem Sandburgiem. Współcześnie podobaliby się jej poeci występujący na żywo.

[2] Dla niej najważniejsze są intencje… Nie trzeba jej diamentów, ale rozpłynie się nad szczeniaczkiem albo książką, której jeszcze nie czytała.

gardę i naprawdę się wyluzować. Kocha także dzieci i zwierzęta. Uwielbia ich niewinność i bezinteresowność. Dlatego też aktywnie wspiera organizacje działające na rzecz zwierząt i nie jest w stanie nawet podejść do sklepu zoologicznego, który na wystawie ma szczeniaki, bo chciałaby adoptować je wszystkie.

Tym, co najbardziej ją przeraża, są tłumy mężczyzn.

Którą z nich jesteś?

Oceniając własną sytuację – określając, czy jesteś Jackie, czy Marilyn – pamiętaj, że chociaż Marilyn sprawia wrażenie bardziej rozbudzonej seksualnie, to Jackie lubi seks nie mniej niż ona. Po prostu się z tym nie obnosi.

Niech nie zwiedzie cię pierwsze wrażenie i pozory. Współczesna Marilyn może studiować na Harvardzie, a Jackie pracować w Starbucksie.

Podstawowe cechy J+M

Mimo że pojęcia seksapilu nie da się zdefiniować, można rozbić je na kilka podstawowych elementów.

Głos

W prawdziwym życiu i Jackie, i Marilyn mówiły niskim, melodyjnym głosem. Przyjaciele Jackie twierdzili, że jej „prawdziwy" głos był niski, a nawet nieco męski. Jedna z jej znajomych wspominała, że kiedy spotkała się z nią po raz pierwszy na później kolacji w restauracji P.J. Clarke, była zaskoczona jej bezpośredniością i szczerością. Kiedy Jackie czuła się nieswojo, na przykład występując publicznie, zaczynała mówić nieco dziwnym, wpadającym w szept głosem. Żeby dowiedzieć się, jak brzmiała naprawdę, dobrze byłoby posłuchać jej rozmów prowadzonych w obcym języku – francuskim albo hiszpańskim.

Podobnie było w przypadku „filmowego głosu" Marilyn, który też był trochę udawany. Lawrence Shiller zauważył, że w rzeczywistości M.M. brzmiała „o oktawę lub dwie niżej". Głos, którym przemawiała w filmach, był niewiarygodnie uwodzicielski: szeleszczący, leniwy, skrywający nutkę niepewności. Nawet kiedy zamawiała filiżankę kawy, zdawała się szeptać obietnice.

Chód

Może i miały podobne głosy, ale chodziły zupełnie inaczej. Mieszkając w Białym Domu i wykonując swoje oficjalne, państwowe obowiązki[1], J.K.O. sunęła niczym gejsza, gładko i niepozornie. W latach spędzonych poza Waszyngtonem cechował ją bardzo szybki, sprężysty krok.

Marilyn (często spóźniona kilka godzin) zawsze zwracała na siebie uwagę i niezmiennie miała na sobie strój podkreślający jej wdzięki.

[1] J.K.O. poinstruowała biuro prasowe Białego Domu: „Macie z maksymalną grzecznością podawać minimum informacji".

Moc słów

Jackie, być może zainspirowana filmem *Mężczyźni wolą blondynki*, była zdolna powiedzieć coś niewiarygodnie niestosownego do światowych przywódców – a przeważnie byli to wiekowi mężczyźni, przyzwyczajeni, by im nadskakiwać. I zawsze wychodziła na swoje. Kiedy wraz z J.F.K. pojechała na bardzo stresujący szczyt polityczny do Wiednia, Nikita Chruszczow, kiedy przedstawiano mu amerykańskiego prezydenta, oznajmił: „Chcę jej pierwszej uścisnąć dłoń". Później, podczas rozmowy przy oficjalnej kolacji, Jackie rzuciła do niego: „Proszę nie zanudzać mnie bezsensownymi statystykami...".

Jackie wiedziała, że pogodnym głosem można powiedzieć nawet najgorsze rzeczy. (To dlatego właśnie e-maile są powodem tylu nieporozumień. Nie przekazują tonu głosu).

Sekretne sekrety Marilyn. Czy wiesz, że...?

Marilyn była świadoma, że droga, którą mężczyzna może dotrzeć do serca kobiety, wiedzie przez mózg. – „Jeśli potrafisz sprawić, że dziewczyna się roześmieje, to potrafisz skłonić ją do wszystkiego".

Sekretne sekrety Jackie. Czy wiesz, że…?

Ze wszystkich doniesień wynika, że J.F.K. nie był zbyt czułym kochankiem. Za to Ari, owszem.

5

Randki i zaloty

Nie spotykam się z nikim szczególnie interesującym, ale zawsze jestem zainteresowana…

M.M., ZAPYTANA, CZY SIĘ Z KIMŚ SPOTYKA I CZY JEST ZAKOCHANA

Jackie miała więcej mężczyzn na centymetr kwadratowy niż jakakolwiek kobieta, którą znałam.

LETITIA BALDRIGE

Zarówno Jackie, jak i Marilyn grały przed mężczyznami, ale każda na swój sposób. „Pozorna bezradność Marilyn była jej największą siłą", powiedział Arthur Miller. Jackie również udawała „małą zagubioną dziewczynkę" (ale nie do tego stopnia co M.M.).

Ojciec J.K.O. uwielbiał ją i wpoił jej przekonanie, że jest wyjątkowa (doradzał jej między innymi w kwestii randek, przekonując, że „wszyscy mężczyźni to szczury"). Ojciec Marilyn był nieobecny, a jej trudne dzieciństwo ukształtowało ją na całe życie, sprawiając, że nie potrafiła nie grać przed mężczyznami. (Podniecało to płeć brzydką, a jej dawało przyjemne poczucie władzy)[1].

Obie czuły pociąg do wpływowych mężczyzn i miały liczących się, starszych od siebie protektorów – Marilyn została odkryta przez hollywoodzkiego superagenta Johnny'ego Hyde'a, a Jackie w swoim narożniku miała mistrza w postaci Josepha P. Kennedy'ego. M.M. trzykrotnie wychodziła za mąż. Jej wybrankami byli James Dougherty, Joe DiMaggio i Arthur Miller. J.K.O. była mężatką dwukrotnie – najpierw poślubiła Johna F. Kennedy'ego a następnie, o dwadzieścia trzy lata od siebie starszego, Aristotelisa Onasisa. (Krążą plotki, że Jackie „ukradła" go swojej siostrze Lee Radziwill, z którą spotykał się, zanim zainteresował się Jackie.

Po śmierci Onasisa Jackie zaangażowała się w długotrwały związek z handlarzem diamentów Maurice'em Tempelsmanem.

W dzisiejszym świecie nasze podejście do mężczyzn może zależeć od okoliczności. Czasami korzystniej jest zachowywać się bardziej jak Jackie (choćby kiedy spotykamy swoją przyszłą teściową), czasami jednak lepiej być stuprocentową Marilyn (na przykład na przysłowiowej trzeciej randce).

Trzeba pamiętać, że Jackie i Marilyn nigdy nie wcieliły się w rolę samotnej, czekającej na telefon szarej myszy, co w dzisiejszych czasach cechuje wiele kobiet. Na randce, w kontaktach

---

[1] Co ciekawe jako dziecko Marilyn fantazjowała o tym, że Clark Gable jest jej ojcem, a ojciec Jackie był do Clarka Gable'a bardzo podobny. W roku 1960 M.M. zagrała z nim w *Skłóconych z życiem*.

z reżyserami, w małżeństwie czy podczas spotkania z Nikitą Chruszczowem ostatnie słowo zawsze należało do nich!

W poprzednich rozdziałach zapoznałaś się z dwoma filarami wizerunku Jackie i Marilyn – seksem i pięknem (trzecim jest intelekt), z którymi wiążą się najprzyjemniejsze kwestie relacji damsko-męskich, czyli randki i zaloty.

Praktyczne randkowe rady Marilyn i Jackie (nowoczesne i bardzo przydatne)

Razem wzięte, Jackie i Marilyn znały wszystkich, których warto było znać w drugiej połowie dwudziestego wieku. Gdyby rzucić przypadkowe nazwisko artysty czy wpływowego biznesmena z Wschodniego lub Zachodniego Wybrzeża Stanów (lub z Paryża, Londynu, Skorpios czy nawet Dublina), zapewne okazałoby się, że któraś z nich kiedyś go spotkała, umawiała się z nim, znała go, pracowała z nim, podziwiała go, flirtowała z nim, była jego przyjaciółką, spała z nim albo nawet była z nim zaręczona i / lub wyszła za niego za mąż.

Winston Churchill? Odhaczyć. Bill Holden? Odhaczyć. Hubert de Givenchy, Walter Winchell, Darryl Zanuck, Marlon Brando, menedżer popularnego wśród elit nowojorskiego Stork Clubu, bracia Kennedy? Odhaczyć. Joe DiMaggio? Truman Capote? (A w przypadku Jackie, ze względu na to, że żyła dłużej: Valentino, Bill Clinton, Michał Barysznikow, Mick Jagger i Deepak Chopra?). Odhaczyć, odhaczyć i jeszcze raz odhaczyć!

Ale jak to się ma do ciebie? Ujmijmy to tak: rusz się i wyjdź do ludzi! Możesz to zrobić na różne sposoby – podróżując, udzielając się jako wolontariuszka, zabierając na lunch przyjaciółkę, która akurat ma zły dzień. Po prostu wyjdź z domu – tuż za progiem może zdarzyć się wszystko!

Flirtuj bez przerwy. Zarówno Jackie, jak i Marilyn flirtują zawsze, z kim tylko się da – mężczyznami, kobietami, szczeniakami, dziećmi, staruszkami i sąsiadem z piętra niżej. Nic na to nie poradzą. Po prostu takie są.

Marilyn wierzy, że świat jest sceną, i kiedy przekracza próg domu, wstępuje na jej deski. Powinnaś pójść za jej przykładem. Każdy dzień jest jak przesłuchanie do roli. Każdą chwilę wypełniają świeże, romantyczne możliwości. Marilyn jest gwiazdą – jeśli przechodzi obok placu budowy i nikt jej nie zauważa, to stwierdza, że najwyraźniej coś jest nie tak. Kiedy wychodzi z domu, a portier nie uśmiecha się do niej odruchowo, nie jest dobrze!

Ona wie, że mężczyźni są wzrokowcami i że z różnych względów lubią na nią patrzeć. Z jej punktu widzenia nie ma w tym nic złego. Życie jest niezwykle trudne, więc jeśli ktoś może sprawić, że się roześmiejesz albo poczujesz się lepiej (działa to w obie strony), to czemu sobie tego odmawiać.

Za czasów naszych babć nazywano to „czarem". Wierz lub nie, ale czar wciąż działa! Wystarczy podejść do całej sprawy na luzie. Inspirację możesz zaczerpnąć z filmu *Książę i aktoreczka*, w którym Marilyn popisowo flirtuje z naburmuszonym Larrym Olivierem.

Jackie ma inne podejście. Żartuje sobie z mężczyzn, stawia ich na baczność i na swój sposób kpi sobie z nich wbrew ich pozycji i władzy. W roku 1957 wraz z senatorem Kennedym została zaproszona na jacht Aristotelisa Onasisa, żeby poznać Winstona Churchilla, jednego z idoli J.F.K. Były premier Wielkiej Brytanii był już jednak dość posunięty w latach i wydawał się ignorować amerykańskiego polityka, może nawet nie zdawał sobie sprawy, kim jest J.F.K. Po spotkaniu Kennedy był bardzo rozczarowany, że nie udało mu się nawiązać kontaktu z osobą, którą tak podziwiał. „Może myślał, że jesteś kelnerem", skwitowała uszczypliwie Jackie, wskazując na białą marynarkę męża.

Otaczaj się wianuszkiem mężczyzn. Siedemdziesięcioletni zagorzali kawalerowie, legendarni projektanci, eks-faceci wciąż usychający z miłości, siedemnastoletni dostarczyciel pizzy – im więcej, tym lepiej! Niezależnie od tego, czy masz męża, spotykasz się z kimś, czy jesteś singielką, potrzebujesz męskiej energii. Dzięki niej poczujesz się zadowolona z siebie i nie pozwolisz innym (ani samej sobie) spocząć na laurach. Do świetnych terenów łowieckich należą mecze piłki nożnej, kurorty narciarskie i siłownie.

Znane są historie o kobietach, które poznały mężów – naprawdę wyjątkowych facetów – w metrze. Inne spotkały ich w windzie, do tamtej chwili nieświadome, że najwspanialsi mężczyźni w mieście pracują w tym samym budynku na innym piętrze.

Jeśli jesteś Marilyn, to nawet wstąpienie na kawę do miejscowej kawiarni może wystarczyć.

Zapomnij o drogich kremach i operacjach plastycznych wątpliwej skuteczności. Jak mawiają Francuzi: *Elle doit être amoureuse, elle a arête de porter la foundation*[1]. Marilyn i Jackie wiedzą, że najważniejsze to otaczać się wianuszkiem wielbicieli, bo to dzięki nim zachowuje się młodość i intryguje otoczenie.

[1] Musiała się zakochać, bo przestała się pudrować.

Po pierwsze dyskrecja. Pod żadnym pozorem nie zdradzaj, z kim aktualnie się spotykasz.

Bez względu na to, co wypisywały gazety, Marilyn, wypowiadając się o Joem DiMaggio czy Arthurze Millerze (mężach numer dwa i trzy), zawsze mówiła o nich per „pan".

Kiedy J.F.K. próbował podbić serce Jackie, ona była już zaręczona z Johnem Hustedem, którego uspakajała: „Nie wierz we wszystko, co mówią o Jacku Kennedym".

Jeśli chodzi o twoje życie prywatne, pamiętaj, że odrobina tajemniczości jeszcze nikogo nie zabiła. Szczęśliwiec, z którym łączy cię prawdziwe uczucie, wie, kim dla ciebie jest, i tylko to się liczy.

Tęsknota wzmacnia uczucie. Jeśli czujesz, że twój chłopak nie poświęca ci wystarczająco dużo uwagi, zostaw go na chwilę. Zrób sobie przerwę. Wyjedź na wycieczkę i ignoruj jego e-maile. Powiedz mu, że padła ci bateria w telefonie. Albo jeszcze lepiej: wyjedź z kraju!

Zasady randkowania Marilyn: zero zasad

Istnieje wiele zasad i wskazówek w relacjach damsko-męskich, należy jednak przyznać jedną rzecz: M.M. wzbudzała takie pożądanie, że nie musiała stosować się do żadnych zasad. Zawsze robiła to, na co miała ochotę.

Sama to przyznała: „Kiedy miałam jedenaście lat, nagle cały świat stanął przede mną otworem. Wszyscy kierowcy zaczęli na mnie trąbić. Świat stał się taki przyjazny…". To prawda – M.M. ledwie przekroczyła próg domu, a od razu znajdywali się tacy, którzy ruszali za nią ulicą. (W dzisiejszych czasach, jeśli się nad tym zastanowić, brzmi to trochę przerażająco).

Po rozwodzie z Jamesem Doughertym i przeprowadzce do Hollywood Marilyn, grając małe rólki, zaczęła odnosić niewielkie sukcesy i zwracać na siebie uwagę między innymi wpływowych prezesów studia filmowego: Jacka Warnera i Josepha Schencka oraz producenta Derryla Zanucka.

W sprawach sercowych u Marilyn każdy miał równe szanse, i to, czy ktoś posiadał wpływy i znajomości w branży, nie miało dla niej znaczenia. Pewien dziennikarz z magazynu „Life", który pisał o niej we wczesnym okresie jej kariery, wspominał, że kiedy rozmawiał z nią w hotelu Chateau Marmont, nagle do drzwi zapukał jakiś niepozorny mężczyzna z bukietem róż. Podobno przyszedł o dzień za wcześnie… albo to Marilyn pomyliła terminy i wydawało się jej, że umówiła się z nim dzień później. W każdym razie biedaczysko zostawił róże i odszedł zasmucony.

Nie martw się! Nic się nie stało! Zastanawiasz się, czy wrócił następnego dnia ze świeżym bukietem? Jasne, że tak.

Tak naprawdę jeśli szczerze się komuś podobasz, to wszystkie zasady możesz wyrzucić do kosza.

Praktyczne porady J+M – uwierz jego słowom

Każdy mężczyzna z chęcią powie ci, kim jest, w jakim momencie życia się znajduje i o czym myśli (zwłaszcza jeśli chodzi o ciebie). Mądra Marilyn / Jackie go wysłucha.

W prawdziwym życiu, niezależnie od sytuacji, Jackie nie potrzebowała dużo czasu, żeby wyrobić sobie o kimś zdanie. Szczególnie jeśli chodziło o potencjalnych partnerów. Po ocenieniu opcji wybierała najbardziej dla siebie korzystną.

Kiedy skończyła studia, zaczęła się spotykać z bardzo miłym mężczyzną, Johnem Hustedem[1]. Wywodził się z amerykańskiej

[1] Wszystkie wiemy, jak kończą się historie z „miłymi mężczyznami".

elity i przyjaźnił się rodzicami Jackie. Był maklerem giełdowym, ukończył Yale, a letnie miesiące spędzał w modnym wśród bogaczy Nantucket. W skrócie: idealny kandydat na męża.

Po kilku miesiącach znajomości, w roku 1951, zaręczyli się. I jak nakazywał zwyczaj, wkrótce potem ukazało się ogłoszenie w „New York Timesie".

W tym samym roku, jeszcze przed zaręczynami, Jackie poznała senatora Johna F. Kennedy'ego na kolacji w Georgetown u ich wspólnych znajomych Charlesa i Marthy Bartlettów, którzy od miesięcy starali się doprowadzić do ich spotkania. Przez chwilę Jackie spotykała się z oboma mężczyznami (żaden nie wiedział o tym drugim), ale w końcu zwróciła Hustedowi pierścionek, a jej matka zamieściła w gazetach krótką notkę o „odwołanych zaręczynach".

Kiedy wszystko wyszło na jaw, Jackie wyznała swoim przyjaciołom, że jej pierwszy narzeczony był „niedojrzały", a jednocześnie zbyt „stateczny" jak na jej gust (w końcu był maklerem giełdowym). W późniejszych latach Husted insynuował, że to matka Jackie stanęła między nimi, gdyż sugerowała córce, że nie zarabiał wystarczająco, by ją utrzymać – choć w latach pięćdziesiątych siedemnaście tysięcy dolarów rocznie było wyjątkowo wysoką pensją[1].

Marilyn nigdy nie patrzyła na swoje sprawy sercowe tak strategicznie. Tak naprawdę nie miała żadnej strategii. Podczas niedzielnych imprez pokerowych u Joego Schencka (prezesa studia 20th Century Fox), kiedy wspólnie z innymi wschodzącymi gwiazdami żartowała, opróżniając popielniczki, czuła się

[1] Husted, jak na prawdziwego gentlemana przystało, nigdy nie rozmawiał z prasą o swoim związku z panną Bouvier.

równie swobodnie – albo może nawet bardziej – jak wtedy kiedy stołowała się w restauracji Howard Johnson's przy Times Square razem z koleżanką ze stowarzyszenia Actors Studio.

Miała dużo bardziej prozaiczne podejście do związków niż Jackie, choć miłość zawsze stawiała na pierwszym miejscu. „Często wystarcza po prostu z kim być – powiedziała kiedyś. – Nie musisz dotykać tej osoby ani nawet z nią rozmawiać. Do tego, żeby nie czuć się samotnym, wystarcza uczucie, które z nią dzielisz".

Marilyn Monroe: łamaczka serc (dosłownie)

Johny Hyde był wpływowym, starszym agentem (kiedy spotkał dwudziestotrzyletnią Marilyn, miał pięćdziesiąt trzy lata), któremu przypisuje się odkrycie M.M. Przyjaźnił się ze wszystkimi prezesami wytwórni filmowych w Hollywood i bardzo wspierał Marilyn we wczesnych latach jej kariery. To on zapłacił za jej drobną korektę nosa i zachęcił do zmiany koloru włosów na platynowy blond. Załatwił jej też zdjęcia próbne oraz zatrudnił w studiu 20th Century Fox po tym, jak dwa lata wcześniej ją odrzucono.

Hyde był nie tylko wpływowy i szanowany, ale również do szaleństwa zakochany w Marilyn. Wiele razy prosił ją o rękę. Marilyn była jednak pewna, że go nie kocha, i odpierała jego awanse.

Hyde błagał ją.

Żeby udowodnić jej, że myśli o niej poważnie, wyprowadził się z domu, zostawiając żonę i trójkę dzieci. Miał problemy z sercem i był przekonany, że nie zostało mu wiele życia. Zapewniał Marilyn, że jako wdowa po nim stanie się zamożna i szanowana w środowisku. Marilyn jednak odmawiała. Nie ulega wątpliwości, że kochała go jak przyjaciela. Ale nic poza tym.

Krótko potem Joe Hyde zmarł na atak serca. Jego rodzina zwarła szyki, by uniemożliwić Marilyn uczestnictwo w pogrzebie. M.M. była zrozpaczona.

Nie próbuj nikogo zmieniać

W Świecie Randek (tak jak w przyjaźni) trzeba ostrożnie dobierać towarzystwo. Mężczyzna to nie samochód – nie wolno go przerabiać ani zamieniać w osobisty gadżet. Jasne, że można starać się wywierać wpływ na drobiazgi – namówić go na wizytę u fryzjera, sprezentować mu modniejsze okulary czy zasugerować kupno kaszmirowych lub zamszowych mokasynów. Mężczyzny nie da się jednak nauczyć od podstaw troskliwości, gracji, uprzejmości, wyczucia stylu ani poczucia humoru.

Jeśli nie jesteś szczęśliwa, odejdź. Trudne, ale prawdziwe. Może zabrzmi to banalnie, ale miłość powinna dawać szczęście. Powinna być pozytywna. Owszem, po drodze czasem pojawiają się wyboje, ale nie na etapie pierwszych randek! Początkowy okres znajomości powinien być dobrą zabawą.

Nie da się ukryć, że idealny kaloryfer na brzuchu wygląda zachęcająco[1], ale lepiej przyjrzeć się również charakterowi wybranka. Uważaj na skłonności do hazardu, nałogów i manipulacji – zaobserwuj, jak traktuje kelnerów. Czy podnosi na

[1] Niewiarygodnie zachęcająco.

ciebie głos? Czy lekceważy twoje zdanie, kiedy rozmawiacie na delikatne tematy? Jeśli jest rozwiedziony, to jak traktuje swoje dzieci? A swoją byłą żonę? Czy płaci alimenty, czy przeciwnie, spodziewa się, że wyżyją za marne grosze?[1]

Słomiany wdowiec w prawdziwym życiu

Mężowie są wybitnie dobrymi kochankami,
kiedy zdradzają swoje żony.
M.M.

Tak Jackie, jak i Marilyn były w różnych okresach swojego życia związane z żonatymi mężczyznami. (Jackie nie kryła się z tym tak bardzo jak Marilyn, choć nigdy nie zrobiła tego, będąc mężatką).

U Jackie być może wiązało się to z osobistymi doświadczeniami, gdyż zarówno jej ojciec, jak i mężowie, słynęli ze skoków w bok. Mężczyźni, z którymi Jackie spotykała się po zabójstwie J.F.K., byli opisywani jako „bardzo żonaci, bardzo starzy i bardzo dziwni". Nie zważając na ich stan cywilny, Jackie umawiała się między innymi z Mikiem Nicholsem, Peterem Duchinem, Giannim Agnellim i Frankiem Sinatrą. Jej związek z Rosem Gilpatrickiem, zastępcą sekretarza obrony w gabinecie Kennedy'ego, wyszedł na jaw, kiedy list, który napisała do kochanka podczas swojego miesiąca miodowego z Aristotelisem Onasisem (wyjaśniający jej ukradkowy

[1] I jeszcze przy tobie na to narzeka. Czarujące.

ślub) został skradziony i wyciekł do prasy (trzecia żona Gilpatricka niezwłocznie złożyła pozew o rozwód).

A Marilyn? Cóż, wystarczało, że była Marilyn Monroe, najprawdopodobniej najbardziej pożądaną kobietą świata – co nie zmieniło się do dziś. U swych stóp miała T.S. Eliota, Orsona Wellesa, Yvesa Montanda (zagrał z nią w *Pokochajmy się*), Arthura Millera (którego w końcu poślubiła, jednak pięć lat później wzięli rozwód) oraz Johna Kennedy'ego i jego brata Roberta[1]. Jak przekłada się to na współczesność? Prawdziwe Jackie i Marilyn mają w sprawach sercowych bardzo niewiele zasad. Masz ochotę wysłać mu kwiaty? Zrób to. (Pewna znajoma wysłała kiedyś swojemu chłopakowi bukiet kwiatów na budowę, na której pracował. To dopiero było wyznanie! Wszyscy jego koledzy chcieli ją poznać). Seks na pierwszej randce? Seks na siódmej randce? To nie ma znaczenia. Naprawdę.

Jest jednak pewna reguła, do której podchodzić należy poważnie: nie wiąż się z żonatym mężczyzną. (To samo tyczy się zamężnych kobiet).

Możesz to odebrać jako zbytnią zuchwałość albo rozbuchany egoizm, ale kiedy się z kimś spotykasz – nieważne czy to coś poważnego, czy tylko zabawa – pamiętaj, masz być jak rasowy pies. Żadnych ochłapów, żadnego wiernego czekania.

Poza tym, z całym swoim życiowym doświadczeniem i wrodzonym urokiem w stylu Jackie / Marilyn, wiesz przecież, że tego kwiatu jest pół światu. Musisz jedynie wyjść

[1] Oraz Marlona Brando, Franka Sinatrę, Richarda Burtona i Elię Kazana.

z domu i poznać ludzi. Czekają na ciebie dzikie tłumy wspaniałych, przystojnych, cudownych mężczyzn, którzy gotowi są oszaleć na twoim punkcie. Jeśli facet jest w tobie naprawdę zakochany, powinien umieć wziąć się w garść i się rozwieść, zanim zaprosi do swojego życia ciebie. Jeśli nagle wszyscy żonaci mężczyźni i zamężne kobiety postanowią znaleźć sobie kogoś na boku jak w jakimś marnym filmie obyczajowym, to ich sprawa. Ty nie będziesz odpowiedzialna za rozbicie rodziny.

(Jeśli jednak się na to zdecydujesz, pomyśl przynajmniej o złej karmie, która nad tobą zaciąży).

Na randce z Jackie

Kiedy Jackie zaczęła umawiać się z chłopakami, starała się prezentować jako osoba nieco mniej interesująca niż w rzeczywistości. Czy dziewczęta w latach pięćdziesiątych uczono, żeby nie przytłaczały intelektem potencjalnych chłopaków? Czy taka była norma społeczna? Według magazynu „Time" Jackie zdawała się obawiać, że jej piękno i bystrość umysłu mogą odstraszać od niej ludzi i często ukrywała inteligencję pod maską dziewczęcej niewinności.

Jeden z jej znajomych z wyższych sfer Jonathan Isham wspominał: „Była o wiele bardziej inteligentna niż otaczający ją ludzie, do tego stopnia, że musiała to ukrywać... Czasem sprawiała wrażenie dziwiącej się wszystkiemu i naiwnej. Była to czysta samoobrona. Kiedyś zabrałem ją na mecz footballu na stadion Yale Bowl. W połowie meczu spytała: »Dlaczego teraz kopią piłkę?«, na co odparłem: »Daj spokój, Jackie, przede mną mnie musisz udawać«. Uważała, że powinna dać fory ważnemu absolwentowi Yale. Prawda jest taka, że najprawdopodobniej wiedziała o footballu więcej ode mnie".

Mimo wszystko John F. Kennedy (któremu też nie można odmówić tęgiej głowy) bardzo wcześnie poznał się na walorach intelektualnych Jackie i to one go w niej pociągały. Zawsze była dla niego równorzędnym partnerem.

Przyjaciel J.F.K. wyznał, że Jackie była zupełnie inna niż pozostałe dziewczyny Johna, które reprezentowały raczej typ „śliczniutkiej cheerleaderki z Dallas". Twierdził, że miała klasę. Sekretarka J.F.K. Anne Lincoln zauważyła, że jej szef zawsze osobiście dzwonił do Jackie, żeby ją gdzieś zaprosić, zamiast właśnie jej zlecać to zadanie.

Notatki robocze: kiedy należy bezwzględnie zakończyć znajomość

Trzy grzechy główne

1. Nadużywanie alkoholu / branie narkotyków.

2. Brak szacunku.

Do tej kategorii zaliczamy: publiczne upokarzanie, zdradę, lekceważące traktowanie, taksowanie innych kobiet w twojej obecności oraz wszelkie dziwaczne zachowania seksualne, które sprawiają, że czujesz się niekomfortowo.

3. Brak szczerości.

Kłamstwo, niedotrzymywanie słowa. Życie jest za krótkie, żeby marnować czas na takie bzdury! Kiedy facet jest nieśmiały i potrzebuje trochę więcej czasu, żeby zrozumieć puentę dowcipu to jedno. Ale jeśli jest niezbyt prawdomówny albo składa obietnice, których nie ma zamiaru dotrzymać, to już zupełnie inna sprawa.

Mniejsze przewinienia

Przegapienie twoich urodzin. Jak na zodiakalnego Lwa przystało, Jackie uwielbiała obchodzić swoje urodziny. Traktowała je jak „gwiazdkę w lipcu". Jeśli twój mężczyzna zapomni o tym ważnym dla ciebie dniu, to cóż... do widzenia.

Złośliwość w stosunku do twojego psa. Tu nawet nie ma o czym rozmawiać. To porównywalne (a może nawet gorsze) z zapominaniem o urodzinach. Nawet najmniejsze przewinienie w tym względzie zasługuje na: ŻEGNAJ! *Ciao!* Nigdy więcej do mnie nie dzwoń, skarbie!

Niedawanie napiwków i brak szacunku dla gosposi. To powinno być dla ciebie oczywiste, przecież masz w takich kwestiach niesamowite wyczucie. Prawdziwa Marilyn, nawet kiedy była początkującą, walczącą o byt modelką, zawsze zostawiała napiwek. Jeśli on tego nie zrobi, zrób to ty i niech to będzie wasze ostatnie spotkanie.

Dupkowatość. Jest kilka cech charakteru, których nie sposób tolerować ani u mężczyzn, ani u kobiet. Należą do nich: uprzedzenia, brak otwartości umysłu, pesymizm, zgorzkniałość, skłonność do narzekania, popieranie wojen, tendencja do dramatyzowania i oglądanie seriali (żarcik!).

Tak naprawdę wszystko sprowadza się do energii. Każda z twoich relacji, czy to z mamą, sprzedawcą w sklepie, instruktorem na siłowni, księgowym, agentem, czy z fryzjerem, powinna być pozytywna i pełna optymizmu. Jeśli jest inaczej, to nadszedł czas, żebyś zrewidowała listę znajomych (oczywiście z rodzicami i najbliższą rodziną sprawa nie jest taka prosta).

Pamiętaj, nie spotkasz tego jedynego jeśli pozwolisz, by Pan Gbur, zabierał ci większość czasu i życiowej przestrzeni. Bez względu na to, czy jesteś Jackie, czy Marilyn, musisz zadać sobie podstawowe pytanie: czemu mam dzielić swoje cudowne życie z tak beznadziejnym gościem?[1]

Czy naprawdę myślisz, że uda ci się zachować swój blask w stylu Jackie / Marilyn, jeśli otoczysz się negatywną energią?

No właśnie…

Konwersacyjne sztuczki J.K.O.

Na randkach Jackie mówiła o sobie bardzo niewiele. Dobrze wiedziała, że mężczyźni kochają rozprawiać na własny temat i jeśli kobieta ich do tego zachęca, to szybko zyskuje opinię doskonałej partnerki do rozmowy.

W swoim konwersacyjnym arsenale Jackie miała dwie sekretne sztuczki, które nadają się do zastosowania również dzisiaj. Po pierwsze koncentrowała uwagę na swoim rozmówcy, tak żeby czuł się, jakby był jedyną osobą na świecie. (Wybitni uwodziciele tacy jak J.F.K., Peter Duchin czy Bill Clinton również z sukcesem korzystali z tej zasady).

Po drugie Jackie uważnie słuchała tego, co się do niej mówi i nawet najbardziej banalną rozmowę wykorzystywała, żeby

[1] Nikt nie jest aż tak dobry w łóżku.

lepiej poznać drugą osobę. Współczesna Jackie też na zawsze zapamięta, to co zostało powiedziane i – jeśli będzie to konieczne – odniesie się do tego w odpowiednim momencie. Nie wykrzyczy tego swojemu mężczyźnie podczas kłótni (jest na to zbyt miła i zbyt mądra) ani nie wypomni mu tego, kiedy ten wróci do domu po ciężkim dniu (rozumie brutalny darwinizm środowiska pracy). Jest jednak jak czteroletnie dziecko… wystarczy, że ktoś coś powie, obieca, nieopatrznie rzuci jakąś uwagę w jej towarzystwie, a Jackie już nigdy tego nie zapomni[1].

[1] To odrobinę przerażające, ale najprawdopodobniej będzie także w stanie powiedzieć, co miała wtedy na sobie i w co ubrany był jej towarzysz oraz gdzie rozmowa miała miejsce… (O zgrozo!)

Błyskawiczny test

Jesteś Marilyn, jeśli: to twój facet pierwszy mówi „Kocham cię". Zawsze.

Jesteś Jackie, jeśli: uważasz, że to, co się dzieje między mężczyzną a kobietą, jest najbardziej fascynującą grą na świecie. I jesteś wybitnym graczem.

Notatki robocze: jak napisać list miłosny

Może trudno w to uwierzyć, ale za czasów Jackie i Marilyn, jeśli człowiek chciał komuś dać znać, co się u niego dzieje, miał do wyboru trzy możliwości. Pierwszą był telefon. Zamiejscowe rozmowy były jednak bardzo drogie, a na jedno gospodarstwo domowe przypadał zazwyczaj pojedynczy aparat telefoniczny. Wówczas ludzie nie odbierali telefonu co trzy minuty i nie wydzwaniali do siebie, żeby rozwodzić się nad czymś tak błahym jak wyniki ostatniego *X Factora.* Telefon zamiejscowy zazwyczaj oznaczał złe wiadomości. Dzwoniono, by donieść, że ktoś zmarł albo że kogoś zaciągnięto do wojska i wysłano do Korei. Drugą opcją był telegram (też oznaczał złe wieści), który można było wysłać do punktu Western Union w miejscowości adresata, skąd do jego drzwi dostarczał go posłaniec na rowerze. Trzecią opcją był list albo kartka pocztowa.

Żeby się z kimś umówić, trzeba było z dużym wyprzedzeniem wszystko zaplanować, i to w najdrobniejszych szczegółach. Nie można też było bez poważnego powodu zmieniać poczynionych ustaleń. Jeśli jednej ze stron zdarzyło się zaspać, „zapomnieć" albo jeśli pociąg nie przyjechał na czas, druga była skazana na nawet wielogodzinne czekanie.

Mogło się też zdarzyć, że każda ze stron pojawiała się w innym miejscu lub że podczas długiego czekania (kiedyś ludzie nie mieli takiego problemu, żeby zwyczajnie na kogoś poczekać) ona lub on poznawali kogoś innego i się zakochiwali – prawie każdy film z lat czterdziestych wykorzystuje to w swojej fabule. Skądś musiało się to wziąć!

Jackie uwielbiała pisać listy – co z resztą nie dziwi – Marilyn również. Na początek przyjrzyjmy się ich papeterii. Obie nasze bohaterki używały eleganckiego papieru listowego i kopert. Na papeterii Marilyn (która pragnęła ugruntować swoją pozycję światowej gwiazdy), widniało jej imię i nazwisko wytłoczone na szczycie kartki oraz z tyłu koperty. Na papeterii Jackie umieszczony był zaś adres, pod którym aktualnie przebywała (3307 N Street; 1095 North Ocean Boulevard, Palm Beach, Florida; Biały Dom).

Obie pisały listy odręcznie. Pismo Marilyn było zamaszyste, typowe dla kogoś przyzwyczajonego do rozdawania autografów. Charakter pisma Jackie był staranny, lekko pochyły, typowy dla wykształconej kobiety pochodzącej z dobrego domu – podobny charakter pisma zaobserwowano u Diany Vreeland, Babe Paley i księżnej Diany.

Obie „listopisarki" były kreatywne i wprawnie oraz z pewną dozą humoru potrafiły przelać swoje myśli na papier. Jeśli dostałabyś list od Jackie albo od Marilyn, to na pewno byś go zachowała (większość adresatów tak właśnie robiła).

A co z korespondencją miłosną? Zastanawiasz się, jak napisać list *à la* Jackie lub Marilyn?

Od razu przejdźmy do sedna. Jeśli w erze błahych rozmów telefonicznych, e-maili, Twittera i komunikatorów internetowych poświęcisz czas, żeby napisać więcej niż dwa zdania, i jeszcze włożysz je do koperty i wyślesz pocztą, zdobędziesz ogromną przewagę nad resztą świata. W przeszłości (i to wcale nie takiej zamierzchłej) ludzie pisali listy. Teraz robią to tylko ci, którzy chcą zostawić po sobie coś dla potomnych.

Przede wszystkim pisz czytelnie. Bądź jak Marilyn i pod spodem zostaw zamaszysty podpis godny hollywoodzkiej gwiazdy. Sprawiaj wrażenie, że to nic wielkiego, jakbyś codziennie odpowiadała na dziesiątki listów od wielbicieli.

Jeśli chodzi o treść, to w pewnym sensie nie ma ona znaczenia. Możesz napisać cztery zdania albo rozpisać się na dwie i pół strony (maczkiem). Napisz tyle, ile masz ochotę, na dowolny temat. Możesz pisać o Kartezjuszu albo o świetnych butach, które widziałaś na wystawie. Wystarczy, że będziesz dowcipna, reszta nie ma znaczenia.

Pod żadnym pozorem nie używaj słowa „miłość". Nie pisz mężczyźnie, jaki jest wspaniały (to on ma mówić takie rzeczy tobie), ani że za nim tęsknisz. Nie dziękuj mu za to, że jest w twoim życiu, ani nie pytaj „dokąd to wszystko zmierza". (Nuuuuuudaaaaa).

Jeśli ogarnia cię przypływ czułości, podziękuj mu za przyjaźń, jaką cię obdarza. Wytrąci go trochę z równowagi („Przyjaźń?" – przeczyta i zacznie się zastanawiać, a później porządnie się zmartwi).

Możesz pisać o tym, że: właśnie wyjeżdżasz do Paryża, ale chciałaś jeszcze nadać list; jesteś właśnie w drodze do Paryża; jesteś w Paryżu w ł a ś n i e w t e j c h w i l i; twoja ulubiona drużyna piłki nożnej przed chwilą wygrała mistrzostwa.

Pamiętaj, nie podpisuj się: „kochająca" ani „twoja", chyba że jesteście zaręczeni (w takim wypadku zapomnij o wszystkich zasadach i wypisuj to, na co tylko masz ochotę).

Nie zapomnij o dopisku „OSOBISTE" na kopercie, żeby jego sekretarka albo asystentka nie otworzyła jej przez pomyłkę. Marilyn spryskiwała swoje listy perfumami, ale – jeśli twój wybranek nie służy w wojsku za granicą – to chyba lekka przesada.

Wyślij mu list do pracy. Kombinacja profesjonalizmu (adres biura na grzbiecie koperty) i poufności (twój liścik w środku) jest dla mężczyzn bardzo podniecająca.

Co więcej powiedzmy sobie szczerze, większość facetów pracujących w biurach umiera z nudów i tylko czeka, aż coś przerwie monotonię. Jeśli twój obiekt westchnień dostanie przesłany pocztą list i zorientuje się, że jest od ciebie, cały świat wokół niego przestanie istnieć. Najpewniej zamknie drzwi, rzuci asystentce, że nie ma go dla nikogo, nożykiem do listów (pamiętasz je jeszcze?) ostrożnie otworzy kopertę, położy nogi na biurku i będzie się delektował twoimi słowami.

Kiedy już przeczyta list kilka razy (nie ściągając nóg z biurka), delikatnie go poskłada i wyglądając przez okno, zapatrzy się w niebo i zaduma nad tym, jakim jest szczęściarzem, mając cię w swoim życiu. Po chwili pewnie znowu rozłoży kartkę, z nabożeństwem jeszcze raz przeczyta, co napisałaś, i przez chwilę poczuje się jak amant ze starych filmów i jak najprawdziwszy gentleman.

Jeśli potrafisz sprawić, że mężczyzna właśnie tak się poczuje, to znaczy, że jesteś mistrzynią.

Czy to zdarzyło się naprawdę?

Nie ma pewności czy poniższa historia jest prawdziwa, ale na pewno jest bardzo zabawna.

Albert Einstein i Marilyn Monroe siedzieli obok siebie na pewnym przyjęciu. Po wypiciu kilku lampek szampana Marilyn wyszeptała Einsteinowi do ucha: „Chcę urodzić ci dziecko. Z moją urodą i twoim intelektem będzie ideałem!", na co ten odpowiedział: „A co jeśli będzie miało moją urodę, a twój intelekt?".

Można wątpić w prawdziwość tej anegdoty ponieważ: 1) nie ma żadnych dowodów na to, że tych dwoje kiedykolwiek się spotkało, 2) identyczna historia opowiadana jest o George'u Bernardzie Shaw i Isadorze Duncan.

Ale co by było, gdyby...

Notatki robocze: kto płaci za kolację?

Na randce (hipotetycznie) Marilyn mogła zapłacić za kolację, zwłaszcza jeśli naprzeciwko siedział wychudzony, ale wyjątkowo przystojny artysta[1]. W końcu dobrze wiedziała, jak to jest być głodnym.

A Jackie? Nigdy.

Nigdy. Nigdy. Nigdy. Nigdy. Nigdy. Nigdy.

Myśl, żeby zapłacić za mężczyznę na randce, przenigdy nawet nie przyszłaby jej do głowy i była dla niej tak samo absurdalna

[1] Naprawdę przystojny – jak Robert Pattinson albo James Dean.

jak pomysł wyjścia na dach, żeby nauczyć się latać. Chodziło o szacunek do samej siebie. Jej wybranek doznawał przecież rzadkiego przywileju dzielenia z nią stolika i cieszył się jej niepodzielną uwagą (i to wszystko w miejscu publicznym).

Współczesna Jackie uważa jednak, by nie zamówić niczego, co mogłoby zbytnio nadwyrężyć portfel jej wybranka. Dopóki jest w niej zadurzony, a nie może być inaczej, lody na ławce w parku będą dla niej taką samą przyjemnością jak kolacja w wytwornej restauracji.

Notatki robocze: jak wysłać mężczyźnie kwiaty

Z wysyłaniem mężczyźnie kwiatów jest jak z całowaniem. Całujemy tak, jak same pragniemy być całowane, więc powinnyśmy wysłać naszemu facetowi takie kwiaty, jakie same chciałybyśmy otrzymać. Prawdziwe Marilyn i Jackie dostają taką liczbę bukietów, że mogłyby otworzyć kwiaciarnię. W walentynki Marilyn odbiera tyle wiązanek, że jej dom zaczyna przypominać jeden wielki pokój szpitalny albo salę pogrzebową, oczywiście w gustownym designie. Jako zadośćuczynienie następnego ranka kładzie bukiety przed drzwiami kilku sąsiadów i nigdy się do tego nie przyznaje[1].

Oprócz tego, że powinnaś wysyłać tylko takie kwiaty, jakie sama chciałabyś dostać, pamiętaj, że tego rodzaju prezent możesz zrobić wyłącznie mężczyźnie, którego dobrze znasz (swojemu

[1] I tak na pewno się domyślą.

chłopakowi, bratu, ojcu). A i wtedy bardzo rzadko – powiedzmy raz w roku.

Oczywiście facet może wysyłać nam kwiaty tak często, jak tylko chce – raz w miesiącu albo, jeśli akurat nam podpadł, nawet raz w tygodniu. Pewną kobietę podrywał gość, z którym naprawdę nie miała ochoty się umawiać. Konsekwentnie każdego dnia przez blisko miesiąc wysyłał jej do pracy coraz większe bukiety kwiatów. Doszło do tego, że recepcjonistka i jej koledzy z pracy zakładali się, jaki florystyczny popis przyniesie kolejny dzień.

Chcąc zakończyć tę kwiatową ofensywę, w końcu się z nim umówiła.

Po niespełna roku byli małżeństwem.

Przejdźmy do konkretów. Kompozycja powinna być zwartym, małym bukietem. Prostym. Nie chcesz zbyt dramatycznego efektu (żadnych super długich kwiatów, żadnych badyli niewiadomego pochodzenia, a już absolutny zakaz obejmuje uroczą gipsówkę). W skrócie: bukiet nie może mężczyzny zawstydzić.

Polecamy kompozycje z kwiatów jednego rodzaju i tego samego koloru – róże, tulipany, a nawet stokrotki. Bukiet ma być pewnego rodzaju wyznaniem, ale ma też wyglądać naturalnie, skromnie i w pewnym sensie nonszalancko. Masz wyjść na dziewczynę, która wie, co robi. Jeśli chodzi o kolor, to staraj się nie sięgać po długie czerwone róże. Są zbyt napuszone i niosą ze sobą stanowczo zbyt wiele romantycznych skojarzeń w stylu lat pięćdziesiątych.

Kiedy zadzwonisz do kwiaciarni, wyjaśnij, o co ci chodzi i dla kogo przeznaczony jest bukiet. Jeśli cię o to poproszą, opisz im adresata. Zapytaj, na które kwiaty jest akurat sezon, albo co jest aktualnie w ofercie, ale jednocześnie postaraj się urzeczywistnić swoją wizję. Sprawdzoną opcją jest kompozycja z kwiatów w kolorze niebieskim (jasnoniebieskim), fioletowym, a nawet liliowym, z małymi białymi akcentami dla ozdoby. Dla pięknego zapachu możesz pokusić się również o frezje. Nigdy nie komponuj bukietu w żółciach, różu ani (z niewielkimi wyjątkami) bieli.

Jeśli nie chcesz korzystać z usług kwiaciarni, możesz nazrywać kwiaty we własnym ogrodzie i stworzyć bukiet autorski. Cały czas musisz jednak pamiętać, by łodygi nie były za długie i by ciasno je związać. Dla dodania bukietowi osobistego charakteru wokół szyjki wazonika zawiąż wstążkę.

A liścik? Nic przesłodzonego. Kwiaty będą wystarczającym wyznaniem.

Tak naprawdę to, jaki bukiet wyślesz, nie ma aż takiego znaczenia – liczy się intencja. Adresat przede wszystkim zapamięta, że o nim czule pomyślałaś.

Naprawdę.

Na randce z Marilyn

Podczas gdy Jackie była królową Ameryki, Marilyn mogła zostać księżną Monako. Na początku lat pięćdziesiątych Aristotelis Onasis wpadł na pomysł przywrócenia blasku podupadającemu księstwu Monako (opisanemu przez Somerseta Maughama jako „słoneczne miejsce pełne typów spod ciemnej gwiazdy") przez zaślubiny księcia Rainiera z którąś z amerykańskich gwiazd filmowych. Stwierdził, że Marilyn Monroe idealnie nadaje się do tej roli (bo była to rola) i zasugerował pomysł jej agentom.

Na początku Marilyn sądziła, że to żart („książę Renifer" – przezywała księcia, żartując w towarzystwie przyjaciółek). Poza tym nie do końca wiedziała, gdzie znajduje się Monako. Chyba w Afryce, prawda?

W międzyczasie Onasis zastanawiał się, co na jego pomysł powie sam książę Rainier.

Marilyn, która dobrze zdawała sobie sprawę z własnej atrakcyjności, stwierdziła: „Zostawcie mnie z nim sam na sam przez dwa dni, a na pewno będzie chciał się ze mną ożenić".

Koniec końców zdrowy rozsądek zwyciężył i Rainier został przedstawiony Grace Kelly. Jako to mówią, reszta jest historią.

Co ciekawe Grace również była w pewien sposób powiązana z Jackie i rodziną Kennedych. Dorastała w Filadelfii, w bogatej katolickiej rodzinie o irlandzkich korzeniach, która była jeszcze bardziej fotogeniczna i wysportowana niż rodzina Kennedych (o ile to w ogóle możliwe). Oczywiście członkowie obu klanów znali się, a John i Grace nawet przez pewien czas ze sobą chodzili. Kiedy J.F.K. i Jackie byli już małżeństwem, John musiał się poddać ciężkiej operacji kręgosłupa w jednym ze specjalistycznych nowojorskich szpitali. Żeby go rozweselić, Jackie (która wpadła na Grace na jednym z przyjęć) poprosiła ją, by przebrała się za pielęgniarkę i zrobiła mu niespodziankę.

J.F.K. był tak wycieńczony i obolały, że nie zdołał jej rozpoznać. Po dwudziestu minutach Grace wyszła z jego pokoju przygnębiona. „Najwyraźniej wyszłam z wprawy", stwierdziła.

Z okazji ślubu Grace z księciem Rainierem Marilyn wysłała jej telegram z gratulacjami następującej treści: „Cieszę się, że znalazłaś sposób, żeby uciec od tego wszystkiego".

Kiedy John oglądał wraz z Jackie reportaż ze ślubu Grace, niezbyt taktownie rzucił do żony: „A mogłem ją poślubić”[1].

Praktyczne porady J+M: zachowaj równowagę

Jackie z reguły miała dystans do mężczyzn (jak zresztą do wszystkiego), co bezsprzecznie działało na jej korzyść. Potrafiła racjonalnie podchodzić do swoich uczuć, podczas gdy Marilyn była nad wyraz emocjonalna (jak na aktorkę przystało) i zdarzało jej się do szaleństwa zakochiwać w niewłaściwych osobach.

W przeciwieństwie do Jackie Marilyn nosiła swoje serce na dłoni. Jeśli coś ją zdenerwowało, świat zaraz się o tym dowiadywał, a ona potrafiła nie wstawać z łóżka przez długie dni.

Kiedy zmarł Johnny Hyde, znalazła sposób, żeby wprosić się na jego pogrzeb – wbrew woli jego rodziny – i szlochając, rzucić się na trumnę.

To dopiero musiał być widok! Młoda, piękna, dwudziestokilkuletnia Marilyn Monroe (odziana w czerń i perfekcyjnie uczesana) obejmująca trumnę. Który mężczyzna nie chciałby takiego ostatniego pożegnania? Takie rzeczy zdarzają się tylko w Hollywood! Trzeba jednak pamiętać, że Marilyn była autentycznie zrozpaczona po stracie przyjaciela.

[1] Dla uzupełnienia: po wielu latach, kiedy J.F.K. był już prezydentem USA, księżna Monako wraz z mężem przyjechali z wizytą do Białego Domu. Jackie nie była zbytnio zadowolona. Żeby umniejszyć rangę odwiedzin, zamiast kolacji wydała na ich cześć lunch. Zdjęcia z tego wydarzenia ukazują Grace z czułością wpatrującą się w J.F.K.

U Jackie takie zachowanie było wykluczone. Tak jak i reszta członków rodziny Kennedych i Onasisów J.K.O. potrafiła chłodno oceniać rzeczywistość. Była w stanie rozważyć za i przeciw każdej sytuacji, nawet romansu. Jeśli czuła, że statek, na którym się znajduje, zaczyna tonąć, natychmiast go opuszczała.

Koniec romansu

Jeśli z jakiegoś powodu ty i książę z bajki postanowiliście się rozstać, nadszedł czas, żeby naprawdę odnaleźć w sobie Jackie i ostrożnie (oraz elegancko) wszystko zakończyć. Pewnie masz złamane serce, a w głowie nosisz tysiące pytań, które po prostu musisz mu zadać. Pewnie tęsknisz za nim i za cudownym, wspólnie spędzonym czasem… I co z tego?! (powiedziałaby J.K.O. z charakterystyczną dla siebie wytworną stanowczością).

Przede wszystkim pod żadnym pozorem nie baw się w „szpiegowanie byłego". Nie żądaj od niego wyjaśnień. Jeśli nie był szczęśliwy, miał święte prawo odejść.

Nie wysyłaj mu e-maili.

Usuń go z listy znajomych na Facebooku (nigdy nie powinien na nią trafić).

Wykasuj go z kontaktów w komórce.

Nie wysyłaj mu artykułów prasowych, które – jesteś tego pewna – go zainteresują.

To, że cię więcej nie zobaczy, jest dla niego wystarczającą ceną za rozstanie. Nie przysparzaj mu więcej cierpienia.

Było, minęło.

Sekretne sekrety Jackie
Czy wiesz, że…?

Być może dlatego że dorastała w świecie, w którym ciągle poznawało się nowych ludzi, uwielbiała chodzić na randki. Co więcej niezmiennie dbała o to, żeby jej partner czuł się niczym najbardziej fascynujący mężczyzna na Ziemi.

Sekretne sekrety Marilyn.
Czy wiesz, że…?

Jako wschodząca hollywoodzka gwiazda Marilyn Monroe bez problemu potrafiła umówić się na trzy randki jednego wieczoru (z trzema różnymi wielbicielami): na przyjęcie koktajlowe, kolację i imprezę do białego rana.

6

Małżeństwo

Nie wierzę, że istnieją mężczyźni,
którzy są wierni swoim żonom.
J.K.O.

Od tej chwili małżeństwo
jest moim głównym zajęciem.
M.M.

W kwestii małżeństwa Jackie i Marilyn mierzyły niezwykle wysoko. W porównaniu z Marilyn Jackie wydawała się dużo bardziej zainteresowana sprawami związanymi ze statusem społecznym (w końcu tak została wychowana) i nie interesowali jej zwyczajni zamożni maklerzy giełdowi, którzy w weekendy grali w golfa, a na co dzień unikali płacenia podatków. Nasze bohaterki wybierały najmądrzejszych, najbardziej kreatywnych i najprzystojniejszych mężczyzn pojawiających się na horyzoncie[1]. Marilyn osiągnęła prawie niemożliwe i zdobyła Arthura Millera, laureata nagrody Pulitzera, dramatopisarza i twardziela z Brooklynu, który wiedział, jak używać pięści, choć nigdy nie brakowało mu także klasy (został jej trzecim, ostatnim mężem).

Na Jackie i Marilyn nie było sensu wywierać presji[2]. Nasze bohaterki wychodziły tylko za mężczyzn absolutnie wyjątkowych, w których były do szaleństwa zakochane. Trudno wyobrazić sobie gorszą obelgę niż ta użyta przez Joan wobec pewnego mężczyzny w jednym z odcinków serialu *Mad Men*: „Dla mnie wygląda jak odźwierny".

To nie takich facetów pragnęły.

Przyglądając się ich małżeństwom, można odnieść wrażenie, że Jackie pociągała władza (na płaszczyźnie towarzyskiej, politycznej i finansowej), podczas gdy Marilyn raczej zwracała uwagę na talent (sportowy, pisarski). Rozdzielanie tych dwóch cech może być jednak dyskusyjne, jako że talent często przynosi władzę, a z kolei władza umożliwia rozwijanie talentu. Nie zmienia to jednak faktu, że obie (Marilyn oczywiście bardziej nieświadomie) celowały jedynie w cenione nazwiska.

Pierwsze małżeństwo Marilyn

Pierwszym mężem Marilyn – była wówczas młodziutka – został James Dougherty. Wyszła za niego zaledwie kilka dni

[1] Albo, co bardziej prawdopodobne, to najmądrzejsi, najbardziej kreatywni i najprzystojniejsi mężczyźni wybierali nasze bohaterki.

[2] Z wyjątkiem pierwszego małżeństwa Marilyn – wówczas nie miała wyboru.

po swoich szesnastych urodzinach, gdyż w przeciwnym razie trafiłaby do kolejnej rodziny zastępczej. Jak sama mówiła, ich małżeństwo od samego początku było niedookreślone.

Jimmy i Marilyn, oficjalnie mąż i żona, żyli niemal jak rodzeństwo. Kiedy w 1945 roku Jimmy wyjechał na wojnę, zostawiając M.M. samą – niektórych kobiet nie wolno zostawiać samych – Marilyn, pracująca wówczas w fabryce spadochronów, została zauważona przez wojskowego fotografa Davida Conovera. Kości zostały rzucone.

Od samego początku kamera ją kochała. Ta samotna, uległa i grzeczna dziewczynka, która „całkiem dobrze" radziła sobie w szkole, wychowywała się bez matki i trafiała z jednej rodziny zastępczej do drugiej, przed obiektywem ożywała! Patrząc na jej wczesne fotografie z czasów, kiedy jeszcze nie była Marilyn, o której śniły miliony mężczyzn, a jedynie anonimową twarzą, widać, że przed obiektywem czuje się jak ryba w wodzie.

I słusznie.

Dla kamery lub aparatu ożywała bardziej niż dla któregokolwiek ze swoich mężów.

Wiele lat po tym, jak zamieszkała w świecie gwiazd, bardzo odległym od przyziemnej rzeczywistości Jimmy'ego, jej pierwszy mąż stał się zgorzkniały. Patrzył, jak wychodzi za boga baseballu i śpiewa dla prezydenta i nie mógł uwierzyć, że to ta sama prosta i czuła dziewczyna, którą znał. „Marilyn nie miała nic przeciwko byciu moją żoną, dopóki byłem jej potrzebny", wspominał. Jimmy był prostym, zwyczajnym człowiekiem, a to cechy, których Marilyn (bez względu na wszystko) nigdy nie posiadała.

Marilyn i bóg baseballu

Jej drugie małżeństwo poruszyło wyobraźnię Amerykanów.

Na początku nie chciała się nawet spotkać ze sławnym Joem DiMaggio – nie orientowała się w sporcie i sądziła, że nie będą mieli o czym rozmawiać. Jednak Joe, który zobaczył jej zdjęcie w gazecie, nie odpuszczał.

Podczas pierwszego spotkania wydał się Marilyn cichy i uprzejmy, i ani trochę nie przypominał wysportowanego zarozumialca, jakiego się spodziewała. Stopniowo ich znajomość robiła się coraz bardziej zażyła i po dwóch latach, czternastego stycznia 1954 roku, pobrali się w urzędzie w San Francisco, w otoczeniu tłumu dziennikarzy i fanów (pomimo tego, że planowali cichą ceremonię).

Tak jak i reszta Ameryki szefostwo Marilyn w studiu Fox, było zachwycone. „Nie straciliśmy aktorki – mówili. – Zyskaliśmy nowego gracza".

Pomimo niezwykłej aury romantyzmu otaczającej ich związek – gwiazda baseballu i dziewczyna z okładki – para od początku walczyła z problemami. Blask Joego zaczął przygasać i sportowiec chciał, żeby Marilyn siedziała w domu i stała się mniej M a r i l y n a bardziej p a n i ą D i M a g g i o. Przez moment wydawało się, że Marilyn próbuje.

Podobno Joe był wybitnym kochankiem, co zawsze działa na korzyść faceta. Ale przecież poza sypialnią też istnieje życie – zawsze w końcu wszystko się do tego sprowadza, prawda? Kochali się. Po prostu nie potrafili ze sobą być. Marilyn naprawdę chciała zamienić się w zwyczajną kurę domową i wieczory spędzać przed telewizorem, tak jak lubił Joe. Została panią DiMaggio i jej mąż oczekiwał od niej, że przygasi nieco swój blask – który był przecież tym, co go w niej zaintrygowało. Chciał, żeby przestała się ubierać tak seksownie i skończyła z rozpalaniem męskiej wyobraźni. I żeby zrezygnowała z kariery. Marilyn nauczyła się od jego matki gotować doskonały włoski czerwony sos. Zaprzyjaźniła się z synem DiMaggio z pierwszego małżeństwa, Joem Juniorem, a nawet go pokochała. (Wiele lat później wspominała, że pisała do niego listy, podając się za jednego z mieszkających z nimi psów i opowiadała, jak to ogryza różne przedmioty).

Pod skromnymi, zapinanymi pod szyję sweterkami i fartuszkiem gospodyni kryła się jednak gwiazda, którą ciągnęło przed kamery i na plan filmowy. Gwiazda, którą wzywała jej przyszłość. Czego spodziewał się Joe? Czego się spodziewali jej pozostali mężowie?

Sławna scena ze *Słomianego wdowca*, w której podmuch z kratki wentylacyjnej podwiewa sukienkę Marilyn, była gwoździem do trumny ich małżeństwa.

Kręcono ją nocą w Nowym Jorku, na skrzyżowaniu ulic Lexington i Pięćdziesiątej Drugiej. Spece od promocji wytwórni Fox powiadomili dziennikarzy, że Marilyn będzie miała na sobie coś, co „zatrzyma ruch uliczny" i jakimś cudem całe miasto dowiedziało się, że przyjechała kręcić film na East Side. Wyglądała olśniewająco, kokietowała głębokim dekoltem i gołymi nogami. Podobno miała na sobie dwie pary białych majtek, dla obejścia cenzury. Tłum – tysiące anonimowych mężczyzn – krążył wokół niej jak wataha wygłodniałych wilków, wyczekując jej każdego ruchu.

Jej mąż, którego zazdrość była legendarna, nie powinien był tego oglądać.

Oświetlenie i kamery znajdowały się na miejscu, a dmuchawa czekała pod kratką chodnikową gotowa do użycia. Marilyn i jej filmowy partner Tom Ewell przechodzili nad nią raz za razem.

Tłum wył, a Marilyn się uśmiechała, przytrzymując najlepiej jak umiała rąbek sukienki i pozując kokieteryjnie. Była w swoim żywiole. Mężczyźni ją kochali (nie ma co do tego żadnych wątpliwości), a kamera uwielbiała ją jeszcze bardziej.

Wybuchała śmiechem i chichotała. Odrzucała głowę w tył i sprawiając, że świat wstrzymywał oddech, walczyła (choć niezbyt zacięcie) z sukienką, by nie pozwolić jej wznieść się ponad biodra. Widać było, że to kocha.

Joe kipiał z wściekłości. Razem z Walterem Winchellem zaczął miło wieczór w restauracji Toots Shors… a tu taka zniewaga! Do cholery, czy tak zachowuje się przykładna żona?!

Najwyraźniej niezdolny oddzielić życia od sztuki (trudno się mu dziwić) Joe rozmówił się z Marilyn, wypożyczył sobie też Billy'ego Wildera, dostał ataku szału i jak burza opuścił plan.

Później tej samej nocy w pokoju hotelowym małżonkowie się pokłócili i podobno Joe uderzył Marilyn.

Po tym incydencie wrócili do Kalifornii i próbowali ratować swój związek, jednak bezskutecznie. Niespełna dziewięć miesięcy później, dwudziestego siódmego października 1954 roku, byli już rozwiedzeni.

Marilyn i mężczyzna, który wydał jej sekrety

Dwudziestego dziewiątego czerwca 1956 roku Marilyn wyszła za mąż po raz trzeci, za dramatopisarza Arthura Millera, którego pierwszy raz spotkała w 1950 roku. Wychowana w duchu Stowarzyszenia Chrześcijańskiej Nauki dla niego przeszła na judaizm.

Na krótko przed zawarciem związku małżeńskiego z Marilyn Arthur został wezwany przez komitet powołany przez izbę reprezentantów, który prowadził śledztwo w sprawie podejrzanych o współpracę z komunistami hollywoodzkich gwiazd (House Un-American Activities Commitee). Marilyn towarzyszyła Millerowi w trakcie przesłuchania, narażając na szwank własną karierę. Wówczas nikt o tym nie wiedział, ale Marilyn opłacała również jego prawników, regulowała alimenty i łożyła na utrzymanie dzieci, które miał z pierwszą żoną, Mary Slattery.

Na początku na pewno łączyła ich miłość, ale najwyraźniej Marilyn była dla Millera zbyt dużym wyzwaniem… A może po prostu tak wielkie indywidualności nie powinny żyć pod jednym dachem? Pewne jest jedno – Miller był w stosunku do swojej żony złośliwy. Jako zbierający laury intelektualista i główny dramatopisarz swojego pokolenia wytykał jej brak intelektualnego polotu. Niedługo po ślubie zaczął pracę nad scenariuszem do *Skłóconych z życiem*. Film zrealizowano, ale pomimo tego, że Marilyn zagrała wybitnie, stwierdził, że praca nad tym projektem była dla niego największym „obniżeniem lotów" w życiu. Wkrótce po zakończeniu zdjęć para się rozeszła.

Marilyn uzyskała rozwód w Meksyku, w dniu zaprzysiężenia prezydenta Kennedy'ego – doradziła jej to specjalistka od wizerunku Pat Newcomb, która przewidziała, że tego dnia oczy świata będą skierowane na Waszyngton. Nie pomyliła się.

Dziewiętnaście miesięcy później Marilyn zmarła, przypuszczalnie w wyniku nieumyślnego przedawkowania leków.

Po jej śmierci Miller zaczął garściami czerpać twórczo ze swojego związku z jedną z najsławniejszych kobiet świata. W roku 1964 wydał *Po upadku*, sztukę o M.M. I chociaż był znany z tego, że nigdy nie rozmawiał na temat swojego małżeństwa z Marilyn, to w roku 1987 napisał o niej bardzo szczegółowo w autobiografii *Zakręty czasu*. Uważa się, że w obu dziełach potraktował Marilyn z wyjątkowym okrucieństwem.

Joan Didion wypowiedziała kiedyś bardzo prawdziwe słowa: „Trzeba pamiętać o jednym: pisarze zawsze kogoś sprzedają".

Jackie i J.F.K.

Boże, jak ona kochała Jacka.

C.Z. GUEST

Jackie poznała senatora Kennedy'ego podczas kolacji w domu ich wspólnych przyjaciół, Charlesa i Marthy Bartlettów. „Przedstawiono nas sobie nad szparagami", wspominał John. „Nie podali wtedy szparagów", odparowała Jackie.

Chociaż się sobie spodobali, ich relacja miała, jak to określiła Jackie, „spazmatyczny", charakter i następny raz od poznania zobaczyli się dopiero sześć miesięcy później.

Oboje jednak czuli, że spotkali swoją drugą połowę.

W autoryzowanej przez Jackie biografii, wydanej w czasie, kiedy mieszkała już w Białym Domu, czytamy: „Od razu wiedziała, że będzie miał znaczący, być może decydujący, wpływ na jej życie. W chwilowym przebłysku intuicja podpowiedziała jej, że nie jest to mężczyzna, który chce się żenić. Była przerażona. Od razu wyobraziła sobie, jak łamie jej serce, ale w tej samej chwili uznała, że jest wart cierpienia".

I tak to się zaczęło.

John (nazywany też Jackiem) i Jackie byli jak dwie połówki tej samej całości. Nawet ich imiona do siebie pasowały. Oboje inteligentni, ambitni, uwodzicielscy, zabawni i skryci. Nie obnosili się przed światem ze swoim uczuciem i jak stwierdził ich wspólny przyjaciel Ben Bradlee, byli najbardziej zdystansowanymi emocjonalnie ludźmi na świecie. Przy tym żadne z nich z pewnością nie było zahukane (chociaż Jackie bywała onieśmielona w nowym towarzystwie) i każde potrafiło postawić na swoim.

Jedno jest pewne: między nimi iskrzyło.

Syn bogacza (Irlandczyka, który nigdy za bardzo nie skupiał się na sobie) J.F.K. najprawdopodobniej nie przewidział tego, co Jackie wiedziała od początku: że ich podobne charaktery będą przyczyną starć. „Biorąc pod uwagę, jak radykalnie niezależną osobą jest Jack, i ja także, wygląda na to, że nasze małżeństwo będzie wymagać dużo pracy".

Patrząc na ich związek z perspektywy czasu, widać, jak wiele doświadczyli przez dziesięć lat bycia razem. Niemal natychmiast po powrocie z miesiąca miodowego J.F.K. wrócił do polityki i rozpoczął ubieganie się o wyższy urząd. Po odbyciu służby w senacie w roku 1956 zaczęto go wymieniać jako kandydata na stanowisko wiceprezydenta podczas konwencji demokratów. Nie wygrał wprawdzie, ale zdobył rozgłos w kraju. Starania o reelekcję w senacie, a później o prezydenturę były niezwykle ciężkim zadaniem. Kiedy w 1960 roku, w wieku czterdziestu trzech lat, wygrał z Richardem Nixonem, został najmłodszym prezydentem w dziejach Stanów Zjednoczonych.

W tym okresie przeszedł ciężką operację kręgosłupa (ocierając się o śmierć), z pomocą Jackie wydał książkę *Profiles of Courage* („Oblicza odwagi"), która zdobyła nagrodę Pulitzera, i podróżował po kraju, wygłaszając setki przemówień.

To podczas jego prezydentury miały miejsce: inwazja w Zatoce Świń, kubański kryzys rakietowy, zimna wojna i budowa muru berlińskiego oraz początek konfliktu, który przerodził się w wojnę w Wietnamie. J.F.K. powołał do życia Korpus Pokoju, przekonywał społeczeństwo amerykańskie o wartości sztuki oraz, z pomocą Jackie, poprawił wizerunek Ameryki w świecie.

W ich życiu prywatnym momenty cierpienia i wielkie tragedie przeplatały się z chwilami radości. Jackie urodziła Jackowi czworo dzieci: Arabellę (niestety przyszła na świat martwa), Caroline, Johna Juniora oraz Patricka (żył dwa dni, po czym zmarł na chorobę płuc). W czasie gdy byli razem, zmarł również ukochany ojciec Jackie, słynny „Black Jack", natomiast ojciec Jacka, patriarcha rodu Kennedych, dostał wylewu, który uczynił go kaleką.

Wszystkie te wydarzenia w większym lub mniejszym stopniu rozgrywały się na oczach społeczeństwa – dziennikarze i cały świat obserwowali każdy ruch pary prezydenckiej.

Przewidywania Jackie się sprawdziły i spotkanie Johna F. Kennedy'ego wywarło „znaczący" wpływ na jej życie.

W dziesiątą rocznicę ślubu przypadającą we wrześniu 1963 roku mieli już w swoim dorobku bardzo wiele. Oto jak podsumowała ich związek matka Jackie: „Nie znam innej pary, która w dziesięciu latach małżeństwa zmieściłaby tyle, ile oni. Czułam, że każda trudna chwila i kolejny stres niewiarygodnie ich do siebie zbliżają... On doceniał jej talenty, a ona wielbiła go i ceniła jego poczucie humoru i dobroć. Poza tym znakomicie się ze sobą bawili".

Tak naprawdę nikt nigdy do końca nie wie, co dzieje się między małżonkami, zwłaszcza jeśli są to osoby publiczne, ale jedno nie ulega wątpliwości: Jackie kochała swojego męża. Wiele lat później, kiedy szok spowodowany jego śmiercią minął – ból towarzyszył jej już zawsze, lecz nauczyła się z nim funkcjonować – czasem opowiadała anegdoty na temat „Jacka", podtrzymując przy życiu pamięć o nim.

Wiadomo jednak, że po tragedii, jaka ją spotkała, nie mogła nawet spojrzeć na jego zdjęcie. Dużo później wyznała również, że ma trudności z przypomnieniem sobie jego głosu.

Dwudziesty drugi listopada 1963 roku

Zabójstwo J.F.K. było dla rodziców i dziadków współczesnych młodych Amerykanów tym, czym dla nas stał się zamach na World Trade Center. Jego śmierć była końcem pewnej ery. Jackie wyjechała z Waszyngtonu do gwarantującego jej względną anonimowość Nowego Jorku – zbyt dużo wspomnień wiązało się z jej „krzywym, małym domkiem" i ulicą, przy której stał.

Bliscy zmarłego prezydenta, w tym nawet dorośli mężczyźni, nie mogli się otrząsnąć przez długie miesiące. A niektórzy, jak brat Johna Bobby i jego najlepszy przyjaciel Lem Billings, nigdy nie pogodzili się z tym, co się wydarzyło. Wskutek tej tragedii małżeństwa kończyły się gwałtownie, a przyjaźnie rozpadały. Byli nawet tacy, którzy po zamachu zerwali kontakty z bliskimi znajomymi. Zupełnie jakby razem z Johnem zniknął sens ich przyjaźni.

Legenda o romansie Kennedy'ego i Monroe

Jednym z najsławniejszych (albo raczej okrytych złą sławą) trójkątów naszych czasów był ten między Jackie, Marilyn i J.F.K. (pośrodku)[1].

Pewna znajoma Kennedy'ego powiedziała kiedyś o nim: „Jedni mężczyźni emanują światłem, inni pożądaniem. On emanował światłem". Wszyscy go kochali: starzy, młodzi, twardogłowi intelektualiści, zakonnice, a nawet psy (chociaż miał alergię na sierść).

Był typowym przykładem człowieka, który całe dzieciństwo spędził w cieniu starszego rodzeństwa (miał starszego brata Joego Juniora) i by zostać zauważonym, musiał wyróżniać się intelektem i osobowością.

[1] Jak to w świecie gwiazd bywa, J.F.K. nie był jedynym mężczyzną, którym nasze bohaterki się dzieliły, ale tylko z nim obie były równocześnie. W miłosnym kręgu Jackie i Marilyn znajdował się też Marlon Brando (Marilyn związała się z nim pierwsza) i Frank Sinatra (znów Marilyn była z nim wcześniej). Dla M.M. były to młodzieńcze romanse, podczas gdy Jackie związała się z oboma panami już jako dojrzała kobieta.

Ludzie, którzy go znali i z nim współpracowali, nawet dzisiaj wciąż nie bez emocji mówią o swojej stracie. „Kochaliśmy Jacka", przyznaje jeden z jego współpracowników, jakby to miało wszystko wyjaśnić.

J.F.K. (nawet jego pseudonim brzmiał optymistycznie, jak na lata sześćdziesiąte przystało) był „szybki". Chodził szybko. Myślał szybko. Był również znany z tego, że potrafił szybko czytać. Sprawiał wrażenie, jakby ścigał się z czasem, z przyszłością, której nie był sobie w stanie wyobrazić. Rzadko planował. Nie znosił czekać podczas randek – nie znosił czekać w ogóle.

Liczba i różnorodność kobiet, z którymi się spotykał, są niesłychane. Tylko w Hollywood chodził z Angie Dickinson, Audrey Hepburn, Gene Tierney, Jayne Mansfield, Gypsy Rose Lee i – jeśli wierzyć plotkom – z Lee Radziwill. Nie wspominając o niezliczonych sekretarkach, stewardesach, początkujących gwiazdach i dziewczętach z dobrych nowojorskich domów.

Czy w przypadku Jackie i Marilyn możliwe jest, że każda pragnęła tego, co posiadała druga?

Idealnie byłoby, gdyby Jackie mogła użyczyć Marilyn klasy i „dobrego pochodzenia". Marilyn z kolei mogłaby podarować Jackie odrobinę seksapilu (i może także trochę pewności siebie), poczucia humoru przydającego się podczas wystąpień publicznych i nieco ogólnego luzu.

Osoby poszukujące sensacji twierdzą, że Marilyn marzyła, by zostać drugą panią Kennedy i zamieszkać w Białym Domu. Biorąc pod uwagę wyczulenie i intuicję Jackie, pierwsza dama z pewnością wiedziała o M.M. wszystko. Wiedziała w ogóle, a czasem i w szczególe o wszystkich kobietach swojego męża.

W rzeczywistości J.F.K. i M.M. w ciągu całego życia spotkali się jedynie cztery razy i to zawsze w towarzystwie innych. Jack miał słabość do aktorek, które walczyły o byt. Już jako prezydent od czasu do czasu dzwonił do Judy Garland i prosił, by zaśpiewała dla niego *Somewhere Over the Rainbow*.

Legenda o wielkim romansie Kennedy'ego i Monroe jest więc przede wszystkim legendą... Ktoś, kto świetnie znał ówczesne realia, powiedział: „Służby wywiadowcze by o tym wiedziały – służby wywiadowcze wiedziały o wszystkim".

Ta sukienka

Happy Birthday, Mr Pre-s-i-dent...

M.M.

Teraz, kiedy w tak słodki, krzepiący sposób zaśpiewano dla mnie Happy Birthday, *mogę odejść z polityki.*

J.F.K.

Zatrzymajmy się na moment, żeby porozmawiać o legendarnej chwili, która połączyła J.F.K. i M.M. i która sprawiła, że świat na chwilę stanął w miejscu i z niedowierzaniem zapytał: „Co?!".

Wyobraźmy sobie, że coś takiego dzieje się współcześnie: impreza charytatywna prezydenta Stanów Zjednoczonych, zorganizowana z wielką pompą z okazji jego urodzin w Madison Square Garden w Nowym Jorku. Piętnaście tysięcy zwolenników głowy państwa zbiera się w jednej sali widowiskowej, by obejrzeć *show*, który poprowadzi Jack Benny. Wystąpią Peter Lawford, Marilyn Monroe, Maria Callas, Ella Fitzgerald, Jimmy Durante, Shirley MacLaine i Peggy Lee.

Zostawiając na chwilę temat Marilyn, zaznaczmy, że impreza urodzinowa J.F.K. była uroczystością z prawdziwego zdarzenia. A musimy pamiętać, że były to czasy, kiedy nie istniały jeszcze dwudziestoczterogodzinne serwisy informacyjne, YouTube ani Twitter i świat był wolny od wszędobylskich kamer, dzięki czemu ludzie nie czuli się skrępowani i naprawdę się bawili.

Co więcej zaproszeni goście (bogacze, gwiazdy Hollywood, wielkie sławy, rodzina Kennedych) zupełnie nie przejmowali się tym, że ktoś się o tym dowie.

Ta być może największa w dziejach polityczna impreza została nakręcona przez CBS – nawet dzisiaj robi niezwykłe wrażenie. Wyobraźmy sobie: późna noc dziewiętnastego maja 1962 roku, prezydent Stanów Zjednoczonych wykłada nogi na podest, pali cygaro i entuzjastycznie oklaskuje aktorkę – jedną z wielu aktorek – z którą, jak głoszą plotki, ma romans[1]. Nic nie robi sobie z obecności tłumów. Jego pełne

[1] Wówczas przeciętny obywatel nie zdawał sobie z tego sprawy. I tak pewnie by nie uwierzył.

luzu nastawienie było niesamowite. J.F.K. był typowym facetem tamtej epoki – nonszalanckim do granic. Jemu naprawdę było wszystko jedno, biorąc pod uwagę, że na widowni siedziała jego siedemdziesięciodwuletnia matka i siostry (Jackie była nieobecna. Nie mówiąc nic nikomu, zabrała dzieci i wyjechała do Wirginii pojeździć konno). Postawa rodem z serialu *Mad Men*, albo nawet jeszcze bardziej bezceremonialna! Tak zachowałby się Don Draper, gdyby był najpotężniejszym człowiekiem świata, a nie jedynie kanciastoszczękim specjalistą od reklamy.

Przejdźmy jednak do sukni M.M. Kreacja Monroe (zaprojektowana i uszyta przez hollywoodzkiego krawca Jean Luisa za jedenaście tysięcy dolarów) miała kolor cielisty i ozdobiona była maleńkimi kryształkami górskimi (było ich dwa i pół tysiąca). Adlai Stevenson opisał ją jako „skórę i koraliki". Była tak obcisła, że zaszyto ją już na Marilyn, która (co było jej pomysłem) nic pod nią nie włożyła.

Marilyn wkroczyła na scenę i zsunęła z ramion białe futro. Jej włosy, skórę, suknię, i bardzo widoczne kształty, otaczała świetlista aureola. Publiczność wstrzymała oddech.

„*Happy birth-day… to you…*", zaczęła nieśmiało. Dziecięca piosenka ociekała zmysłowością. Z tłumu dobiegł ryk niedowierzania – niczym podczas walk bokserskich – publiczność nie mogła uwierzyć własnym oczom. Wszyscy patrzyli na nieskrępowaną manifestację wybujałej seksualności skupiającą się w jednej kobiecie.

Marilyn zapłaciła za wstęp na tę imprezę tysiąc dolarów i był to jej ostatni występ publiczny.

Podczas kolejnych (ostatnich) urodzin Kennedy'ego *Happy Birthday* zaśpiewała mu „anty-Marilyn" - Audrey Hepburn.

Co się stało z suknią? Została sprzedana na aukcji w roku 1999 za milion trzysta tysięcy dolarów – jedną z najwyższych cen zapłaconych za ubranie.

Jackie i Aristotelis Onasis

Aristotelis Onasis – tak jak i J.F.K., Joseph P. Kennedy oraz „Black Jack" Bouvier – był piratem. Ten znany i wpływowy bogacz podróżował po świecie, zmieniając go zgodnie z własną wolą i hołdując dewizie Napoleona: „Okoliczności – czymże są okoliczności? Ja tworzę okoliczności".

Wygląda na to, że Jackie miała swój typ.

Urodzony w 1900 roku biznesmen zarobił swój pierwszy milion, importując tytoń do Argentyny, ale wkrótce potem przeniósł swoje zainteresowanie na ropę naftową i przemysł morski. Szybko stał się jednym z najbogatszych ludzi świata i wszedł w posiadanie ponad siedemdziesięciu jednostek pływających oraz udziałów w przedsiębiorstwach naftowych w Stanach Zjednoczonych, na Środkowym Wschodzie i w Wenezueli. Był również właścicielem linii lotniczych (Olympic Airlines), jachtu (Christiny), dwóch wysp (Skorpios i Sparty), platformy przetwórstwa złota w Ameryce Łacińskiej i mnóstwa posiadłości oraz mieszkań w Paryżu, Londynie, Monte Carlo, Atenach, Acapulco, a także zamku w południowej Francji i nieruchomości na

Manhattanie: pięćdziesięciodwupiętrowego wieżowca o nazwie Olympic Tower oraz budynku przy Sutton Place (choć będąc w Nowym Jorku, przeważnie zatrzymywał się w swoim apartamencie w hotelu The Pierre).

Nie był typowym przystojniakiem i nie wychodził dobrze na zdjęciach. Owszem, miał pieniądze (które bez wątpienia pociągały Jackie, choć przecież nie on jeden był bogaty), ale to jego energia czyniła go niezwykłym. Najwidoczniej posiadał jakieś tajemne moce, bo oddziaływał na kobiety z niewiarygodną siłą. Stosował sztuczki zawodowego uwodziciela. Skupiał na kobiecie całą swoją uwagę i zapamiętywał wszystko, co mówiła, oraz dowiadywał się, jakie są jej ulubione kwiaty, perfumy i jaką nosi biżuterię. Hélène Arpels, przedstawicielka paryskiej elity, która znała go w latach czterdziestych na długo przed tym, jak osiągnął status miliardera, twierdziła, że był najbardziej charyzmatycznym mężczyzną, jakiego znała.

Podnosił słuchawkę telefonu i rzeczy po prostu zaczynały się dziać.

Pod wieloma względami Onasis był przeciwieństwem Johna F. Kennedy'ego. Miał swoisty czar, ale nie był gładkim politykiem. Nie miał formalnego wykształcenia, ale był genialnym biznesmenem. Każdy jego partner w interesach od razu wiedział – jeśli miał choć odrobinę wyczucia – że ostatnie słowo zawsze należy do Onasisa. Tak jak wszyscy wielcy ludzie biznesu (i jak wszyscy wielcy tego świata, którzy skupiają na sobie naszą uwagę) posiadał niezwykle istotną zdolność zimnej kalkulacji[1].

[1] Na myśl przychodzą słowa Balzaka: „Tajemnicą wielkich fortun bez jawnego źródła jest zawsze jakaś zbrodnia" [H. Balzak, *Ojciec Goriot*, tłum. T. Żeleński (Boy), Wrocław 2005, s. 81].

Potrafił z pogardą traktować nawet własne dzieci. Za nic miał uczucia innych, czego dowiódł przed światem, opuszczając Marię Callas, miłość swojego życia, dla Jackie.

Wychodząc za Onasisa dwudziestego października 1968 roku, Jackie w pewien sposób obraziła uczucia świata. *Jackie, jak mogłaś?* zatytułowała artykuł jedna z gazet, kiedy pani Kennedy, ukochana wdowa po prezydencie, stała się „Jackie O.", najsławniejszą kobietą świata. Lee Radziwill pewnie miała sporo racji, komentując snobizm swoich rodaków: „Jeśli nowy mąż Jackie byłby młodym, bogatym blondynem z anglosaskimi korzeniami, to większość Amerykanów byłaby o wiele szczęśliwsza".

Na początku (jak to zwykle bywa) wszystko układało się dobrze. Jackie była wspaniałą żoną. Nauczyła się greckiego, przemeblowała Skorpios i adorowała Ariego podczas wspólnych podróży po świecie. Trzeba przyznać, że Onasis bardzo o nią dbał i miał świetne relacje z jej dziećmi.

Po pewnym czasie w ich związku zaczęły się jednak pojawiać problemy. Onasis krzywił się na niepohamowaną rozrzutność żony. Jego księgowi zaczęli nazywać Jackie „supertankowcem", gdyż koszty jej utrzymania dorównywały kosztom utrzymania dużego statku. Jeden ze wspólników Ariego stwierdził jednak, że „życie z nim też nie było sielanką". Coraz więcej czasu spędzali osobno, ona w Nowym Jorku, on w Grecji, Paryżu albo Londynie, i coraz bardziej się od siebie oddalali.

Ich związek zakończył się dwudziestego czwartego stycznia 1973 roku, kiedy jedyny syn Onasisa, Alexander, zginął w wypadku lotniczym. Miał dwadzieścia pięć lat. Tragedia ta była dla Ariego straszliwym ciosem i nigdy do końca się z nią nie pogodził. Jackie próbowała go wspierać, ale jego rozpacz była tak silna, że zaczęła zakrawać na szaleństwo. Dryfując pomiędzy napadami depresji i gniewu, zaczął mówić o rozwodzie i obsesyjnie pracować nad swoim testamentem. Do rozwodu jednak nie doszło – Onasis zmarł piętnastego marca 1975 roku w Paryżu.

Zakupowe szaleństwa Jackie O.

Mężczyźni, którzy narzekają, że ich żony za dużo wydają, niech wiedzą, że mogli trafić o wiele gorzej. Mogli ożenić się z Jackie, która bez mrugnięcia okiem w ciągu dziesięciu minut potrafiła wydać pięćdziesiąt tysięcy dolarów. I robiła to codziennie.

Fortunę Onasisa szacowano na kwotę od pięciuset milionów do miliarda dolarów (a dolar w tamtych czasach był wart o wiele więcej niż dziś). Biznesmen nie skąpił więc swojej ukochanej kosztownych błyskotek (wśród prezentów, jakie ofiarował żonie, był wart ponad milion dolarów pierścionek zaręczynowy w kształcie serca wysadzany rubinami i diamentami oraz ponadczterdziestokaratowy diamentowy pierścionek, również za milion dolarów, który dał jej z okazji czterdziestych urodzin). W końcu jednak przekraczające wszelkie granice wydatki Jackie zaczęły go złościć.

Para zaciekle kłóciła się o pieniądze. Różnice miedzy nimi stawały się coraz bardziej widoczne, wskutek czego spędzali ze sobą znacznie mniej czasu, niż na początku małżeństwa. „Zaczęli od osobnych łóżek w tej samej sypialni – wspominał współpracownik Onasisa – a skończyli w osobnych łóżkach na różnych kontynentach".

Praktyczna rada Jackie – czasem trzeba przymknąć oko

Jeśli małżeństwa z bardzo wpływowymi mężczyznami czegoś nauczyły Jackie, to na pewno przymykać oko na drobnostki.

Wciągu dziesięcioletniego związku z J.F.K. w jej życiu nie brakowało prawdziwych dramatów. Została wciągnięta w publiczny spektakl rodziny Kennedych oraz włączona w życie, jakiego nie planowała wieść i do jakiego nigdy nie aspirowała. Dwukrotnie poroniła i przeżyła śmierć dwojga dzieci – Arabelli i Patricka. Mierzyła się z ukrytymi chorobami Jacka (zanim skończył czterdzieści lat, trzy razy udzielono mu Ostatniego Namaszczenia). Towarzyszyła mu podczas ubiegania się o prezydenturę i stała przy nim, kiedy wygrał (bardzo małą przewagą głosów). Pożegnała swojego ukochanego ojca, który zmarł w wieku sześćdziesięciu sześciu lat. I tak dalej, i tak dalej... W obliczu takich przeżyć zwykłe małżeńskie konflikty traciły znaczenie. Jackie i Jack z pewnością nie sprzeczali się o to, co oglądać w telewizji...

Pomiędzy śmiercią Kennedy'ego a ślubem Jackie i Onasisa w roku 1968 doszło do zabójstwa Roberta F. Kennedy'ego i Martina Luthera Kinga oraz eskalacji konfliktu w Wietnamie i wzrostu poziomu przemocy na ulicach Ameryki. Mimo że ślub z miliarderem dał Jackie niewyobrażalny komfort finansowy, to prawie całkowicie pozbawił ją prywatności – nie mogła spokojnie wyjść z domu, bo od razu osaczali ją *paparazzi*.

Zanim dobiła do sześćdziesiątki, miała za sobą tyle wstrząsających przeżyć i sercowych dramatów, że musiała nabrać do swoich doświadczeń dystansu.

Jackie żartowała sobie z ludzkich obsesji i poczucia, że „należy" postępować w określony sposób. Było to powodem konfliktów między nią a jej matką Janet Auchincloss (która kładła ogromny nacisk na konwenanse)[1] oraz teściową Rose Kennedy. Podobno pewnego razu Rose oznajmiła Jackie, że spodziewają się ważnych gości na lunch i kazała jej punktualnie stawić się przy stole. Jackie w ogóle nie zeszła na dół. Zamiast tego została w łóżku i poprosiła pokojówkę, by przyniosła jej posiłek.

Choć publicznie prezentowała nienaganne maniery, wewnętrznie była wolnym duchem – podobnie jak jej ojciec „Black Jack" Bouvier oraz jej zwariowana ciotka i kuzynka „Duża Eddie" i „Mała Eddie" Beale[2]. John H. Davis, krewny Jackie, autor wydanej w roku 1993 biografii jej rodziny pod tytułem *The Bouviers*, opisał ją jako młodą kobietę, która pozornie zdawała się podlegać normom społecznym. Zaznaczył jednak, że posiadała „gwałtowne, niezależne życie wewnętrzne, którym dzieliła się tylko z nielicznymi i które w końcu częściowo przyczyniło się do jej ogromnego sukcesu".

Pamiętaj, nie warto przejmować się drobnostkami i rozdmuchiwać wszystkiego do rozmiarów trzeciej wojny światowej. Okazjonalnie możesz zachować się jak Jackie i się podąsać (doprowadzała tym J.F.K. do szału), ale jeśli twój facet zrobi coś, co bardzo cię zirytuje, wyłóż karty na stół i porozmawiaj z nim o tym albo zniknij na chwilę.

Dzięki temu zdobędziesz jego uwagę.

---

[1] Kiedy matka Jackie mieszkała w Białym Domu, zawsze strofowała córkę, twierdząc, że jej fryzura jest nieułożona i jakby rozczochrana przez wiatr.

[2] Sławne dzięki filmowi Michaela Sucsy'ego *Szare ogrody* (2009).

W dzisiejszym świecie dobrze jest też czasem odpuścić. Jeśli twoja druga połowa powie albo zrobi coś bardzo irytującego, ale wybaczalnego, zachowaj się jak J.K.O. i zignoruj to. Być może tylko cię testuje.

Sztuka konwersacji

Jackie i Marilyn były ekspertkami w podtrzymywaniu męskiej uwagi podczas rozmowy… Choć szczerze mówiąc, żeby przekonać do siebie słuchacza, nie musiały zbyt wiele mówić. Sekret tkwił w tym, *jak* prowadziły rozmowę.

(Na pewnym pamiętnym przyjęciu w domu Petera i Pat Lawfordów w Santa Monica w roku 1962 Marilyn poznała ówczesnego prokuratora generalnego Stanów Zjednoczonych Roberta F. Kennedy'ego. Chciała z nim porozmawiać na temat praw obywatelskich i wyciągnęła skrawek papieru, na którym wcześniej zapisała sobie pytania… szminką. Trzeba przyznać, że nawet jak na Marilyn było to bardzo oryginalne posunięcie. Kennedy był oczarowany i rozmawiał z nią przez resztę wieczoru).

Jedną z pierwszych cech, które zaintrygowały J.F.K. w Jackie, była jej inteligencja. Kiedy ze sobą chodzili, Jackie przeszła chrzest bojowy i spędziła weekend z jego rodziną (gry słowne: tak, football dotykowy: nie za bardzo). John szybko zorientował się, że warto mieć ją po swojej stronie podczas gry w kalambury, gdyż jej drużyna zawsze wygrywała. Kiedy został prezydentem, wiele z najlepszych fragmentów jego przemówień będących cytatami czy to z George'a Bernarda Shawa, czy Yeatsa podsunęła mu jego niezwykle oczytana żona.

Kwestia, której nie poruszono w żadnym filmie z M.M.

Czy nie jest przypadkiem tak, że współczesne społeczeństwa mają hopla na punkcie ceremonii ślubnych i wesel, a sam fakt zawarcia małżeństwa i tego, jak wielkim jest ono zobowiązaniem, spychany jest na dalszy plan?

Zastanawiające…

Klamka zapadła

Wyjdziesz za mnie?

Jeśli jesteś Jackie, nie zgadzaj się od razu. Jeśli jesteś Marilyn, nie zgadzaj się w ogóle. Największy szczęściarz świata właśnie ci się oświadczył… Możesz wybuchnąć płaczem i od razu zacząć krzyczeć: „Tak! Tak! Tak!", albo oznajmić mu, że musisz to przemyśleć, po czym wybrać się w długą podróż. W obu przypadkach i tak będziesz miała co opowiadać swoim dzieciom, ale pamiętaj, że najważniejsze to trzymać fason[1].

Kiedy po roku randkowania J.F.K. poprosił Jackie o rękę, z grzeczności zgodziła się od razu, ale zaraz potem poleciała do Londynu, żeby napisać relację z koronacji królowej Elżbiety II.

[1] Nie chodzi o to, by coś opóźniać, ale by dobrze się nad wszystkim zastanowić. Na pewno poskutkuje to przynajmniej tym, że dasz mu (i reszcie świata) do zrozumienia, że zdajesz sobie sprawę z powagi tej decyzji.

Dała mu w ten sposób do zrozumienia, że musi się zastanowić nad tym, z czym się wiąże się poślubienie jednego z Kennedych.

Jej relacja z koronacji pojawiła się na pierwszych stronach waszyngtońskich gazet. Przeczytawszy ją, J.F.K. wysłał do Jackie telegram: „Artykuł świetny, ale tęsknię". Kiedy wróciła do Ameryki, zaskoczył ją, pojawiając się na lotnisku w Bostonie. Dopiero wtedy oficjalnie zgodziła się zostać jego żoną.

Ceremonia

Jeśli to twój pierwszy ślub, to daj się ponieść wyobraźni i nie pozwól, żeby matka zepsuła ci zabawę – ona już miała swój wielki dzień[1]. Jeśli masz zamiar powiedzieć „tak" po raz drugi, postaraj się, żeby było gustownie. Prosta, acz szykowna sukienka od projektanta powinna załatwić sprawę.

[1] Jackie doskonale to rozumiała i kiedy jej córka Caroline w roku 1986 wychodziła za Edwina Schlossberga, nie chciała nawet zobaczyć jej sukni ślubnej zaprojektowanej przez Carolinę Herrerę. Powiedziała: „Ten dzień należy do Caroline, niech będzie tak, jak ona chce".

Marilyn Monroe była nieśmiała zarówno jako gwiazda, jak i jako osoba prywatna, w związku z czym jej drugi (z Joem DiMaggio) i trzeci (z Arthurem Millerem) ślub były bardzo, bardzo, bardzo skromne. Jeśli jesteś Marilyn, twoja ceremonia ślubna powinna być więc tak niepozorna, jak to tylko możliwe, (choć należy pamiętać, by nie urazić teściów), bez względu na to, czy masz zamiar powiedzieć „tak" po raz pierwszy, drugi czy trzeci. Jeśli chcesz wziąć tylko ślub cywilny, to masz do tego pełne prawo, ale nie jedź do Vegas!

Porównanie pierwszych ślubów J.K.O. i M.M.

„Jackie nie pragnęła niczego tak bardzo – wspominała przyjaciółka przyszłej pierwszej damy podczas jej zaręczyn z J.F.K. w roku 1953 – jak zostać panią Kennedy".

Pierwszy ślub Jackie nie do końca był taki, jak sobie wymarzyła (elegancki i szykowny). Nestor rodu Joseph P. Kennedy zorganizował wielkie widowisko (zależało mu na jak największym rozgłosie), w którym wzięły udział dwadzieścia cztery druhny, błogosławieństwa udzielił kardynał, i na które zaproszono tysiąc dwieście osób, w tym wszystkich członków amerykańskiego senatu.

Przyjęcie weselne stało się wielkim wydarzeniem towarzyskim. Goście siedzieli przy stołach w ogrodzie i zajadali się kurczakiem w wykwintnym sosie, podziwiali prezenty ślubne wystawione w domu i tańczyli do muzyki Davis Orchestra na tarasie posiadłości rodziny Auchinclossów w Newport.

W noc poprzedzającą ślub J.F.K. wzniósł toast i zażartował, że musi ożenić się z Jackie, żeby odebrać ją czwartej władzy, ponieważ stała się zbyt dużym zagrożeniem dla jego politycznych poczynań. W odpowiedzi Jackie wyciągnęła pocztówkę, którą Kennedy, „zdobywca nagrody Pulitzera", kiedyś do niej wysłał (miał zwyczaj wysyłania do niej romantycznych liścików, kiedy za nią tęsknił) i przeczytała ją na głos: „Chciałbym, żebyś tu była. Jack".

Wyjeżdżając do Acapulco, gdzie mieli spędzić miesiąc miodowy, Jackie miała na sobie szary kostium od Chanel z przypiętą diamentową broszką w kształcie pióra, którą dostała od męża w prezencie ślubnym.

Pierwszy ślub Marilyn był byle jaki i zorganizowany w pośpiechu. Nie uczestniczyła w nim jej matka ani ojciec (nigdy go nie poznała). Ceremonia odbyła się w domu państwa Howellów (przyjaciół ciotki Marilyn) przy 432 South Bentley Avenue w Los Angeles, o godzinie ósmej trzydzieści wieczorem, dziewiętnastego czerwca 1942 roku. Przewodniczył jej bezwyznaniowy urzędnik Benjamin Lingenfelder. Wszystko wydawało się trochę nierzeczywiste i improwizowane. Świadkiem Normy Jeane / Marilyn była jej koleżanka ze szkoły, którą ledwo znała, a świadkiem Jima – jego brat Marion. Pan młody wspominał później, że Marilyn „trzęsła się tak bardzo, że ledwo trzymała się na nogach".

W pobliskiej restauracji zorganizowano skromne przyjęcie. Jedna z tancerek, która zabawiała gości na innym weselu, wyciągnęła Dougherty'ego na specjalne przygotowaną scenę, by z nią zatańczył. Kiedy po wszystkim wrócił do stolika, okazało się, że panna młoda „nie była zbytnio zadowolona". Uważała, że „zrobił z siebie widowisko".

Czy diamenty są najlepszymi przyjaciółmi dziewczyny?

Członkowie rodziny Kennedych nie szastali pieniędzmi. Owszem, byli gotowi wydać każdą sumę na kampanie prezydenckie swoich synów albo żeby ułatwić im wejście do senatu, ale nie trwonili ich na antyki, dzieła sztuki, biżuterię, naprawę dachu czy przyzwoite pensje dla służby. Jackie miała prawie trzykaratowy pierścionek zaręczynowy ze szmaragdami i diamentami (wybrany i sfinansowany przez Josepha P. Kennedy'ego) oraz kosztowną broszkę, którą sprezentował jej mąż, kiedy na świat przyszedł ich syn John. Zwykle nosiła jednak sztuczną biżuterię – popularne w latach pięćdziesiątych naszyjniki z pereł z domu handlowego Bergdorf Goodman za trzydzieści pięć dolarów za sztukę[1] i kolczyki z kamieniami imitującymi diamenty.

Jackie nie miała prawie żadnej prawdziwej biżuterii do czasu, kiedy związała się z Onasisem. To wówczas zaczął się dla niej okres opływania w zbytki. W początkowych szczęśliwych latach ich związku i małżeństwa Onasis miał w zwyczaju na

[1] Po śmierci Jackie jej dwa naszyjniki ze sztucznych pereł zostały sprzedane przez dom aukcyjny Sotheby's za sto dwanaście tysięcy pięćset dolarów.

tacy ze śniadaniem kłaść dla niej mały podarunek. Był wśród nich czterdziestokaratowy diamentowy pierścionek zaręczynowy, który Jackie założyła tylko dwa razy (przechowywała go w skrytce depozytowej w Nowym Jorku). W prezencie ślubnym w 1968 roku Jackie dostała od Ariego dwudziestokaratowy rubinowy pierścionek i parę klipsów z rubinami i diamentami w szlifie kaboszonowym oraz wisiorek do kompletu.

Jak mówiła o Onasisie Maria Callas, „wszystko, co wiedział o kobietach, pochodziło z katalogu firmy jubilerskiej Van Cleef & Arpels".

Trzeba przyznać, że nie jest to najgorszy podręcznik.

Gra końcowa

Choć małżeństwa J.K.O. i M.M. zakończyły się przedwcześnie (wskutek tragedii i śmierci w przypadku Jackie i rozwodów u Marilyn), obie zawsze wypowiadały się o swoich mężach z miłością.

Pomimo rzekomych romansów Johna Kennedy'ego (które ujawniono dopiero po jego śmierci) Jackie zawsze wyrażała się o nim z czułością. „Choć wolał być człowiekiem, został legendą", mawiała.

Po śmierci Onasisa, nie zważając na krążące w towarzystwie plotki, że ich małżeństwo drżało w posadach, Jackie wspominała go ciepło: „Aristotelis Onasis uratował mnie w chwili, kiedy moje życie spowijał cień… Zabrał mnie do świata, w którym znalazłam szczęście i miłość. Razem przeżyliśmy wiele pięknych chwil, których nigdy nie zapomnę i za które będę mu dozgonnie wdzięczna".

Przyjaciołom opowiadała zabawne historie o tym, jak cierpiący na bezsenność Ari wybierał się o najdziwniejszych porach na spacery po Park Avenue i sprowadzał do domu nowych znajomych.

Po rozwodzie z Arthurem Millerem Marilyn z godnością oznajmiła dziennikarzom: „Rozmawiać o tym byłoby nietaktem z mojej strony. Uważam, że posunęłabym się za daleko. Pan Miller jest wspaniałym człowiekiem i wielkim pisarzem, ale nie możemy być mężem i żoną. Choć tak jak wszystkich, których kiedyś kochałam, wciąż darzę go odrobiną uczucia".

Rozpad małżeństwa czy długotrwałego związku zawsze jest bolesny. Pamiętaj jednak, czerpiąc z przykładu Jackie i Marilyn, że zawsze należy trzymać klasę. Pamiętaj, że kiedyś kochałaś swojego byłego męża tak bardzo, że za niego wyszłaś. Pamiętaj, że musisz wziąć pod uwagę dzieci, a jeśli ich nie macie, to teściów i całą konstelację przyjaciół i krewnych, którzy was otaczają. Poza tym (Jackie i Marilyn dobrze o tym wiedziały) sposób, w jaki się o kimś wypowiadasz, mówi więcej o tobie, niż o tym człowieku.

Postscriptum

W ciągu ostatnich miesięcy życia Marilyn Monroe Joe DiMaggio chciał zostać jej protektorem. Mieli zamiar ponownie się pobrać, jednak Marilyn niespodziewanie zmarła cztery dni przed planowaną datą ślubu (piątego kwietnia 1962 roku). Joe szczerze nienawidził Hollywood – i jego cwaniaków, agentów, intrygantów i lizusów, których częściowo obwiniał o śmierć Marilyn.

Dzień po tragedii jej ciało – obiekt pożądania milionów fanów – umieszczono w kostnicy w Los Angeles, skąd nie miał go kto odebrać (Marilyn nie posiadała żadnej rodziny). DiMaggio wziął sprawy w swoje ręce. Skontaktował się z Allanem „Whiteyem" Snyderem, przyjacielem Marilyn i jej długoletnim charakteryzatorem, prosząc go, by zrobił jej olśniewający makijaż. Dziesięć lat wcześniej M.M. prosiła Snydera: „Obiecaj mi, że jeśli coś mi się stanie, nikt poza tobą nie dotknie mojej twarzy. Obiecaj, że to ty zrobisz mi makijaż, żebym odchodząc, wyglądała zjawiskowo". „Jasne – odparł ze śmiechem – ale niech przyniosą do mnie ciało, kiedy jeszcze będzie ciepłe".

Kilka tygodni później Allan otrzymał od Marilyn podarunek w błękitnym pudełku od Tiffany'ego. Był to złoty klips do banknotów z grawerem: „Whitey, skarbie – kiedy jeszcze jestem ciepła – Marilyn".

Przyjaciel spełnił jej ostatnie życzenie.

DiMaggio zajął się organizacją pogrzebu, pozwalając na udział w ceremonii grupie zaledwie trzydziestu krewnych i przyjaciół – żadnych prezesów wytwórni filmowych, żadnych producentów ani hollywoodzkich gwiazd (i absolutnie żadnych dziennikarzy czy fotografów). Nauczyciel aktorstwa M.M. Lee Strasberg powiedział kilka słów: „Znaliśmy ją jako ciepłą, impulsywną, nieśmiałą, samotną i wrażliwą osobę, która bała się odrzucenia, ale była głodna życia i dążyła do spełnienia. Sen o jej talencie nie był mirażem".

Wiele lat wcześniej Marilyn opowiedziała Joemu DiMaggio o obietnicy, jaką William Powell złożył umierającej Jean Harlow – miał nigdy o niej nie zapomnieć i regularnie składać kwiaty na jej grobie. Pamiętając, jak ta historia poruszyła Marilyn, przez dwadzieścia lat, trzy razy w tygodniu, Joe posyłał do jej krypty bukiet róż. Nigdy nie napisał ani nie wypowiedział się publicznie o ich związku. Nigdy też nie ożenił się ponownie. Jak twierdził jego syn, nigdy nie pogodził się z jej śmiercią. Podobno jego ostatnie słowa brzmiały: „W końcu zobaczę się z Marilyn".

Czy zrobiłaby to jeszcze raz?

Jackie, zanim skończyła czterdzieści pięć lat, zdążyła dwa razy owdowieć i po śmierci Ariego nie miała zamiaru ponownie wychodzić za mąż. „Zawsze żyłam dłużej niż moi mężczyźni – zwierzyła się przyjaciółce po śmierci Onasisa. – Zdałam sobie sprawę, że więcej tego nie zniosę". W latach siedemdziesiątych, kiedy pracowała w wydawnictwie książkowych Doubleday i była w bardzo ustatkowanym, szczęśliwym związku z Maurice'em Tempelsmanem, powiedziała, że gdyby mogła cofnąć czas, nie wyszłaby za mąż i jeździłaby po świecie jako dziennikarka tak jak jej przyjaciółka Gloria Emerson.

Sekretne sekrety Marilyn. Czy wiesz, że...?

Chociaż jej małżeństwo z Arthurem Millerem skończyło się źle, Marilyn zachowała wszystkie jego listy.

Sekretne sekrety Jackie.
Czy wiesz, że...?

Jackie (tak jak reszta jej rodziny i przeważająca część przedstawicieli amerykańskich wyższych sfer) zanim wyszła za mąż, była zwolenniczką partii republikańskiej. Stając się częścią klanu Kennedych, wiedziała, że będzie musiała przejść do obozu demokratów. I tak zrobiła.

7
Siła umysłu

On [Arthur Miller] nie ożeniłby się ze mną,
gdybym była jedynie głupią blondynką.

M.M.

Zawsze chciałam mieć coś wspólnego z pisaniem…
Jak wielu innych marzyłam, by napisać
Wielką Amerykańską Powieść.

J.K.O.

Seksbomby też czytują Nietzschego. Diana Vreeland, legendarna kreatorka stylu i redaktorka „Vogue'a" (oraz przyjaciółka i Jackie, i Marilyn), miała rację, mówiąc: „Prawdziwa elegancja to stan umysłu. Wszystko pozostałe wypływa właśnie z niego"[1].

[1] D.V. przyjaźniła się i z Jackie, i z Marilyn. Doradzała Jackie, co powinna na siebie włożyć podczas zaprzysiężenia Kennedy'ego na prezydenta w 1961 roku, i zleciła sławną sesję dla „Vogue'a", w której Marilyn fotografowana była przez Berna Sterna w roku 1962.

Choć J.K.O. i M.M. miały styl i urodę, wzięły sobie te słowa do serca. Wiedziały, że ładna buzia nie wystarczy, i że to bogate wnętrze czyni ludzi niezwykłymi.

Szkolne czasy Jackie

Jak przystało na młodą kobietę z dobrego domu, Jackie otrzymała najlepsze możliwe wykształcenie. Bardzo wcześnie nauczyła się czytać, a kiedy osiągnęła odpowiedni wiek, zaczęła uczęszczać do szkoły podstawowej Miss Chaplin's School przy East End Avenue w Nowym Jorku. Bystra, bardzo energiczna i czasem znudzona, była urwisem i często lądowała na dywaniku u dyrektorki Ethel Stringfellow. Pani dyrektor zwróciła na Jackie uwagę i kierowała nią, porównując ją do konia pełnej krwi. Mawiała: „Bez samodyscypliny i treningu umiejętności konia na nic się nie zdadzą". Później wspominała: „Mogłam wydalić Jacqueline, ale miała najbardziej intrygujący umysł, z jakim spotkaliśmy się w naszej szkole w ciągu trzydziestu pięciu lat". Wysiłki pani Stringfellow się opłaciły.

Następnie Jackie uczęszczała do Miss Porter School, żeńskiej szkoły z internatem w Farmington w stanie Connecticut, gdzie cieszyła się dużą sympatią. To tam poznała przyjaciół na całe życie. Była wśród nich Nancy Tuckerman („Tucky"), która pracowała u boku Jackie do końca jej dni, włączając w to okres spędzony w Białym Domu. Jackie była lubiana i popularna, a nauczyciele uważali ją za wybitnie zdolną. Pomimo to kiedyś zwierzyła się przyjaciółce: „Jestem absolutnie pewna, że nikt nie zechce się ze mną ożenić, i że skończę jako wychowawczyni w Farmington".

Przez dwa lata studiowała w renomowanym Vassar College, ale choć doceniała jego intelektualne zasoby, to w pewnym momencie zaczęło jej przeszkadzać, że uczelnia znajduje się na prowincji. Kiedy więc na drugim roku nadarzyła się jej okazja studiowania na Sorbonie, nie wahała się ani chwili. Później wspominała, że był to najszczęśliwszy okres w jej życiu. Po powrocie nie miała zamiaru jechać do Vassar i studia ukończyła na Uniwersytecie Jerzego Waszyngtona w stolicy Stanów Zjednoczonych, uzyskując dyplom magistra literatury francuskiej.

Jackie była bardzo bystra i zorientowana w każdym temacie. Miała ogromną wiedzę i zawsze pragnęła wiedzieć jeszcze więcej. W dojrzałym wieku oparła się typowemu dla wielu osób zwapnieniu poglądów. Przez całe życie kochała nowe książki, nowe doświadczenia, nowych ludzi i nowe punkty widzenia. Jedna z jej znajomych powiedziała: „Jackie nie była intelektualistką, ale podejmowała wysiłek i dowiadywała się, co dzieje się w świecie". Kiedy mieszkała w Białym Domu, poprosiła projektanta mody Olega Cassiniego, żeby zademonstrował wszystkim, jak się tańczy twista, na którego punkcie oszalał cały Nowy Jork. Jeśli jakiś malarz, poeta czy pisarz wywierał na niej wrażenie, to była gotowa napisać do niego lub do niej list z wyrazami podziwu, co często kończyło się zawarciem przyjaźni. W ten sposób w roku 1970 spotkała rysownika „New York Timesa" Charlesa Addamsa.

Wznosząc się ponad wygodnickie uprzedzenia typowe dla Newport, w którym dorastała (wobec osób czarnoskórych, Żydów, katolików, Irlandczyków – generalnie wszystkich, którzy nie byli białymi protestantami o anglosaskich korzeniach), Jackie w różnych momentach życia praktykowała jogę, medytowała, miała „prawdziwą" pracę i przebywała z ludźmi z różnych środowisk.

Pewnego razu na wyspie Skorpios podczas rozmowy ze swoją przyjaciółką Vivian Crespi powiedziała: „Czy zdajesz sobie sprawę, jakie mamy szczęście, Vivi? Udało się nam wydostać ze świata, z którego pochodzimy... Uciec od ciągłego spędzania czasu z tymi samymi ludźmi... Obie wydarłyśmy życiu spory kawałek".

Wykształcenie Marilyn

Proces edukacji Marilyn (tak zresztą jak i jej wychowanie) był zupełnie inny niż w przypadku Jackie. Nie chwalono jej za najlepsze wyniki w klasie. Nie było jej dane czytać Szekspira w pięknej biało-żółtej sypialni z oknem wychodzącym na zatokę Narragansett.

Zamiast tego Marilyn (wtedy jeszcze Norma Jeane) uczęszczała do szkół publicznych w Los Angeles. Jako dziecko chodziła do Emerson Junior High School w zachodniej części miasta, mieszczącej się pomiędzy bulwarami Wilshire i Santa Monica. Była raczej przeciętna, niczym się nie wyróżniała. Program, któremu podlegała, był przeznaczony dla dziewcząt niezamierzających iść na studia. Obejmował zintegrowane nauki ścisłe, szkolenie biurowe, język angielski i księgowość. Marilyn zbierała głównie trójki i czwórki. Kiedyś wyznała: „Uwielbiałam angielski, ale na lekcjach z arytmetyki zawsze gapiłam się w okno. Nienawidziłam ich".

„Była bardzo przeciętną uczennicą – wspominała Mabel Ella Campbell, nauczycielka biologii. – Wyglądała na zaniedbaną i była ubrana gorzej niż reszta dziewczynek… Norma Jeane była miłym dzieckiem, ale niespecjalnie towarzyskim czy energicznym".

W szkole średniej, Van Nuys High School, jej wyniki były jeszcze bardziej przeciętne. W drugim semestrze drugiej klasy przeniosła się do University High School na rogu Westage i Texas Avenue. W tamtym czasie piętnastolatka spotykała się już z Jimem Doughertym, przystojnym, o pięć lat od niej starszym sąsiadem. W połowie marca 1942 roku zszokowała nauczycieli i kolegów z klasy, oznajmiając, że rzuca naukę i w czerwcu wychodzi za mąż. Od tego dnia nie pojawiła się już w szkole, tym samym kończąc swoją edukację na drugiej klasie szkoły średniej.

Pomimo marnego wykształcenia Marilyn również lubiła dużo wiedzieć. Choć nie była wysoko urodzona jak Jackie, zawsze sporo czytała i kiedy tylko mogła, odwiedzała galerie sztuki oraz uczęszczała na zajęcia w *college*'u. Po zagraniu kilku małych, ale pamiętnych ról w filmach *Szczęśliwa miłość* (1949) z braćmi Marx i *Asfaltowa dżungla* (1950) w reżyserii Johna Hustona, podpisała siedmioletni kontrakt z wytwórnią 20th Century Fox. W początkach kariery, w roku 1951, chodziła na wieczorne zajęcia z wprowadzenia do sztuki i literatury na

Uniwersytecie Kalifornijskim (UCLA). Po tym jak nagle zdobyła ogromną sławę, anonimowe uczęszczanie na wykłady przestało być możliwe. W roku 1955 (kiedy była już gwiazdą) została studentką sławnego Actors Studio w Nowym Jorku i trafiła pod skrzydła Lee Strasberga.

W przeciwieństwie do większości Amerykanów żyjących w dwudziestym pierwszym wieku Marilyn miała ogromne pragnienie samorozwoju. Stworzyła sobie listę słów, których nie znała, i zaglądała do niej, kiedy tylko miała okazję. Miała poruszającą wiarę w moc słowników i siłę edukacji.

Zen i sztuka absolutnej wspaniałości

Filozofia Jackie

Jackie była bardzo religijna i nie były to tylko pozory. Praktykowała własną wersję katolicyzmu zen. Często zapalała świecę w kościele w intencji przyjaciół borykających się z trudnościami. Dobrze znała dogmaty Kościoła Katolickiego, w którym znalazła pomoc po tragediach, jakie ją spotkały. Niespodziewana śmierć męża i jego brata Roberta, poronienia i śmierć syna Patricka, który przeżył zaledwie kilka dni, sprawiły, że uważała, iż „Kościół Katolicki rozumie śmierć… Gdyby nie nasze dzieci, oczekiwalibyśmy jej z niecierpliwością".

Od pierwszego męża zaraziła się fatalistycznym podejściem do życia, które stało w sprzeczności z etosem reszty Kennedych, przekonanych, że odpowiednia ilość pieniędzy, władzy, ciężkiej pracy i determinacji pozwala naginać rzeczywistość do własnej woli. „To nie rzeczywistość się liczy – mawiał Joseph P. Kennedy – liczą się pozory". J.F.K. był innego zdania i wierzył, że co ma się wydarzyć, wydarzy się i tak i nie mamy na to wpływu. Jackie powiedziała kiedyś, że od męża nauczyła się, że zawsze trzeba robić wszystko jak najlepiej, ale koniec końców i tak należy zdać się na los.

Od Kennedych Jackie nauczyła się również, że fundamentem życia jest radość, lekkość i humor, że kontrolowanie wszystkiego nie ma sensu, a robienie planów na przyszłość to absurd. W związku z tym wierzyła, że powinno się cenić każdą miłą chwilę, piękno i śmiech, bo być może za rogiem kryje się cierpienie.

Żeby móc odnaleźć się w świecie po dwudziestym drugim listopada 1963 roku, Jackie musiała pozwolić sobie zapomnieć

o tragedii. Ignorować ją i o niej nie rozmawiać. Chociaż w latach siedemdziesiątych raz w tygodniu chodziła do psychiatry, nie miała zamiaru czytać raportu komisji badającej zabójstwo swego męża, dochodzić, kto stał za jego śmiercią ani zgłębiać teorii spiskowych. „Nic z tych rzeczy mi go nie przywróci", mawiała.

Chociaż była katoliczką, ciągnęło ją do Indii (być może miało to coś wspólnego z tym, że kiedy pojechała tam w roku 1961, towarzyszyły jej tłumy wołające „Ameriki Rani"[1]. Jej zainteresowanie duchowością jeszcze się pogłębiło, kiedy dostała do redakcji książkę autorstwa Billa Moyersa *Potęga mitu*[2]. W latach osiemdziesiątych każdego wieczoru od dziewiętnastej do dziewiętnastej trzydzieści medytowała. Zaprzyjaźniła się też ze sławnym lekarzem i filozofem Deepakiem Choprą. Kiedy przyjeżdżał do Nowego Jorku, zdarzało się, że medytowali razem. „Ona nie miała ego – wspominał Chopra. – Była bardzo naturalna. Miała fantastyczne poczucie humoru! Świetnie spędzało się z nią czas, bo lubiła żartować i się wygłupiać".

Nie było w niej cienia złośliwości (no, może odrobina w służbie dobitnej puenty). Była świetną rozmówczynią. Posiadała rzadkie umiejętności opowiadania historii, utrzymywania uwagi słuchaczy i ich rozśmieszania. Jej urok był tak autentyczny jak jej uśmiech, do tego wyznawała zasadę: „Nigdy nie pozwalaj faktom wejść w drogę dobrej historii".

[1] „Królowa Ameryki".
[2] Książka stanowiła rozszerzony zapis rozmów z wybitnym mitoznawcą Josephem Campbellem, prowadzonych w ramach cyklu audycji telewizyjnych pod tym samym tytułem. Wydawnictwo Doubleday początkowo było niechętne jej wydaniu, okazała się jednak bestsellerem.

Filozofia Marilyn

Duchowość Marilyn była mniej skomplikowana. Jeśli miała jakiś etos, to zapewne był on zgodny z najważniejszą zasadą Dalajlamy: „Moja religia jest bardzo prosta. Jest nią dobro".

Dorastając, Marilyn mieszkała z „ciotką Grace" czyli Grace McKee Goddard, przyjaciółką jej matki i jedną z niewielu osób, które okazywały jej dobroć. Grace fascynowała się postacią Mary Baker Eddy, mistyczki, założycielki Stowarzyszenia Chrześcijańskiej Nauki, i podarowała Normie Jeane egzemplarz książki *Science and Health With Key to the Scriptures* („Nauka i zdrowie z kluczem do Pisma Świętego"), który ta odtąd miała przy sobie przez całe swoje życie.

Marilyn była jednak otwarta. Posiadała również piękny różaniec z dużych paciorków granatu z pokaźnym krzyżykiem, który dostała w prezencie od Joego DiMaggio (kiedyś należał do jego matki). Zapewne często po niego sięgała, bo jego paciorki były bardzo wytarte[1].

Marilyn w dużo większym stopniu niż ostrożna Jackie miała serce na dłoni. Jak na prawdziwą aktorkę przystało, targał nią czasem emocjonalny huragan – zdarzało się jej w ciągu kilku minut przejść od śmiechu do łez. Potrafiła dostrzec piękno w zachodzie słońca, kwiatach, ludzkiej uprzejmości i śmiechu dziecka.

---

[1] W 2006 roku różaniec w tajemniczych okolicznościach został sprzedany prywatnemu kolekcjonerowi za pięćdziesiąt tysięcy dolarów.

Mogłoby się wydawać, że wiemy już, jakie były nasze bohaterki – Jackie oziębła, a Marilyn gorąca, Jackie inteligentna, Marilyn piękna. A tu niespodzianka:

Uważam, że wszystko dzieje się z jakiegoś powodu. Ludzie wokół nas się zmieniają, byśmy nauczyli się pozwolić im odchodzić, doświadczamy trudności, byśmy nauczyli się doceniać życie, kiedy wszystko jest w porządku, wierzymy w kłamstwa, byśmy w końcu zrozumieli, że możemy ufać tylko sobie, a czasem to co dobre się rozpada, byśmy mogli zbudować coś lepszego.

M.M.

Piękne, prawda?

To gotowa rada dla dziewczyn z obozu Marilyn (przyklejcie sobie ten cytat do lustra w łazience i czytajcie go co rano). Dodatkowo posłuchajcie rady M.M. (którą z powodzeniem stosują jej bohaterki w pamiętnych filmach takich jak *Słomiany wdowiec* czy *Mężczyźni wolą blondynki*): Jeśli nie musisz, nie mów za wiele.

Jackie i Marilyn nie oceniały

Niezależnie od sytuacji Jackie i Marilyn były nad wyraz pobłażliwe wobec grzeszków innych. Obie widziały zbyt wiele świata i jego przeróżnych dziwactw, żeby osądzać. Nie znaczy to jednak, że nie miały swojego zdania o ludziach i zdarzeniach. Przeciwnie. Jackie na wzór swojego ulubionego pisarza Ernesta Hemingwaya uważała, że „działania odzwierciedlają charakter", i uwielbiała słuchać plotek o ludziach, których znała. Kiedy mieszkała w Białym Domu, zapamiętywała historie gwiazd Hollywood, które ją najbardziej zainteresowały, i dzieliła się nimi z mężem, żeby go rozerwać i odwrócić jego uwagę od codziennych trosk.

Jackie i Marilyn były bardzo tolerancyjne w stosunku do wyborów życiowych innych. Koleżanka Jackie z Vassar College, Selwa Roosevelt, wspominała, że Jackie „była bardzo krytyczna w swoich wyborach, ale nie w stosunku do innych. Była zawsze otwarta na nowe pomysły, nowych ludzi i nowe sposoby myślenia".

Jackie i Marilyn w fotelu z dobrą książką

W biblioteczce Jackie

Jackie od zawsze była molem książkowym. W autobiograficznym eseju na temat swojego dzieciństwa wspominała: „Będąc dzieckiem, dużo czytałam. Większość moich lektur była dla mnie za poważna. W pokoju, w którym miałam odbywać drzemki, na półkach stały dzieła Czechowa i Shawa. Zamiast spać, siadałam na parapecie i czytałam, a potem wycierałam spody stóp, żeby niania nie zorientowała się, że nie leżałam w łóżku. Moimi bohaterami byli: Byron, Mowgli, Robin Hood, dziadek Małego Lorda i Scarlett O'Hara".

Przez całe życie Jackie czytała wszystko, co wpadło jej w ręce – klasykę, nowości, francuskich egzystencjalistów i „New York Post". Jej liczne mieszkania wypełnione były tysiącami książek – niektóre kupiła sama, ale wiele z nich było opatrzonymi dedykacją prezentami od autorów.

Podróżując po kraju prywatnym samolotem Kennedych o nazwie Caroline podczas kampanii prezydenckiej męża w 1961 roku, Jackie wyciągała wygodnie nogi i czytała sponiewierany egzemplarz powieści Jacka Kerouaca *W drodze*. W Indiach odkryła poezję miłosną Rumiego, genialnego mistyka perskiego z trzynastego wieku (ulubieńca także Audrey Hepburn). W jej sypialni w domu na wyspie Martha's Vineyard całą ścianę, od podłogi po sufit, zajmowały półki wypełnione wyłącznie literaturą francuską.

Lubiła poznawać pisarzy osobiście i zaprosiła do Białego Domu takie sławy jak Robert Lowell[1], William Styron czy Mary Hemingway, których była wierną wielbicielką.

W biblioteczce Jackie znajdowały się również:
In the Russian Style („W rosyjskim stylu") pod redakcją i ze wstępem J.K.O.
The White House: An Historic Guide („Biały Dom: przewodnik po historii") autorstwa Betty C. Monkman
Unseen Versailles („Nieznany Wersal") Deborah Turbeville, ze wstępem Luisy Auchincloss, pod redakcją J.K.O.

[1] Lowell pierwszy raz spotkał się z J.K.O. w Białym Domu w 1962 roku podczas uroczystej kolacji, na którą zaproszona była również jego żona, pisarka Elizabeth Hardwick. Pisarz miał skłonności do popadania w obsesje i w późniejszych latach nabrał przekonania, że Jackie pragnie go poślubić, wskutek czego słał jej długie, zawiłe listy. Służby wywiadowcze szybko się jednak z tym rozprawiły.

Grand Central Terminal autorstwa Deborah Nevins, pod redakcją J.K.O.
Present Indicative Noëla Cowarda
White House Nanny („Niania w Białym Domu") Maud Shaw
Rose: A Biography of Rose Fitzgerald Kennedy („Rose: Biografia Rose Fitgerald Kennedy") Gail Cameron
House of Splendid Isolation („Dom wspaniałej izolacji") Edny O'Brien (z autografem)
The Land of the Firebird Suzanne Massie (z autografem)
Spięte egzemplarze „The Paris Review"
The Sunset of the Romanov Dynasty („Schyłek dynastii Romanowów") podpisana przez Suzanne Massie
Utwory wybrane Williama Blake'a
Wspomnienia Williama Hickeya
Gołębie pióra i inne opowiadania Johna Updike'a
Dramaty Lillian Hellman
Mistyka kobiecości Betty Friedan
Anna Karenina Lwa Tołstoja
The Age of Napoleon („Epoka Napoleona") Katell Le Bourhis
A Woman's Life in the Court of the Sun King („Życie kobiet na dworze Króla Słońca) księżnej Charlotte-Elisabeth Orléans (prezent od księcia Grecji Michała)
The Roosevelt Family of Sagamore Hill („Rodzina Rooseveltów z Sagamore Hill") z autografem Josepha P. Lasha
Prefacé à Sumer André Malraux'a

W biblioteczce Marilyn

Wbrew popularnej opinii Marilyn Monroe była zapaloną i wszechstronną czytelniczką. W swojej prywatnej biblioteczce miała ponad czterysta książek, a wśród nich dzieła z zakresu historii sztuki, psychologii, filozofii, literatury, religii, poezji i ogrodnictwa. W roku 1945 M.M. stała się bywalczynią publicznej biblioteki w dzielnicy Westwood w Los Angeles, a rok później otworzyła sobie rachunek w księgarni. W roku 1952 zapisała się nawet na wieczorowe zajęcia z literatury na uniwersytecie.

Kiedy stała się sławna, zaprzyjaźniła się z takimi gwiazdami świata literackiego jak T.S. Eliot (długo pisywali do siebie listy), Carl Sandburg i Marianne Moore.

Do jej ulubionych autorów należeli: Fiodor Dostojewski, J.D. Salinger, George Bernard Shaw, Walt Whitman, Thomas Wolfe i John Keats. Kiedy zmarł jej nauczyciel aktorstwa Michał Czechow (zaczynała wówczas pracę dla wytwórni Fox), kupiła na raty jego księgozbiór.

Zasoby jej biblioteczki niejednego absolwenta filologii przyprawiłyby o szybsze bicie serca (jeśli nie o palpitację). Znajdowały się tam pierwsze wydania klasycznych powieści pokolenia bitników takie jak: *W drodze* Jacka Kerouaca, *Niewidzialny człowiek* Ralpha Ellisona czy *Na pastwę płomieni* Williama Styrona. Obok nich stał *Wielki Gatsby* F. Scotta Fitzgeralda, *Alicja w Krainie Czarów* Lewisa Carrolla, *Dublińczycy* Jamesa Joyce'a, *Słońce też wschodzi* Ernesta Hemingwaya i *Upadek* Alberta Camus. Były tam też egzemplarze Biblii i książki dla dzieci, w tym jej ulubiona, pod tytułem *Dzielna mała ciuchcia.*

W biblioteczce M.M. znajdowały się również:
Psychopatologia życia codziennego Zygmunta Freuda
Życie wśród dzikusów Shirley Jackson
The Importance of Living („Znaczenie życia") Lina Yutanga
Goodnight, Sweet Prince („Dobranoc, słodki książę") Gene'a Fowlera
Mitologia grecka Edith Hamilton[1]
The course of my life Rudolfa Steinera
Lekcje reżyserskie Stanisławskiego Mikołaja Gorczakowa
Pasja życia Irvinga Stone'a
O technice aktora Michała Czechowa
The Thinking Body („Myślące ciało") Mabel Elsworth Todd
The Web and the Rock („Sieć i skała") Thomasa Wolfe'a
Praca aktora nad sobą Konstantego Stanisławskiego
Autobiografia Lincolna Steffensa
Science and Health with Key to the Scriptures („Nauka i zdrowie z kluczem do Pisma Świętego") Mary Baker Eddy
Biografia Eleonory Duse autorstwa Williama Weavera
Your Key to Happiness („Twój klucz do szczęścia") Harolda Shermana

[1] Co ciekawe J.K.O. podarowała tę książkę bratu swojego zamordowanego męża, chcąc pomóc mu dostrzec sens w zaistniałej tragedii.

Biblioteczka współczesnych Jackie i Marilyn

Dzisiejsza Jackie gustuje w klasykach. Zna Szekspira, Yeatsa, F. Scotta Fitzgeralda i Ednę St. Vincent Millay. (Wie też, że Edmund Wilson był literackim idolem Fitzgeralda od ich wspólnych czasów w Princeton, i że „Bunny" Wilson był przez lata szaleńczo zakochany w Ednie Millay). Woli prawdziwe książki niż te na Kindle'u, chociaż uważa, że urządzenie to jest przydatne w podróży.

Dzisiejsza Marilyn też uwielbia czytać, ale nie obnosi się z tym tak jak Jackie. Jej faceci i wielbiciele są zaskoczeni, kiedy w jej mieszkaniu odkrywają sterty książek (głównie ciężkich tomisk o sztuce i psychologii oraz biografii). Czasem oddaje się lekturze nawet wtedy, kiedy pozuje do zdjęć, wprawiając wszystkich w osłupienie.

Skrócona (i niezwykle arbitralna) lista lektur dzisiejszych Jackie i Marilyn

One Special Summer („Jedno wyjątkowe lato"). To przedrukowany pełen rysunków i wyklejanek pamiętnik, który Jackie i Lee zrobiły dla matki i ojczyma, dokumentując swoją podróż po Europie w roku 1951. Jackie miała wówczas dwadzieścia dwa lata, a Lee osiemnaście. Oczywiście fantastycznie się bawiły (wyobraźmy sobie *Utalentowanego pana Ripley'a* bez przerażających fragmentów).

Książę Niccola Machiavellego. Współczesna Jackie musi się skądś dowiedzieć się, jak działa świat.

Reporting Back („Zdawanie relacji") Lillianny Ross. W głębi duszy J.K.O. naprawdę chciała wieść życie pełne przygód i pisać dla „New Yorkera".

History of Art („Historia sztuki") Anthony'ego F. Jansona. Prawdziwa cegła, ale Marilyn da jej radę.

Jakakolwiek pozycja pióra Pemy Chördrön. Jackie da jej szansę, choć niewykluczone, że nic nie wyniesie z lektury.

The Gospel According to Coco Chanel („Ewangelia według Coco Chanel") Karen Korbo. Oczywiście współczesna Jackie zna połowę zawartych w tej pozycji faktów na pamięć, ale zrobi sobie powtórkę.

The Best and the Brightest („Najlepsi i najbystrzejsi") Davida Halberstama. Jedna z niewielu książek, którą przeczyta i współczesna Jackie, i współczesna Marilyn. Ci, którzy nie znają grzechów przeszłości, są skazani na ich powtarzanie.

Pools („Baseny") Kelly Klein. Ze względu na to, że dzisiejsza Marilyn tak świetnie wygląda w bikini.

The Official Preppy Handbook („Podręcznik dla przyszłych studentów z wyższych sfer") pod redakcją Lisy Birnbach. Jackie przekartkuje tę pozycję, żeby sprawdzić, czy autorzy dobrze wykonali swoją robotę, bo przecież ona to wszystko wie. Później odłoży książkę, by już nigdy do niej nie wrócić, po cichu dziękując Bogu, że uchronił ją od takiego życia… i tych wszystkich ludzi. Bardzo dobrze napisane.

Jakakolwiek pozycja autorstwa Jamesa Saltera, Joan Didion, Stephena Colberta czy Evelyna Wough – Jackie, Jackie, Jackie, choć Marilyn, chcąc przetestować swego aktualnego wybranka, rzuci nazwiskiem Jamesa Saltera.

Prochy Angeli Franka McCourta – M.M. znajduje ukojenie, czytając o dzieciństwie gorszym od jej własnego.

The March of Folly („Marsz głupoty") Barbary Tuchman – J.K.O. ma hopla na punkcie historii.

The Happy Summer Days („Szczęśliwe letnie dni") Fulco. To oczywiście wybór Jackie. Niewątpliwie zaciekawią ją wspomnienia z bogatego życia towarzyskiego autora, który znał choćby Chanel czy Doris Duke. Był również jednym z najlepszych projektantów biżuterii. Czegoż więcej może chcieć dziewczyna?

Life at the Mormont („Życie w hotelu Marmont") Raymonda Sarkota i Freda E. Bastena. M.M. wyobraża sobie, jak nagle zostaje „odkryta" nad brzegiem basenu.

My Life With The Saints („Moje życie ze świętymi") Jamesa Martina, SJ. Książka ta jest miłą alternatywą dla ataków regularnie przypuszczanych na Kościół Katolicki. (J.K.O. przyjaźniła się z Martinem).

Odyseja Homera. M.M. czyta ją dla samorozwoju.

Zelda Nancy Miford. Biedna Zelda. M.M. zawsze nad nią płacze.

Strasznie głośno, niesamowicie blisko Jonathana Safrana Foera. Obowiązkowa pozycja w biblioteczce Jackie.

Mastering the Art of French Cooking („Jak opanować sztukę kuchni francuskiej") Julii Child, Lousiette Bertholle i Simone Beck. Jackie musi mieć ją w swojej kuchni, nawet jeśli tylko na pokaz.

Tajemna historia Donny Tartt. To pozycja dla M.M. Były czasy, kiedy wszyscy się nią zaczytywali.

Napoleon & Josephine Evangeline Bruce. Ehhh... Jackie natychmiast ma ochotę przeprowadzić się do Paryża.

Wybór Zofii Williama Styrona (z autografem). J.K.O. spotkała go raz na przyjęciu i już nigdy o nim nie zapomniała… Jego synom też niczego nie brakuje!

Zbiór wierszy Roberta Penna Warrena (z autografem). M.M. spotkała go na przyjęciu i w jednej chwili się zakochała.

Stowarzyszenie Umarłych Poetów (scenariusz). Współczesna Marilyn zna go na pamięć. *Carpe diem* i nie tylko.

The Estate of Jacqueline Kennedy Onasis, April 23–26, 1996 („Własność Jacqueline Kennedy Onasis, 23–26 kwietnia 1996 roku") domu aukcyjnego Sotheby's. Współczesna Jackie nigdy nie ma dość inspiracji. Będzie wzorować się na tej pozycji w przyszłości.

Marilyn zaczytuje się również w lekturach dotyczących świata filmu. Uwielbia biografie ludzi kina: Billy'ego Wildera, Jamesa Deana, Barbary Stanwyck, Joego Eszterhasa. Chętnie sięgnie również po *You'll never Eat Lunch in This Town Again* („Już nigdy nie zjesz lunchu w tym mieście") Julii Phillips, *Inside „Inside"* („Kulisy programu »Inside«") Jamesa Liptona, *Ostatniego z wielkich* F. Scotta Fitzgeralda, *The Kid Stays in the Picture* („Dzieciak zostaje w filmie") Roberta Evansa, *Vanity Fair: The Portraits* („Portrety magazynu »Vanity Fair«") Graydona Cartera.

Lovingkindness („Kochająca dobroć") Sharon Salzberg. To pozycja dla Marilyn, która musi nauczyć się być dla siebie milsza i przestać być taką perfekcjonistką (stara się, ale nie bardzo jej wychodzi).

The Balthazar Cookbook („Książka kucharska restauracji Balthazar") Keitha McNally'ego. To coś dla Jackie. Choć pewnie nigdy jej otworzy.

Nastawienie do życia: gierki

Kiedy sytuacja tego wymagała, Jackie była bardzo zdyscyplinowana. Za to Marilyn, mówiąc łagodnie, miewała humory.

Jeśli J.K.O. coś przeszkadzało (czy to niewierność męża, czy to jakaś sytuacja albo osoba), po prostu to ignorowała.

Kiedyś Martha Stewart umówiła się z nią i jeszcze jedną osobą z wydawnictwa Doubleday na lunch w Los Angeles i z jakiegoś powodu spóźniła się prawie godzinę. Godzinne spóźnienie… na lunch z Jacqueline Kennedy Onasis! Czy Jackie powiedziała choć słowo? Czy zapytała czemu – wtedy jeszcze nikomu nieznana – Martha popełniła taką gafę? Czy w ogóle ją to obeszło? Nie. Ale dziwnym trafem Jackie nigdy nie mogła przypomnieć sobie jej imienia, określając ją mianem: „Ta ładna dziewczyna…". I wszystkim dawała do zrozumienia, że nie ma zielonego pojęcia, jakim cudem Martha odniosła taki sukces, zajmując się kreowaniem stylu. Czy ludzie naprawdę nie wiedzą, jak ułożyć ciastka na talerzyku albo kwiaty w wazonie?

Jackie i Marilyn stworzyły sobie pewien publiczny wizerunek. Marilyn szybko doszła do wniosku, że mężczyźni lubią „szczęśliwe" dziewczęta i nie mają ochoty słuchać o problemach. Marilyn Monroe, którą wszyscy znamy, nie była więc do końca „prawdziwa", lecz taka, jaką pragnęła być.

Podobnie rzecz miała się w przypadku Jackie. Wrodzona siła umysłu pomogła jej świadomie wykreować wizerunek, na który składał się między innymi obraz kobiety żyjącej w pełnym miłości, stabilnym małżeństwie. Choć J.F.K. kochał ją na swój własny sposób (wyznał kiedyś, że nie jest typem mężczyzny, który przynosi kwiaty i czekoladki), to ich relacja nigdy nie przypominała przeciętnego, monogamicznego związku[1], w którym mąż, wychodząc rano z domu, woła do żony: „Kochanie, wrócę na obiad!".

Jackie, tak jak Marilyn, w głębi duszy była aktorką. Priscilla McMillan, przyjaciółka Jackie, wyznała kiedyś: „Od chwili, kiedy ją poznałam, zawsze czułam, że jestem w towarzystwie wielkiej aktorki". J.F.K. też w pewnym sensie odgrywał rolę, kreując się na pełnego wigoru atletę, podczas gdy w przeszłości był chorowitym dzieckiem, a jako dorosły mężczyzna cierpiał na chorobę Addisona, czyli przewlekły niedobór hormonów kory nadnerczy.

W rodzinie Kennedych wiele spraw miało podwójne dno, często jedna tajemnica skrywała drugą, a o wielu sytuacjach wiedzieli tylko nieliczni. Jako typowi Irlandczycy Kennedy woleli nie poruszać pewnych tematów.

Jackie i Marilyn uwielbiały *Przeminęło z wiatrem*. Ciekawe, co myślały o Scarlett, jej chowaniu głowy w piasek i dewizie „przecież jutro też jest dzień"?

Charakter pisma prawdę ci powie: Jackie kontra Marilyn

Chociaż nasze bohaterki nigdy się nie spotkały, Jackie nie była głupia i z pewnością widziała, że jej mąż (tak jak i reszta świata) jest zadurzony w Marilyn Monroe. Jak na ironię, jeszcze

[1] Przynajmniej ze strony J.F.K. Małżeńskie skandale nigdy nie były udziałem J.K.O. Przenigdy.

zanim poznała Kennedy'ego, Jackie, jako dociekliwa reporterka „Washington Times-Herald", pytała przypadkowych ludzi: „Jeśli byłbyś na randce z Marilyn Monroe, to o czym byś z nią rozmawiał?".

Co by się stało, gdyby Jackie i Marilyn jednak się spotkały? (Nie ma żadnych dowodów, że tak się stało, poza doniesieniami z alternatywnej rzeczywistości kreowanej przez brukowce). Czy znalazłyby wspólny język? Jak by się wobec siebie zachowywały?

Żeby znaleźć odpowiedź na te pytania światowej sławy grafolożka Arlyn Imberman zbadała charakter pisma obu kobiet.

Oto co stwierdziła: Jackie była kobietą tajemniczą i niezwykle subtelną. Cechował ją również hart ducha i dyscyplina. Marilyn z kolei była wylewna i pragnęła, by ją doceniano, do czego Jackie nigdy by się nie przyznała. Marilyn była również osobą spontaniczną, niespokojnym duchem, któremu brakowało umiaru. W przeciwieństwie do Jackie nie miała żadnej warstwy ochronnej. Każda z nich wykreowała własną osobowość publiczną, ale u Marilyn granica między prywatnością a życiem zawodowym często była zamazana.

Gdyby się spotkały, pogarda Jackie wobec Marilyn obniżyłaby temperaturę w pomieszczeniu i J.K.O. jednym ruchem brwi zrobiłaby z M.M. miazgę.

Marilyn sądziła, że elegancja polega na nadmiarze, Jackie zaś ceniła oszczędność środków. Obie były jak płótno, na którym każdy mógł namalować swoje fantazje.

Ulubiona muzyka Jackie

Jackie lubiła każdy rodzaj muzyki tanecznej i uwielbiała tańczyć (na przykład twista lub cza-czę). W latach sześćdziesiątych chodziła na zajęcia z modnych wówczas stylów, jak frug i watusi, do popularnego wśród elit instruktora Franka „Zabójczego Joego" Piro. Przepadała także za broadwayowskimi musicalami, takimi jak *Kandyd* i *Camelot*, oraz za twórczością Leonarda Bersteina.

Lubiła również:
Meyer Davis Orchestra
Jazz z lat pięćdziesiątych
Milesa Davisa
Blue Suede Shoes Elvisa Presleya
The Girl from Ipanema
On a Clear Day you can see forever Alana Jay'a Lernera
Paula McCartneya i jego Wings. J.K.O. wybrała się kiedyś na ich koncert i najwyraźniej się zakochała!
Carly Simon

Kiedy była starsza, pod wpływem swojego syna Johna polubiła również The Rolling Stones i The Grateful Dead.

Ulubiona muzyka Marilyn

Marilyn lubiła każdy rodzaj muzyki, w szczególności jazz i bluesa. Zasłynęła z tego, że wymogła na właścicielu zarezerwowanego dla białych klubu Mocambo w Los Angeles, by zatrudnił Ellę Fitzgerald, obiecując, że w zamian przez tydzień będzie zajmować stolik z samego przodu.

Lubiła również:

Franka Sinatrę

Gertrudę Lawrence

Gertrudę Niesen

Janice Mars

Charliego Parkera

Ćwiczenie służące budowaniu charakteru: Od czasu do czasu wyłącz internet

Kilka słów porady. Gdyby J.K.O. i M.M. żyły w naszych czasach, to najprawdopodobniej cierpiałyby skutki rodzącej się (choć może już nawet dojrzałej) internetofilii, obie miały bowiem skłonności do nałogów.

Jackie mogłaby wpaść w sidła stron www ze względu na swoje zamiłowanie do zakupów (witajcie, sklepy internetowe!) i zainteresowanie polityką oraz wydarzeniami na świecie. Zakochałaby się w internecie tak jak w książkach i przesadzałaby z użytkowaniem sieci, tak jak przesadzała z aktywnością fizyczną.

Marilyn, która kochała szampana i słodkie lenistwo, zapewne miałaby mniejsze skłonności do sięgania po nowinki techniczne. Pewnie nieczęsto wysyłałaby i czytała e-maile (i byłaby z tego dumna), zapewne też poprosiłaby asystenta, żeby wgrał jej ulubioną muzykę na iPoda (którego i tak zostawiłaby w końcu na tylnym siedzeniu limuzyny).

Zabawne dziewczyny

Jackie i Marilyn były zabawne. Nie w stylu komedii slapstickowych, ale na tyle, że prowokowały komentarze (z jakiegoś powodu ludzie zawsze są zaskoczeni, jeśli piękna kobieta potrafi rzucić błyskotliwym żartem).

Poczucie humoru każdej z nich odzwierciedlało ich różne osobowości. Jackie była ironiczna i odrobinę uszczypliwa. Pewnego razu opowiadała przyjaciółce o Pameli Harriman (znanej z tego, że wiązała się jedynie z bogatymi, wpływowymi mężczyznami, którzy pasowali do jej stylu życia), nazywając ją „karmą dla grubych ryb". Potrafiła również wzbudzać salwy śmiechu, przedrzeźniając różne osoby (Charles de Gaulle był najwyraźniej jej faworytem). Tish Baldrige wspominała, że kiedy Jackie była pierwszą damą, „po tym, jak po skończonej kolacji przywódcy różnych państw opuszczali Biały Dom, Jackie zwykła ich naśladować. Przedrzeźniała ich akcenty i sposób mówienia. Była zgrywusem. Za zamkniętymi drzwiami pozwalała sobie na żarty".

Marilyn była bardziej czarująca. Kiedy po powrocie z Meksyku – w związku z potajemnym rozwodem z Arthurem Millerem – osaczyli ją reporterzy, odprawiła ich z kwitkiem, mówiąc:

„Jestem zdenerwowana i nie mam ochoty teraz o tym opowiadać". Chwilę później zorientowała się jednak, że dziennikarze potrzebują czegoś, co mogliby zacytować, więc uśmiechnęła się i dodała: „Ale z przyjemnością zjadłabym teraz tacos i enchiladas. W Meksyku nie mieliśmy czasu na jedzenie".

Jackie potrafiła zbić z tropu swoim poczuciem humoru. Jako prymuska od czasów szkolnych była bystra i odważna. I dawała to innym do zrozumienia.

Marilyn po prostu pragnęła być kochana, choć też drzemała w niej odrobina przebiegłości.

Jackie wie, gdzie stoją konfitury

Jackie zawsze miała na uwadze swoje bezpieczeństwo finansowe. Zawsze. To typ kobiety, która spisywała intercyzę albo wynajmowała najlepszego adwokata w mieście (swojego byłego szwagra), żeby wynegocjował dla niej najkorzystniejsze warunki, a później czytała, co napisano drobnym druczkiem. Zwracała uwagę na to, jakie prezenty dostaje od swojej drugiej połowy na urodziny i gwiazdkę. Lubiła podarki wykonane własnoręcznie, ale tylko od dzieci. Od swojego wybranka oczekiwała czegoś wyjątkowego, najlepiej w małym, skórzanym pudełeczku. Czegoś od bardzo drogiego jubilera. Cieszyła się również z papierów wartościowych, kawałka ziemi i dzieł impresjonistów. Pieniądze i poczucie pewności, jakie ze sobą niosły, były dla niej niezmiernie ważne.

Jak na zodiakalnego Lwa przystało, współczesna Jackie zawsze stawia na swoim. Tak została wychowana, tego się od niej oczekuje i sama też pragnie postrzegać siebie jako zwyciężczynię. Dla niej świat jest dokładnie taki, jakim go widzi. Rzadko ma wątpliwości i rzadko się nad sobą użala. Uważa, że jest świetna i wcale się nie dziwi, że reszta świata też tak sądzi.

W głowie Marilyn: jesteś skazana na bycie gwiazdą

Marilyn można było zranić dużo łatwiej niż Jackie (która miała naturę twardziela, niezbędną, żeby przetrwać wśród Kennedych). Nikt, może z wyjątkiem porzuconych szczeniaków czy kociąt, nie był tak bezbronny jak M.M.

Dla Marilyn szacunek był ważniejszy niż status społeczny, sława czy pieniądze. Była skłonna wziąć pod swoje skrzydła nieudacznika, wzruszyć się ckliwą historią, pożyczyć pieniądze pokojówce, wesprzeć finansowo szczytny cel (zwłaszcza jeśli służył bezdomnym zwierzętom albo sierotom) i zmienić testament, zapisując niemal wszystko swojemu nauczycielowi aktorstwa.

W swoim mniemaniu (bez względu na sławę i status społeczny, jakie osiągnęła) zawsze była przegrana i zawsze miała taką pozostać. Była jednak gwiazdą przez duże G i dobrze o tym wiedziała. Miała urodę, talent i ambicję, żeby wznieść się ponad swoje skromne pochodzenie i przerodzić się w cudowną istotę, którą sama wykreowała.

Współczesna Marilyn bez względu na to, czy jest aktorką, księgową[1], redaktorką pisma o modzie czy studentką prawa przygotowującą się do egzaminu na aplikację, zawsze postępuje według własnego scenariusza. Nieważne, czy gra w komedii, tragedii, czy romansie, niezmiennie pozostaje gwiazdą produkcji pod tytułem *Moje życie.*

Jako dzieci Jackie i Marilyn chciały wieść niezwykłe życie i zostać „kimś" (albo przynajmniej sprawiać takie wrażenie).

Notatki robocze: Jackie i Marilyn na kozetce

Ku zaskoczeniu otoczenia współczesna Jackie chodzi do psychiatry i bardzo to lubi. Najczęściej jest niezwykle skryta i prawie nie mówi o swoich sprawach, więc jej przyjaciele nie mogą sobie wyobrazić, że się przed kimś otwiera. Prawda jest jednak taka, że Jackie czerpie cichą satysfakcję z tych cotygodniowych

[1] Masz rację, to dość nietypowe zajęcie dla Marilyn.

godzinnych sesji. Wyobraża sobie, że bierze udział w popularnym *talk-show* i przez cały tydzień zapamiętuje ciekawe historie i obserwacje, by móc podzielić się nimi z terapeutą. W gruncie rzeczy Jackie uważa te spotkania (i samą siebie) za fascynujące.

Zastanawiała się kiedyś, czy nie poprosić terapeuty, by podpisał umowę o poufności (jeśli jeszcze nie jest sławna, to z pewnością będzie w najbliższej przyszłości), ale zrezygnowała z tego pomysłu, bo nie chciała go urazić.

Marilyn jest entuzjastyczną rzeczniczką psychiatrii i uważa sesje psychoterapeutyczne za formę sztuki. Uwielbia je. Traktuje je jak randki, tylko bez kolacji i świec (i rzecz jasna całego zamieszania związanego z seksem). Ubóstwia być wysłuchiwaną i mogłaby zwierzać się bez końca. Z wyprzedzeniem planuje, co założy na kolejne spotkanie. Gdyby tylko mogła, chodziłaby na sesje pięć razy w tygodniu i jednorazowo spędzała na kozetce długie godziny. Uwielbia rozmyślać i mówić o sobie.

Przekraczając wszelkie możliwe granice intymności (co czasami jest kłopotliwe, choć przeważnie urocze), Marilyn tak naprawdę chce, by pan terapeuta (szczęśliwie żonaty intelektualista pochodzenia żydowskiego) się w niej zakochał.

Może się tak stać, ale nigdy nic z tego nie wynika.

Nie trzeba mieć dyplomu renomowanej uczelni, żeby błyszczeć

Oto brutalna prawda: jeśli skończyłaś studia w zeszłym roku lub jeszcze wcześniej, to ciągłe podkreślanie, gdzie studiowałaś, jest trochę żałosne – kogo to obchodzi? Jeśli miałaś same piątki i dostałaś stypendium naukowe albo rodzice opłacali ci prywatną uczelnię, to świetnie. Wyższe wykształcenie może być dużą zaletą, ale wiele z najbardziej wyjątkowych i znanych osób nigdy nie studiowało[1]. Marilyn nie jest typem osoby, która poszłaby na studia wyższe. To ktoś, kto jak najszybciej opuścił rodzinny dom (dosłownie albo w przenośni).

Nigdy nie przestawaj się uczyć.

Nie bój się zadawać pytań.

Szukaj informacji. W erze internetu i Google'a można poczytać o danej postaci historycznej czy wydarzeniu lub znaleźć znaczenie jakiegoś słowa bez konieczności gnania do biblioteki i szperania za odpowiednią książką. Dla niewiedzy nie ma wytłumaczenia.

Dbaj o to, by traktowano cię poważnie. Nawet jeśli jesteś wyjątkowo sexy (a współczesna Marilyn z pewnością jest sexy), powinnaś mieć wiedzę ogólną. Nawet najpiękniejsze modelki, jeśli nie mają oleju w głowie, szybko przestają być atrakcyjne. Jeśli szukasz wzoru do naśladowania, spójrz na Christy Turlington. Ta supermodelka, która na topie była w latach osiemdziesiątych i dziewięćdziesiątych, skończyła dwa prestiżowe uniwersytety i stała się rzeczniczką praw człowieka oraz bizneswoman.

[1] Bill Gates, Steve Jobs, Jann Wenner i trzy czwarte Hollywood.

Sekretne sekrety Jackie. Czy wiesz, że...?

Choć była sławna, uwielbiała przebywać sama ze sobą i bardzo ceniła sobie prywatność. Nie potrzebowała świty.

Sekretne sekrety Marilyn. Czy wiesz, że...?

W roku 1999 prywatny księgozbiór Marilyn sprzedano na aukcji za rekordową sumę. Uzyskana kwota została przeznaczona na wsparcie organizacji oferującej darmowe zajęcia nauki czytania dla dorosłych mieszkańców Nowego Jorku (Literacy Partners).

8

Jackie i Marilyn w pracy: jak zachowywać się profesjonalnie i osiągać cele zawodowe

Liczy się to, co pojawia się na ekranie – sztuka.

M.M.

Nazywam się Jacqueline Kennedy Onasis, jestem dziennikarką. Obecnie pracuję nad książką.

J.K.O.

Chociaż na ekranie Marilyn robiła wrażenie słodkiej idiotki, z całego serca pragnęła być dobrą aktorką i prawdziwą gwiazdą. Była zdeterminowana, by osiągnąć sukces, i chciała, by traktowano ją poważnie. Jak sama to ujęła, praca stanowiła dla niej jedyny pewny grunt pod nogami. W przeciwieństwie do Jackie nie interesowały jej pieniądze same w sobie, ale szacunek kolegów po fachu i publiczności. „Chcę być kompletną artystką i aktorką... Nie obchodzą mnie pieniądze – twierdziła. – Po prostu pragnę być wspaniała".

Jackie, być może dzięki temu, że była żoną uwielbianego prezydenta, albo po prostu dlatego, że urodziła się pod szczęśliwą gwiazdą, niezmiennie obdarzano szacunkiem (jedyną rysą na jej nieskazitelnej reputacji były jej zakupowe eskapady za czasów Onasisa). Do końca życia wykazywała się skrupulatnością pilnej uczennicy, niezależnie od tego czy jako pierwsza dama nadzorowała prace remontowe w Białym Domu, czy pracowała w wydawnictwie w połowie lat siedemdziesiątych. Jako redaktorka zawsze dotrzymywała terminów i poświęcała swoim pisarzom tyle czasu i uwagi, że inni mogli im pozazdrościć.

Wielkim marzeniem Marilyn było stać się gwiazdą filmową i zdobyć sławę. Wierzyła, że raz na zawsze położy to kres upokorzeniom, jakie spotkały ją w młodości. W przeciwieństwie do Jackie nie wyszła za mąż dla zdobycia poczucia bezpieczeństwa (choć mogła to zrobić wiele razy). Do przodu pchała ją wizja i potrzeba zostania aktorką oraz zasmakowania wielkości i sławy.

Obie nasze bohaterki pragnęły ustabilizowanego życia rodzinnego i obie marzyły o dzieciach (z powodu problemów ginekologicznych Marilyn nie mogła mieć potomstwa i bardzo z tego powodu cierpiała). Z drugiej jednak strony obie w głębi duszy pragnęły wieść ciekawe i ekscytujące życie.

Współczesna Marilyn dokładnie wie, czego chce, i dąży do osiągnięcia celu z determinacją kogoś, kto nie ma absolutnie nic do stracenia. Jackie jest nieco bardziej subtelna (cóż, może sobie na to pozwolić), ale podobnie jak Marilyn zawsze stawia na swoim.

Marilyn musiała osiągnąć sukces. Nawet na samym początku swojej drogi, kiedy brała udział w pierwszych sesjach fotograficznych, traktowała to zajęcie niezwykle poważnie. David Conover, który odkrył ją w roku 1944, twierdził, że nigdy wcześniej nie spotkał nikogo, kto odznaczałby się równie wielką determinacją. „W jej twarzy był swoisty blask – wspominał wiele lat później – kruchość połączona z zaskakującą żywotnością". Twierdził również, że nie potrafi przypomnieć sobie żadnej modelki, która byłaby tak samokrytyczna. Marilyn musiała wyjść na zdjęciach idealnie i jakiekolwiek odstępstwo od perfekcji uważała za niedopuszczalne.

Sława to nie zabawa

Sława kiedyś przeminie… Powiem jej:
„Żegnaj, kiedyś cię miałam…". Sława to coś,
czego doświadczyłam, ale to nie dla niej żyję.

M.M.

Sensacyjne artykuły o sławnych ludziach będą się pojawiać
tak długo, jak długo będzie na nie zapotrzebowanie.
Prawdziwe życie człowieka toczy się na innym,
osobistym poziomie.

J.K.O.

Czy Jackie i Marilyn ufały sławie? Obie z pewnością znały jej cenę. Jak zauważyła Marilyn, sława na poziomie, na którym jej doświadczyła, zamienia osobę w rzecz. M.M. twierdziła, że ludzie zachowują się tak, jakby uważali, że gwiazdy nie mają uczuć, i roszczą sobie prawo do nieskrępowanego wyrażania własnych opinii o nich.

Marilyn była bardziej skupiona na sobie samej niż Jackie. Nie mogło być inaczej. Pochodziła z nizin społecznych i potrzebowała sławy bardziej niż J.K.O., chociażby po to, żeby dodać sobie wyrazistości i wykorzystać ją jako zastępczą walutę do płacenia za miłość i akceptację. Była dzieckiem Hollywood i napisała siebie od nowa w stopniu dużo większym niż Jackie. Z zaniedbanej małej dziewczynki przeistoczyła się w seksowną blond boginię.

Jackie, mimo że była „najsławniejszą kobietą świata", nigdy nie uważała, że to, co robi, ma jakieś szczególne znaczenie. Przeciwnie, sądziła, że w pewnym sensie świeci światłem odbitym (trudno powiedzieć, czy była to jej własna opinia, czy skutek surowego wychowania). Była córką człowieka o bardzo silnej osobowości, żoną dwóch wpływowych indywidualistów i tak naprawdę stała się sobą dopiero wtedy, kiedy zaczęła pracować w wydawnictwie. Kiedyś podczas morskiej kąpieli u wybrzeży wyspy Martha's Vineyard w towarzystwie swojej przyjaciółki Carly Simon zobaczyła, że nad ich głowami krążą helikoptery. Powiedziała: „Spójrz, Carly, musieli się dowiedzieć, że tu jesteś!".

Pomimo że była odrobinę próżna – wysyłała służącą po brukowce, bo uwielbiała czytać o sobie[1] – wykorzystywała sławę do szczytnych celów, na przykład by odremontować Biały Dom,

[1] Kiedy syn Jackie J.F.K. Junior był jeszcze małym chłopcem, poprosił matkę, żeby kupiła mu lody. Jackie odmówiła, twierdząc, że nie ma pieniędzy. Odstawiając małą histerię, chłopiec wypalił: „Co to ma znaczyć? Przecież jesteś najbogatszą kobietą świata". Wygląda na to, że nawet dzieci wiedziały, jaką ma reputację. (A atak histerii nie podziałał).

uratować główny dworzec kolei podmiejskiej w Nowym Jorku (Grand Central Terminal) albo zaprotestować przeciwko budowie biurowca zasłaniającego kościół pod wezwaniem św. Bartłomieja. Chciała mieć ciastko i zjeść ciastko. Pragnęła posiadać kontrolę nad swoim wizerunkiem i móc swobodnie poruszać się po świecie. Żeby spokojnie chodzić po Nowym Jorku, wkładała ciemne okulary przeciwsłoneczne albo perukę, przebierała się i mówiła z udawanym akcentem, a kiedy *paparazzo* Ron Galella prześladował jej dzieci, pozwała go do sądu (i wygrała). Wykorzystywała jednak swoją pozycję do walki w słusznych sprawach.

Jackie i Marilyn były pierwszymi ofiarami ery *paparazzi* (trudno sobie wyobrazić, co czekałoby Marilyn w dzisiejszych czasach, kiedy jej naśladowczynie niedorównujące jej kalibrem, jak Lindsay Lohan czy Paris Hilton, są nieustannie prześladowane). J.K.O. i M.M. były przesadnie świadome wagi swojego publicznego wizerunku i wiele wysiłku kosztowało je jego podtrzymywanie. Jackie w świadomości świata na zawsze zostanie energiczną ściętą na boba brunetką w ciemnych okularach przeciwsłonecznych, z tajemniczym uśmiechem na ustach, Marilyn zaś – blondynką w białej jedwabnej sukience z głębokim dekoltem, falującej pod podmuchem z kraty wentylacyjnej i odsłaniającej jej gołe nogi. Kobietą uśmiechniętą i podnieconą seksualnym poruszeniem, jakie wywołuje.

Czy to dla zostania gwiazdą kina, czy dla ratowania historycznych budynków, tak Jackie, jak i Marilyn używały sławy do osiągania ważnych dla siebie celów.

Zasady w pracy

Plakietka z twoim nazwiskiem na drzwiach zobowiązuje. Jackie podchodziła do swoich obowiązków bardzo poważnie. Kiedy J.F.K. został zamordowany, obsesyjnie obawiała się, że Ameryka i świat o nim zapomną. Poświęciła się więc ochronie i rozpowszechnianiu jego dziedzictwa, doprowadzając do wybudowania biblioteki jego imienia (początkowo miała stanąć w obrębie kampusu Harvardu, ale ostatecznie została wybudowana w Bostonie w dzielnicy Columbia Point bezpośrednio nad oceanem). Zachęcała również wszystkich z otoczenia J.F.K. – od grubych ryb takich jak sekretarz obrony Robert McNamara, po tapicera Larry'ego Aratę – żeby opowiedzieli o tym, jak wyglądało ich życie w Białym Domu za prezydenta Kennedy'ego.

Zdecydowała, że architektem, który zaprojektuje budynek biblioteki, zostanie nikomu wówczas nieznany I.M. Pei, i zaangażowała się w zbieranie funduszy na budowę. Każdemu, kto ofiarował przynajmniej tysiąc dolarów, wysyłała osobiste podziękowanie.

Jackie nie byłaby sobą, gdyby nie zaangażowała się w dopieszczanie szczegółów. Nadzorowała więc nawet takie detale jak ustawianie kamieni i sadzenie roślinności wokół budynku oraz pilnowała, by przepis na krem z małży serwowany w mieszczącej się w środku restauracji był dokładnie taki, jak lubił jej mąż. Podobno kiedy zjawiała się na budowie, robotnicy chowali się w obawie przed jej ostrą krytyką.

Kiedy dziś odwiedzamy bibliotekę, na każdym kroku widać rękę Jackie – od pysznej zupy po cudowne zieleńce, a nawet malutkie bukieciki kwiatów na każdym stoliku w kawiarni.

Chroń swoją markę. M.M. była tak przywiązana do swojego wizerunku, że podczas kręcenia *Przystanku autobusowego* nabrała przekonania, że jej partnerka z planu Hope Lange (w jednej ze swoich pierwszych poważnych ról), usiłuje konkurować z nią w kwestii fryzury. Producent, reżyser i styliści usiłowali przekonać M.M., że jest jedyną prawdziwą platynową blondynką i że Hope ze swoimi ciemnymi włosami absolutnie nie może się z nią równać. Marilyn jednak nic sobie z tego nie robiła i jak przystało na prawdziwą diwę wstrzymała zdjęcia na trzy dni, żądając, by Hope przyciemniła kolor włosów – produkcję wznowiono dopiero wtedy, kiedy przybrały szarawy odcień brązu.

Jaki z tego wniosek? Z blondynką lepiej nie zadzierać.

Znaj swoją wartość. Do spraw zawodowych podchodź poważnie. W czasach Marilyn gwiazdy filmowe nie występowały na małym ekranie (Marilyn złamała tę zasadę tylko raz, jako wschodząca gwiazda, w roku 1953, gdy pojawiła się w programie *The Jack Benny Show*).

„Marilyn nie występuje w telewizji. Jeśli chcesz zobaczyć Marilyn, to tylko na wielkim ekranie", powiedział kiedyś jej agent do producenta, który przekonywał diwę do kariery telewizyjnej.

Jackie uprzejmie pozwalała, by osiągnięcia innych były wymieniane przed jej własnymi, ale nigdy nie była popychadłem. Zawsze podchodziła do siebie poważnie i osiągała cel, który sobie postawiła. Nic nie było jej wstanie odwieść od tego, by w hołdzie mężowi stworzyć światowej klasy bibliotekę i muzeum, i to w pobliżu jednego z głównych centrów nauki w kraju (w Stanach istniały wówczas tylko cztery prezydenckie biblioteki, zlokalizowane w małych miasteczkach). Choć sprawiała wrażenie bardzo kobiecej, to potrafiła być twarda i nieugięta. Charles Daly, prezes fundacji biblioteki imienia Johna F. Kennedy'ego w Bostonie (Kennedy Library Foundation), twierdził: „Nie cofała się przed bardzo bezpośrednią krytyką, jeśli było to konieczne". Wspominał, jak pewnego dnia odwiedziła teren budowy i zobaczyła, że w miejscu, gdzie powinny być drzewa i trawnik, wylano asfaltowy podjazd. „Wezwała jednego z ludzi I.M. Peia i wskazała na asfalt – opowiadał. – Prawie pożarła nieszczęśnika. Potrafiła być bardzo twarda".

Dzisiaj dzięki przezorności i determinacji Jackie biblioteka imienia Johna F. Kennedy'ego jest ogólnodostępnym renomowanym centrum nauki, które w swoich zbiorach zawiera między innymi rękopisy Ernesta Hemingwaya.

Stawiaj na swoim. Jackie zrezygnowała z pracy w wydawnictwie Viking Press w roku 1977, po tym jak wydało ono książkę zatytułowaną *Shall We Tell the President?* („Czy powinniśmy powiedzieć prezydentowi?"), polityczny dreszczowiec, w którego fabule pojawiał się nieudany zamach na Teda Kennedy'ego.

Marilyn z kolei rzuciła wytwórnię 20th Century Fox na kolana, zmuszając, by przystała na jej bezprecedensowe żądania. Tę historię warto przytoczyć w całości.

Marilyn Monroe po raz pierwszy spotkała Miltona Greene'a w roku 1953, kiedy fotografował ją dla magazynu „Look". Kiedy ich sobie przedstawiono, nie mogła wyjść z podziwu, że w tak młodym wieku już tyle osiągnął. „Jesteś jeszcze chłopcem", powiedziała do niego. „A ty dziewczynką", odparł.

Greene był kimś w rodzaju cudownego dziecka. Robił zdjęcia od czternastego roku życia i słynął z fotografowania mody i gwiazd. Nie ukazywał Marilyn w seksowny, przesłodzony sposób, jak robili to pozostali fotografowie. Zamiast tego wydobywał z niej wewnętrzne piękno, tworząc przekonujące, klasyczne zdjęcia.

Fotograf i gwiazda bardzo się zaprzyjaźnili. Kiedyś Marilyn opowiedziała Greene'owi o swoich kłopotach związanych z wytwórnią 20th Century Fox (jej pensja za film *Mężczyźni wolą blondynki* miała wynieść osiemnaście tysięcy dolarów, podczas gdy niezwiązanej z żadną wytwórnią Jane Russell zaproponowano sto tysięcy) i ten zapewnił ją, że jeśli odejdzie z Fox, będzie w stanie zarobić więcej.

Założyli więc własną wytwórnię o nazwie Marilyn Monroe Productions[1]. Greene w 1954 roku rzucił pracę, zastawił w banku swój dom, a nawet pozwolił Marilyn zamieszkać ze swoją rodziną. Pomógł jej na nowo zaplanować karierę.

Do roku 1955 Marilyn zdążyła wyprowadzić się z Hollywood i przenieść na Wschodnie Wybrzeże, gdzie rozpoczęła edukację w Actors Studio, ignorując błagania producentów z Fox, którzy chcieli ją odzyskać, oferując wciąż zbyt marne warunki.

Nie ulega wątpliwości, że ważniacy z 20th Century Fox nie byli zadowoleni, zwłaszcza że *Słomiany wdowiec* okazał się wielkim hitem. Zdali sobie sprawę, że Monroe była ich największym atutem i jak się okazało, od dwóch lat generowała największą część dochodów studia.

Prawnicy Marilyn i Miltona Greene'a stworzyli dla M.M. warunki umowy, na jakich nie pracował wcześniej żaden aktor ani żadna aktorka. Marilyn zdobyła prawo do wyboru scenariusza i reżysera, musiała także wyrazić zgodę na operatora.

[1] Studio wyprodukowało hity takie jak *Przystanek autobusowy* oraz *Książę i aktoreczka*.

Miała występować jedynie w najlepszych produkcjach i filmach klasy A, a jej pensja miała wynieść sto tysięcy dolarów za film. Kontrakt umożliwiał jej także pracę z niezależnymi producentami i innymi wytwórniami.

Czasy pensji w wysokości stu dwudziestu pięciu dolarów tygodniowo definitywnie się skończyły. Marilyn podpisała swoją czwartą i ostateczną umowę z wytwórnią 20th Century Fox trzydziestego pierwszego grudnia 1955 roku. Warunki, jakie wywalczyła, były bezprecedensowe, co nie uszło uwadze środowiska. Marilyn przestała być postrzegana jako pocieszna blondynka. Zwycięstwo nad jednym z uchodzących za wszechpotężne studiów filmowych sprawiło, że stała się osobowością, z którą należało się liczyć. Nagle wszyscy zaczęli traktować ją poważnie.

W styczniu 1956 roku, rok po tym jak dziennikarze żartobliwie okrzyknęli ją „superbohaterem w bikini" dziennik „Los Angeles Mirror News" napisał: „Po rocznym bojkocie 20th Century Fox zwycięska Marilyn Monroe wraca do pracy w wytwórni z, jak podają źródła, kontraktem na osiem milionów dolarów. Weterani kina twierdzą, że jest to jeden z największych indywidualnych triumfów kiedykolwiek odniesionych przez aktora".

Czuję się cudownie. Jestem równorzędnym partnerem.

M.M.

Wkładaj serce w to, co robisz

Marilyn podchodziła do swojej pracy bardzo poważnie.
 Kiedyś wyznała Richardowi Merrymanowi z magazynu „Life",

że nie chce po prostu wyrabiać dniówek, bez względu na zalecenia studia filmowego. „Odnosząca sukcesy, szczęśliwa i zawsze punktualna – to wszystko gładki amerykański frazes. Nie chcę się spóźniać, ale zwykle nie przychodzę na czas, czego żałuję. Często dzieje się tak, bo przygotowuję się do danej sceny, może czasem za bardzo się przykładam. Ale od zawsze wierzyłam, że nawet najmniej istotna scena powinna być warta pieniędzy publiczności i moim obowiązkiem jest dać ludziom to, co najlepsze. Kiedy widzowie przychodzą do kina, żeby mnie zobaczyć, i wpatrują się w ekran, nie wiedzą, że się spóźniłam. Do tego czasu studio też już o tym zapomina, ciesząc się z profitów".

Kiedy Marilyn była niezadowolona z produkcji albo ze współpracy ze studiem, kiedy z obrzydzeniem rzucała scenariusz na ziemię lub pojawiała się na planie z wielogodzinnym opóźnieniem (jeśli w ogóle), każąc czekać na siebie kierownikowi planu, reżyserowi, garderobianym i operatorom – nie wynikało to z bezmyślności, ale wręcz przeciwnie, z tego, że myślała za dużo. Praca znaczyła dla niej zbyt wiele. Pragnęła być więcej niż dobra – pragnęła być świetna. Niczego nie udawała. Na ekranie widzimy prawdziwą twarz Marilyn.

Śmiertelnie ją to przerażało.

Dzisiejszej Marilyn również bardzo zależy na tym, co robi. Nieważne, czy prowadzi bloga, uczy się scenariusza do filmu czy przygotowuje do prezentacji marketingowej – przejmuje się.

Pewnego razu M.M. powiedziała: „Kiedy patrzyłam w nocne hollywoodzkie niebo, myślałam sobie, że na pewno tysiące takich dziewczyn jak ja siedzi w samotności i marzy, by zostać gwiazdą filmową. Nie zamierzałam się jednak nimi przejmować. Ja marzyłam najmocniej".

Jacqueline Kennedy Onasis, redaktorka

Pani pracuje, choć nie musi? Uważam, że to świetne!
NOWOJORSKI TAKSÓWKARZ WIOZĄCY J.K.O.

Chociaż Jackie jest najbardziej znana z tego, że była pierwszą damą Stanów Zjednoczonych oraz żoną prezydenta Kennedy'ego i Aristotelisa Onasisa, tak naprawdę największą – choć najmniej wystawioną na widok publiczny – część życia spędziła jako redaktorka książek w Nowym Jorku. Od roku 1975 do 1977 pracowała dla wydawnictwa Viking, a później (w latach 1978–1994) dla Doubleday. Za biurkiem spędziła prawie dwadzieścia lat.

Powrót do pracy w wieku czterdziestu sześciu lat zapewne nie był dla niej łatwy, ale niewątpliwie bardzo satysfakcjonujący. Po raz pierwszy od czasów szkolnych i pracy dla jednej z gazet w Waszyngtonie przed ślubem z J.F.K. Jackie nie była w niczyim cieniu. Mimo że oczekiwano od niej, iż będzie wykorzystywać swój status do przekonywania innych gwiazd, by pisały autobiografie, potrafiła zostawiać swoją reputację za drzwiami i pozwalała, by oceniano ją na podstawie jakości pracy.

Po wielu latach spędzonych na świeczniku (czego nigdy tak naprawdę nie chciała) praca w wydawnictwie musiała być dla niej ulgą. „Jedną z rzeczy, które lubię w pracy redakcyjnej, jest to, że nie promuje się redaktora, a książkę i autora", wyznała kiedyś.

By uzyskać jak najlepsze wyniki, blisko współpracowała z korektorami, grafikami i specjalistami od reklamy. Co więcej

żeby pomóc promować redagowane przez siebie tytuły, pisała osobiste liściki do księgarzy.

Nic dziwnego, że współpracownicy odbierali ją jako osobę bardzo koleżeńską. Robiła innym kawę, brała udział w firmowych piknikach, siadywała na klatce schodowej podczas ćwiczeń przeciwpożarowych i zawsze miała czas dla każdego. Pracownicy Doubleday byli dla niej jak rodzina. Kiedy jej asystent nie czuł się dobrze, Jackie wysłała go do własnego lekarza, a gdy w zimie przychodził do pracy z mokrymi włosami i gołą głową, dostawał od niej burę. Jackie dbała o niego do tego stopnia, że kiedy był chory, kupowała mu leki.

Pomimo że bardzo się starała być zwykłym członkiem zespołu, zawsze pozostała Jackie O. Redaktor magazynu „Rolling Stone", który odwiedził ją kiedyś w wydawnictwie w celach zawodowych, wspominał, że kiedy otworzyła szufladę biurka, ujrzał kilkanaście par okularów przeciwsłonecznych. Jeden z zaprzyjaźnionych z nią wydawców na długo zachował sobie wiadomość, jaką zostawiła mu na automatycznej sekretarce, i odtwarzał ją swoim znajomym. Kiedy odwiedzała redakcje ważnych gazet, była jedyną osobą, która nie musiała się wpisywać do dziennika w recepcji, bo ludzie zazwyczaj kradli stronę z jej podpisem.

Była urodzoną redaktorką – ciekawą świata intelektualistką, bardzo oczytaną, świetnie wyczuwającą, czy coś nadaje się do druku. Od zawsze kochała książki i pisarzy. Jeden z jej przyjaciół powiedział, że miała „nieustające pragnienie obserwowania nowych rzeczy". Znalazła pracę, w której płacono jej za dzielenie się swoją pasją z innymi.

„W mojej pracy – wyznała – podoba mi się, że cały czas poszerzam swoje horyzonty. Każda z książek prowadzi mnie inną drogą".

Jackie była wymarzoną redaktorką dla pisarzy. Wyszukiwała istotne informacje i trudne do zdobycia książki i dostarczała je autorom, z którymi współpracowała, żeby ułatwić im pracę. Potrafiła późno w nocy dzwonić do swojego przyjaciela Johna Loringa, projektanta dla Tiffany'ego i autora książek o sztuce, żeby zapytać, jak mu idzie, wiedząc, jak bardzo gonią go terminy. Z największą dokładnością sprawdzała każdą linijkę tekstu, choć wiedziała, że adiustacja i tak wyłapałaby rażące błędy – chciała jednak, by teksty były idealne. Zależało jej na książkach tak bardzo jak ich autorom, a czasem może nawet bardziej.

Wydaje się, że Jackie czerpała z pracy w wydawnictwie równie dużo, co autorzy i Doubleday czerpali ze współpracy z nią. Sprawiała wrażenie niemal wdzięcznej za to, że dano jej możliwość wykorzystywania umysłu i ciągłego poszerzania horyzontów. „Oto definicja szczęścia – mówiła o pracy redakcyjnej – móc w pełni wykorzystywać własne zdolności, podążając drogą prowadzącą do doskonałości. Nie wszystkim jest to dane, ale każdy może próbować osiągnąć to w pewnym stopniu".

Jackie pracowała w Doubleday do wiosny 1994 roku. Przestała na kilka tygodni przed śmiercią. Pewnego razu wyznała: „Uważam, że ludzie, którzy pracują, mają szacunek dla pracy innych".

Jackie i Jacko

Jackie znała Michaela Jacksona. Chociaż (z jakiegoś powodu) ówczesne media nigdy tego nie nagłośniły.

Do jej obowiązków w Doubleday należało przekonywanie sławnych ludzi (takich, którzy byli głusi na wszelkie namowy) do napisania autobiografii.

Jak na osobę, która uciekała na widok reporterów i dziennikarzy, w swojej pracy Jackie była raczej bezwzględna. Potrafiła bez skrupułów nagabywać księżną Dianę i jej rywalkę Camillę Parker Bowles, oraz swojego byłego ukochanego Franka Sinatrę, a nawet Oprah Winfrey[1].

[1] Oprah zaproponowała Jackie kompromis i zaprosiła ją do swojego programu. Ta oczywiście odmówiła. Podobno Winfrey kiedyś powiedziała, że jej największym marzeniem jest przeprowadzić wywiad z Jackie i księżną Dianą.

W roku 1984 Michael Jackson zdobył ogromną popularność dzięki sukcesowi płyty *Thriller* i zgodził się napisać dla Doubleday autobiografię. Prawdę mówiąc, zgodził się ją napisać wyłącznie dla Jackie Onasis, jako że sam lubił otaczać się znanymi ludźmi. Ktoś z wydawnictwa wspominał, że Jackie była jedyną osobą w całej Ameryce, od której odbierał telefon.

Podobno pierwsza wersja książki napisanej przez króla popu była „zupełnie nijaka" i brzmiała jak „oświadczenie prasowe". Jackie, która uwielbiała plotki, pragnęła bardziej szczegółowych informacji. Jak to było być dzieckiem w przemyśle rozrywkowym? Z czym musiał się zmagać? Czy spotkał się z uprzedzeniami? Pani redaktor pragnęła dowiedzieć się, jakie wyzwania podejmował, by odnieść sukces.

Jacko poprawił rękopis. Wciąż jednak nie był on wystarczająco interesujący.

Jackie wiedziała, co należy zrobić. Zakasała rękawy i poleciała do Los Angeles (miasta, którego nie lubiła, ponieważ kojarzyło się jej z młodymi gwiazdami i placem zabaw mężczyzn z rodu Kennedych). Udała się prosto do Nibylandii.

Po zwiedzeniu ekstrawaganckiej posiadłości Michaela Jackie usiadła z gospodarzem przy bogato zdobionym stole w jadalni i kolejny raz przejrzała z nim przez tekst biografii, prosząc, by pewne sprawy wyjaśnił i uzewnętrznił się nieco bardziej.

Książka została opublikowana w roku 1988 i okazała się wielkim hitem. Przez wiele tygodni utrzymywała się na liście bestsellerów „New York Timesa".

W stosunkach między Jackie a Michaelem panowało jednak pewne napięcie. Piosenkarz zgodził się opublikować książkę w Doubleday tylko pod warunkiem, że Jackie napisze długi wstęp pełen pochwał i zachwytów. J.K.O. poczuła się przyparta do muru, jednak dla dobra sprawy napisała bardzo poprawny tekst.

Kiedy nadszedł czas na dodruk i wydanie w miękkiej oprawie (na czym wydawcy zarabiają najwięcej), Michael cofnął zgodę na publikację. Przelało to czarę goryczy. Pewnie można się było tego po nim spodziewać, bo nigdy nie był graczem zespołowym, ale przecież Jackie napisała dla niego wstęp, na którym tak mu zależało!

Po tym incydencie rzadko o nim wspominała.

Na biuro z ładnym widokiem muszę sobie zapracować –
jak każdy.

J.K.O.

Błyskawiczny test

Jesteś Marilyn, jeśli: może każesz innym na siebie czekać, ale jesteś tego warta. (A poza tym jeszcze nie spotkałaś nikogo, kto by na ciebie n i e zaczekał, prawda?)

Jesteś Jackie, jeśli: zawsze dotrzymujesz terminów. Bez wyjątków.

Marilyn wiedziała, komu może zaufać

Marilyn intuicyjnie wyczuwała, czy może kogoś obdarzyć zaufaniem – zarówno jeśli chodziło o reżyserów, charakteryzatorów i fotografów, jak i mężczyzn, którzy zapraszali ją na kolacje.

W roku 1962 prawnik M.M. zatrudnił dla niej nową sekretarkę Cherie Redmond. Kobiety pojechały razem do Meksyku kupić meble do nowego domu Marilyn w Los Angeles, a później wybrały się do Nowego Jorku. Podczas wyjazdu musiało dojść między nimi do scysji, bo po powrocie Marilyn oznajmiła swojej gosposi Eunice Murray, że Cherie nie ma prawa wstępu do jej domu. „Może i jest dobrą sekretarką, ale nie zostanie moją przyjaciółką", stwierdziła.

Mimo że nowa pracownica świetnie się nadawała do pilnowania szczegółów umów finansowych, Marilyn nie chciała dopuścić jej zbyt blisko. Kiedy Cherie potrzebowała podpisu gwiazdy na dokumentach czy czekach, Marilyn sama wykonywała papierkową robotę w domu, po czym prosiła swoją gosposię, by podała papiery Cherie przy bramie. Było w niej coś, czego Marilyn po prostu nie lubiła. „Nie chcę jej rad w żadnych sprawach poza finansowymi – powiedziała kiedyś, po czym, nie do końca żartując, dodała: – A po za tym wypiła mi ostatnią butelkę Dom Pérignon".

Więc chcesz zostać aktorką

Marilyn była jedyna w swoim rodzaju. Billy Wilder, reżyser *Pół żartem, pół serio* powiedział o niej: „Miała ciało, które na zdjęciach wyglądało bardzo prawdziwie. Miało się ochotę wyciągnąć rękę i jej dotknąć. Niezwykłość to wyświechtane słowo, ale do niej pasuje jak ulał. Nigdy nie będzie już takiej drugiej, a Bóg jeden wie, ile kobiet próbuje ją naśladować".

Większość współczesnych Marilyn naśladuje gwiazdę zewnętrznie (farbuje włosy i maluje usta czerwoną szminką),

niektóre jednak być może posuną się dalej i zapragną być aktorkami. Żadna z nas nigdy wprawdzie nie prześcignie ani nawet nie dorówna Marilyn, jednak jeśli pomimo wszystko chcesz spróbować, poniżej znajdziesz kilka rad.

Potrzebujesz talentu, takiego, z którym trzeba się urodzić, ale kluczowa jest determinacja. Problem dzisiejszego świata polega na tym, że ludzie pragną sławy, ale nie chce się im pracować, albo chcą być znani jedynie z tego, że są znani (większość uczestników *reality show*). Lee Strasberg twierdził, że „Marilyn od zawsze marzyła, by zostać aktorką. Nie wyłącznie gwiazdą, ale aktorką. Marzenie to towarzyszyło jej przez całe życie".

Ucz się. Poznaj swoje rzemiosło. Oczywiście przyjemne w stawaniu się aktorką jest to, że – tak jak w buddyzmie do oświecenia – do Hollywood prowadzi wiele dróg.

Kiedy masz wolne, zrób coś nietypowego

Współczesne Jackie i Marilyn są bardzo odpowiedzialne (Jackie wprawdzie bardziej niż Marilyn, ale ta też potrafi stanąć na wysokości zadania), w związku z czym powinny raz na jakiś czas zrobić coś, o co nikt by ich nie podejrzewał.

Nie ma mnie dla nikogo. W epoce e-maili, komórek, Facebooka i wszechobecnego Twittera dobrze jest czasem po prostu zniknąć na dzień czy na weekend. W świecie, w którym cały czas jesteśmy podłączeni do urządzeń elektronicznych, raz na jakiś czas spróbujmy je wyłączyć i po prostu pobujać w obłokach.

Słodkie lenistwo. Jeśli żyjesz pod ciągłą presją, jak na prawdziwą Jackie przystało (i mnóstwo się od ciebie wymaga), wyjdź czasem na świeże powietrze i zrób coś dla siebie.

Posiedź w kawiarni.

Wybierz się na spacer po parku.

Kup sobie jakiś drobiazg.

Zarezerwuj stolik na kolację z przyjacielem / przyjaciółką.

Zafunduj sobie *manicure* albo *pedicure*. To zawsze działa relaksująco.

Jeśli jesteś Jackie, spróbuj zaśpiewać w domowym karaoke w samej bieliźnie (oczywiście luksusowej marki) i zjedz lody prosto z pudełka.

Powiedz komuś, że go / ją kochasz.

Nie spodziewaj się niczego w zamian.

Sama wyprasuj pościel, a później się nią rozkoszuj.

Współczesna Jackie jako Steven Spielberg

Współczesna Jackie ma stanowczą opinię na każdy temat. Nic na to nie poradzi, ona po prostu widzi pewne rzeczy: krzesło, które stoi nie na swoim miejscu w salonie, nitkę, która wisi ci u swetra, pusty pojemnik na lód w zamrażarce… Natychmiast musi temu zaradzić.

I nie można przy niej nawet wspomnieć o mężczyznach, którzy nie opuszczają deski klozetowej. Irytuje ją to do tego stopnia (wyobrażamy sobie, jak prycha z niesmakiem)… że nie potrafi sobie z tym poradzić. To dla niej niewybaczalny grzech. Kończyła związki z bardziej błahych powodów.

Wymarzone profesje Jackie to: producent filmowy, dyktator i dyrektor pięciogwiazdkowego hotelu. Jak na zodiakalnego Lwa przystało, ciężko jest jej oddać komuś kierownicę. Pomimo pozornej nieśmiałości Jackie nigdy nie jest anonimowa. Jeśli jest w pomieszczeniu z grupą ludzi, to aby o coś zapytać albo coś oznajmić, wybierze idealny moment.

Uwodzicielska siła Marilyn jest tak ważna jak jej talent

Dzisiejsza Marilyn to wulkan emocji. Jako aktorka (nawet jeśli pracuje w kancelarii adwokackiej) odczuwa wszystko tak intensywnie, że ktoś stojący z boku może uznać, że cierpi. Dużo czyta, uwielbia muzykę i sztukę – żeby podziwiać wybitne dzieła, chodzi do muzeum. (Marilyn przyglądająca się nagiej przepięknej statui, podczas gdy wszyscy przyglądają się j e j przyglądającej się nagiej przepięknej statui, to nie lada widok). Ma wspaniały francuski akcent, którym wszystkich czaruje, nawet jeśli ledwo mówi w tym języku.

Nie może być inaczej, Marilyn najchętniej zostałaby aktorką, popularną pisarką, muzą… Chociaż tworzy sztukę z wielkim zapałem, samotne siedzenie w pracowni na poddaszu to coś zupełnie nie dla niej. W końcu musi wyjść i spotkać się z ludźmi. (Co z entuzjazmem czyni).

Marilyn ma tak bujną wyobraźnię, że czasami nie wiadomo, czy historie, które opowiada (o dzieciństwie czy swoim drugim mężu) są prawdziwe, ale przebywanie w jej towarzystwie jest tak przyjemne, że nie ma to wielkiego znaczenia.

Zostać przyjacielem Marilyn, jej powiernikiem (a może i kimś więcej) to nie lada zaszczyt. Tego się nie zapomina. Jeśli się z nią jest, to pozwala poznać się naprawdę. Emanuje pięknem i kruchością. Snuje sieć i wpuszcza nas do środka.

Bez względu na to, jaki zawód wykonuje, Marilyn ma zachcianki, humory i niegroźne obsesje, ale zawsze prze do przodu. Jeśli jesteśmy nią zmęczeni, musimy wiedzieć jedno: jeśli nas zostawia, to nieodwołalnie. Dla następnego etapu i kolejnego doświadczenia.

Marilyn nie potrzebuje wokół siebie zbyt wielu osób. Nie może sobie na to pozwolić.

Przed kamerą

Bez względu na to, jak łatwe – albo trudne – nam się wydaje, aktorstwo to zawód bardzo stresujący. Szczególnie jeśli podchodzi się do niego poważnie i jest się perfekcjonistką, jak Marilyn. Przed wyjściem na plan i stanięciem przed kamerami M.M. prosiła swojego charakteryzatora, żeby życzył jej szczęścia i trzymał za nią kciuki.

Osobiste relacje Jackie

Jeśli coś jej powiesz, albo nawet wspomnisz o czymś mimochodem, zapamięta to na zawsze (albo przynajmniej tak długo, jak długo będziesz w jej życiu). Po chwili namysłu zacytuje ci nawet twoje własne słowa. To zarazem imponujące i denerwujące, zwłaszcza jeśli jest twoją siostrą albo żoną.

Nie afiszuje się tym (no, prawie), ale ma niemal fotograficzną pamięć. Wystarczy, że raz coś przeczyta, a zostaje jej to w głowie.

Lepiej więc się z nią nie kłócić. Świadoma swoich możliwości zazwyczaj daje przeciwnikowi fory, chyba że natrafi na uprzedzenia albo brak otwartości umysłu – wtedy nie ma wyboru i żadnych skrupułów, żeby pokazać oponentowi, gdzie jego miejsce, nawet jeśli jest od niej silniejszy i lepiej postawiony.

Osobiste relacje Marilyn

Żeby wygrać kłótnię, Marilyn raczej użyje podstępu. W odpowiedzi na każdą emocjonalnie trudną sytuację ma przygotowaną jedną z dwóch póz, i robi się albo „słodka", albo „zrozpaczona". Może też włożyć mniej elegancką maskę „flirciary" i „seksbomby", ale to dla niej zbyt proste. Marilyn nie ukrywa, że wie, iż nie musi się za bardzo wysilać, aby dostać to, czego chce – i nie chodzi tu wyłącznie o jej fizyczność. Kiedy robi się ciężko, jedyne, co musi zrobić, żeby wywołać reakcję, to unieść brew.

Jeśli wszystko inne zawiedzie, Jackie i Marilyn wiedzą, że mogą jeszcze wybuchnąć płaczem. Jest to wyjątkowo pomocne, kiedy zostają zatrzymane za przekroczenie prędkości.

Jak radzić sobie z sukcesem: czy sukces zmienia?

Jackie – czasami tak

Chociaż Jackie w głębi duszy pozostawała sobą i miała bardzo silną osobowość, to trzeba przyznać, że jako żona Onasisa zachowywała się odrobinę irracjonalnie. Być może było to spowodowane uwolnieniem się od Ameryki, od Kennedych i ich purytańskich zasad. Być może też tym, że wystarczyło, aby podniosła słuchawkę telefonu, a mogła mieć, co tylko chciała: samolot, fryzjera, masaż, wart fortunę naszyjnik albo lunch ze sławnym poetą. Na moment Jackie przeistoczyła się w królową… którą nie bardzo interesowali „prawdziwi" ludzie i reszta świata.

Po śmierci Onasisa Jackie wróciła jednak do twardej i wymagającej rzeczywistości Nowego Jorku i odzyskawszy dawne zasady, zaczęła używać swojego statusu gwiazdy nie dla własnych zmysłowych przyjemności, ale dla dobra innych. Wykorzystywała swoje znajomości, pracowała na rzecz pamięci historycznej i stworzyła bibliotekę imienia Johna F. Kennedy'ego.

Marilyn – nie

Niezależnie od tego jak układało się jej życie, sukces w bardzo niewielkim stopniu zmienił prawdziwą Marilyn. „Jestem tą samą osobą – powiedziała kiedyś. – Ale mam na sobie inną sukienkę".

Marilyn była odrobinę podejrzliwa wobec sławy, widząc w niej obciążenie. „Ludzie przywłaszczają sobie część ciebie. Nie sądzę, żeby zdawali sobie z tego sprawę, ale wydzierają ci kawałek po kawałku, choć chcesz pozostać nietknięty… Wydaje im się, że mogą do ciebie podejść i zapytać cię o cokolwiek. Jakby myśleli, że zupełnie cię to nie dotknie".

Chociaż lubiła skupiać na sobie uwagę fanów i traktowała to jako nieodłączną część bycia gwiazdą filmową, czasem odczuwała strach. „Publiczność mnie przeraża. Boję się tłumów. Ale pojedynczy ludzie… reagują na mnie, a ja reaguję na nich. Temu można zaufać".

M.M. była świadoma ceny sukcesu. Kiedyś wyznała: „Gdybym miała dziecko, nie chciałabym, żeby przeszło przez to, przez co przeszłam ja… Sława jest kapryśna. Wzbudza zazdrość. Ludzie szemrają między sobą: »Co ona sobie wyobraża, ta Marilyn Monroe?«".

Podarki od Marilyn

Z racji tego, że wyrosła w biedzie, Marilyn doceniała prezenty w małych, wyłożonych aksamitem pudełkach. Nie była dobra w robótkach ręcznych (potrafiła za to z zadziwiającą wprawą pomalować sobie oczy), nie wyszywała, nie tworzyła scrapbooków ani nie piekła szarlotki.

Była jednak wyjątkowo hojna – niemal zbyt hojna – wobec swoich najbliższych. Po wpływem impulsu potrafiła podarować kosztowny naszyjnik z pereł (który dostała od cesarza Japonii podczas swojego miesiąca miodowego z Joem DiMaggio) dwunastoletniej córce Lee Strasberga – tylko dlatego, że ta poczuła się akurat brzydka. W testamencie jedną czwartą majątku zapisała terapeutce Marianne Kris „do jej dyspozycji dla wsparcia pracy instytucji psychiatrycznych czy też grup o takim charakterze". Pokaźną sumę zostawiła również swojej nauczycielce aktorstwa, którą ledwo znała.

Tak jak w kreowanych przez siebie rolach w prawdziwym życiu Marilyn podejmowała decyzje instynktownie, kierując się uczuciami.

Dzisiejsza Marilyn ponad wszystko pragnie być kochana. Chce również, by ją zapamiętano. (Czyż wszyscy o tym nie marzymy?).

Uważam, że praca i miłość są jedynym, co się liczy.
Wszystko inne tak naprawdę nie ma znaczenia.
M.M.

Gdybym była bogata…

Jackie i Marilyn miały bardzo specyficzne – i zupełnie różne – podejście do pieniędzy.

Ze względu na swoje arystokratyczne pochodzenie Jackie w kwestii finansów była nieco wyrachowana (czego zupełnie nie można powiedzieć o Marilyn). Zacznijmy od tego, że matka przyszłej pierwszej damy wychowała ją w przekonaniu, że najważniejsze, to poślubić zamożnego mężczyznę – miły przedstawiciel klasy średniej to za mało, chodziło jej raczej o kogoś o statusie milionera (albo miliardera).

Jackie różniło od Marilyn jeszcze wiele innych kwestii. Za swoje nowojorskie mieszkanie zapłaciła w roku 1964 dwieście tysięcy dolarów, wygląda jednak na to, że wiele osób wsparło ją wtedy finansowo. Nie wiedząc, że inni ludzie również zasilają jej fundusz mieszkaniowy, Robert Kennedy, Aristotelis Onasis (już wtedy sekretnie widywał się z Jackie), a nawet finansista André Meyer wpłacili tysiące dolarów, żeby „wspomóc" Jackie.

Marilyn, która była naprawdę biedna (mieszkała w maleńkim pokoiku, w którym ledwie mieściła się elektryczna, jednopalnikowa kuchenka), nigdy od nikogo nie przyjęła pieniędzy.

Jackie targowała się ze sprzedawcami, ze swoimi kucharzami, gosposiami i sekretarkami. Jedną z jej ulubionych technik rozliczania się było płacenie robotnikom, którzy pracowali nad jej mieszkaniem, czekami – wiedziała, że ich nie spieniężą, lecz zachowają ze względu na jej podpis. Proponowała również „zapłatę" w postaci swojej fotografii z autografem. W końcu wieść o jej sztuczkach się rozeszła i pracujący dla niej ludzie prosili o gotówkę.

Jak wiele kobiet z wyższych sfer Jackie zbierała na „drobne wydatki", sprzedając swoje lekko znoszone albo nadwyżkowe ubrania od znanych projektantów do komisów w Upper East Side.

Chociaż była bardzo oddana idei stworzenia biblioteki imienia swojego pierwszego męża i wykonała niewiarygodną pracę, żeby osiągnąć ten cel, nie odznaczała się – tak jak większość Kennedych – zbytnią hojnością wobec organizacji charytatywnych.

Marilyn, jak wiemy, dorastając, doświadczyła prawdziwej biedy, ale pieniądze nie były jej największym zmartwieniem. Zamiast tego pragnęła rozwinąć się jako aktorka i być poważnie traktowana przez społeczność artystów. Równocześnie czuła się w obowiązku pomagać swoim przyjaciołom, co skrupulatnie czyniła. Chociaż posiadała dużo mniej niż Jackie, była o wiele hojniejsza. Wspomogła kampanię prezydencką Kennedy'ego dwudziestoma pięcioma tysiącami dolarów, co w latach sześćdziesiątych było sporą sumą (dziesięć tysięcy dolarów zarabiał wówczas biały, wykwalifikowany pracownik), zresztą dziś również jest to znaczna kwota.

Była też bardzo szczodra wobec tych, których kochała. Kiedy wyszła za Arthura Millera, opłacała wszystkie należności związane z jego przesłuchaniami przed komisją do spraw działań antyamerykańskich oraz pokrywała alimenty i wydatki na jego dwójkę dzieci z poprzedniego małżeństwa.

Chociaż nigdy nie sprawiała wrażenia, że posiada szczególną skłonność do nadmiernego folgowania samej sobie, zwłaszcza jeśli wziąć pod uwagę jej status gwiazdy, podobno pod koniec życia „wydawała pieniądze jak pijany marynarz".

Jackie też lubiła szastać pieniędzmi, ale nigdy swoimi.

Ostatnia wola i testament: przekraczanie ostatecznej granicy

Ostatnia wola Jackie

Ponadtrzydziestostronicowy testament Jackie napisany jest „elegancko". Nie ulega wątpliwości, że jego autorka bardzo dokładnie wszystko przemyślała. Wykonawcą swojej ostatniej woli uczyniła Maurice'a Templesmana, który przez piętnaście lat był jej przyjacielem i towarzyszem. Zapisała mu grecką, alabastrową głowę kobiety. Caroline i Johnowi przypadło po dwieście pięćdziesiąt tysięcy dolarów w gotówce, mieszkanie przy Piątej Alei, inne nieruchomości oraz rzeczy osobiste i pieniądze z funduszu, które odziedziczyła po pierwszym mężu.

Jako posiadaczka dwustu milionów dolarów Jackie wszystko skrupulatnie zaplanowała. Pomagali jej w tym prawnicy z najlepszych nowojorskich kancelarii.

Według magazynu „Fortune" Jackie wykorzystała narzędzia do rozporządzania majątkiem, takie jak fundusze powiernicze, dzięki czemu pieniądze przekazane spadkobiercom i organizacjom dobroczynnym były w mniejszym stopniu opodatkowane. Na początku swojego testamentu poczyniła szczegółowe zapisy, skrupulatnie rozdysponowując cenne przedmioty o wartości sentymentalnej. Kopia przemowy inauguracyjnej Johna Kennedy'ego, z autografem poety Roberta Frosta, trafiła do jej prawnika Aleksandra Forgera. Bliscy przyjaciele Jackie, jej pokojówki i lokaj otrzymali prezenty w postaci gotówki – od dwudziestu pięciu do dwustu pięćdziesięciu tysięcy dolarów. Nieruchomości trafiły do tych, którzy mieli najbardziej na nich skorzystać: jej dzieci otrzymały nowojorskie mieszkanie, a przyrodni brat Hugh Auchincloss Junior – Hammersmith Farm oraz nieruchomości w Newport i Rhode Island, które Jackie dostała w spadku po matce. Przewidując wszystko, J.K.O. nie tylko zostawiła swojej pokojówce pięćdziesiąt tysięcy dolarów, ale zajęła się również podatkami od tej kwoty.

W swoim testamencie Jackie nie pominęła niczego, upewniając się, że to do niej należy ostatnie słowo. Poprosiła dzieci, żeby uszanowały jej wolę i po jej śmierci nie zaglądały do jej osobistych zapisków. Tak właśnie się stało.

Ostatnia wola Marilyn

W porównaniu do testamentu Jackie ostatnia wola Marilyn była o wiele bardziej idealistyczna (jeśli można tak powiedzieć) i nie tak skrupulatnie przemyślana.

Kiedy w 1962 roku zmarła w wieku trzydziestu sześciu lat, zostawiła majątek o wartości ponad półtora miliona dolarów, z czego siedemdziesiąt pięć procent oddała Lee Strasbergowi, swojemu nauczycielowi aktorstwa, a dwadzieścia pięć procent doktor Marianne Kris, swojej psychoterapeutce. Oprócz tego fundusz powierniczy miał wypłacać jej matce Gladys Baker Eley pięć tysięcy dolarów rocznie. Zanim doktor Kris zmarła w 1980 roku, przekazała swoje dwadzieścia pięć procent na rzecz Anna Freud Centre, instytutu psychiatrycznego dla dzieci w Londynie. Po śmierci Lee Strasberga w roku 1982 pieniądze, które zostawiła mu Marilyn, otrzymała jego żona Anna oraz jej prawnik Irvin Seidman.

Marilyn prosiła, by jej rzeczy osobiste zostały rozdane jej przyjaciołom, ale Lee Strasberg nigdy nie spełnił tego życzenia.

To ciekawe – i nieco tragiczne – że Marilyn, która nie miała rodziny, zostawiła pieniądze opiekunom swojej matki, psychoterapeutce i nauczycielowi aktorstwa. Jak na ironię wizerunek kobiety, która nie dbała zbytnio o pieniądze, rocznie przynosi dziś zyski w wysokości milionów dolarów.

Sekretne sekrety Jackie.
Czy wiesz, że...?

Jackie bardzo poważnie podchodziła do swojej pracy. Przecież ręczyła za jej jakość swoim nazwiskiem.

Sekretne sekrety Marilyn.
Czy wiesz, że...?

Marilyn kochała swoją pracę i czuła się wielką szczęściarą, że ją ma. Potrzebowała jej.

9
Jackie i Marilyn w domu

Mam zbyt wiele marzeń, żeby zostać gospodynią domową.
Być może sama jestem marzeniem.
M.M.

Dom Jackie był bezpieczny, wyrazisty, pięknie urządzony,
prosty… pozostający w idealnej harmonii z otoczeniem.
HILLARY CLINTON

Z pozoru Jackie i Marilyn były zupełnymi przeciwieństwami.

Dorastając bez korzeni, na marginesie społeczeństwa, w sierocińcu i domach zastępczych, Marilyn nie miała skąd czerpać wzorców szczęśliwego życia rodzinnego. Trzy razy wychodziła za mąż, tak jakby bawiła się w bycie żoną i ciągle szukała domu, znajdując go na chwilę przy Jamesie Doughertym, Joem DiMaggio i Arthurze Millerze. Po ostatnim rozwodzie otoczyła się „rodziną" w postaci charakteryzatora, fryzjera i sekretarki (jak wiele innych gwiazd), ale nigdy nie przestała szukać i zmarła, nie pozostawiwszy spadkobierców ani potomków.

Dla Jackie rodzina była wszystkim. J.K.O. czuła się dumna z tego, że należy do rodu Bouvierów – z pewnością o wiele bardziej niż z faktu, że wyszła za członka awanturniczego klanu Kennedych – i czerpała siłę ze swojego pochodzenia.

Dom zawsze był dla Jackie miejscem niezwykle ważnym, bez względu na to, czy był to jej „krzywy, mały domek" przy N Street w Georgetown, dzielnicy Waszyngtonu, czy Biały Dom, mieszkanie przy Piątej Alei, czy azyl na wyspie Martha's Vineyard. J.K.O. została zmuszona, by wieść życie publiczne i dom był dla niej miejscem, gdzie zaznawała ukojenia i gdzie mogła być z dziećmi i resztą najbliższych.

Podczas gdy Marilyn naprawdę można uznać za kiepską panią domu, która nie potrafiła zapanować nawet nad organizacją porządnej kolacji, to umiejętności Jackie w tej sferze były legendarne. J.K.O. regularnie urządzała oficjalne kolacje na dwieście osób oraz wydawała przyjęcia z okazji urodzin swoich dzieci. Mimo że osobiście nie zajmowała się na przykład prasowaniem, świetnie zarządzała sprawami domowymi. Jako pierwsza dama wymagała, by regularnie zmieniano pościel, pilnowała, by do obiadu podawano francuskie wino, i by w każdym pokoju zawsze były świeże kwiaty.

Domowe zapiski

Jackie uwielbiała zmieniać wystrój

Jackie była bardzo drobiazgową panią domu i potrafiła idealnie zaścielić łóżko oraz wiedziała, jak najlepiej wyczyścić delikatną porcelanę, choć oczywiście to nie ona wykonywała prace fizyczne.

Jako typowa przedstawicielka wyższych sfer wyrażała się poprzez urządzanie wnętrz. Dużo radości przyniosło jej meblowanie i dopieszczanie pierwszego domu, w którym zamieszkała z Johnem Kennedym przy 3307 N Street w Georgetown. Matka Jackie, Janet Lee Auchincloss, wspominała, że w ciągu pierwszych czterech miesięcy Jackie trzykrotnie zmieniła wystrój pokoju dziennego, choć malowanie ścian, tapicerowanie mebli i szycie zasłon były szalenie kosztowne.

J.F.K. z reguły niczego żonie nie żałował, ale wreszcie zmęczyło go to ciągłe przemalowywanie, zmienianie tapet, przesuwanie mebli i przykrywanie ich płachtami. Nie mogąc znaleźć ani jednego krzesła, na którym mógłby usiąść, w końcu się wściekł.

Potrafił jednak podchodzić do fanaberii żony z przymrużeniem oka. Kiedy jej rodzice pierwszy raz przyszli do nowożeńców na obiad (Jackie przeżywała tę wizytę, jakby miała ją odwiedzić królowa angielska), zwrócił się do swojej teściowej z pytaniem: „Pani Auchincloss, czy uważa pani, że jesteśmy niewolnikami beżu?".

Zanim Marilyn odniosła sukces, mieszkania w których żyła, w niczym nie przypominały tych zamieszkiwanych przez Jackie i były dla niej raczej przystankami, niż domem, szeregiem hoteli i domów zastępczych. Kiedy została gwiazdą, kupiła jednak sobie piękne mieszkanie w Sutton Place w Nowym Jorku oraz dom w Hollywood.

Co ciekawe M.M. była (podobnie jak Jackie) bardzo wybredna w kwestii zapraszania gości.

Marilyn uwielbiała swoje łóżko

Jak wiele gwiazd Hollywood – a także jak większość z nas – Marilyn kochała spać. (Ava Gardner stwierdziła kiedyś, że urodę zawdzięcza temu, iż śpi piętnaście godzin na dobę. Czy żartowała?). Kiedyś powiedziała: „Wydaje mi się, że mam apatyczne usposobienie. Nie znoszę robić niczego w atmosferze napięcia i pośpiechu i nie jest możliwe, żebym rano wyskakiwała z łóżka". Innym razem stwierdziła: „W niedzielę, jedynym dla mnie dniu przeznaczonym wyłącznie na odpoczynek, czasem potrzebuję dwóch godzin, żeby się obudzić, rozkoszując się ostatnimi chwilami snu. W zależności od tego, co mam do zrobienia, sypiam od pięciu do dziesięciu godzin na dobę. Śpię na bardzo szerokim, pojedynczym łóżku pod ciężką kołdrą z pierza, tak w lecie, jak i w zimie. Nigdy nie zakładam piżamy ani koszmarnych koszul nocnych, bo zakłócają mi sen".

W kwestii dbania o urodę: Marilyn spała na poduszkach obleczonych w satynowe poszewki, żeby nie popsuć sobie fryzury.

Pobudka

Ani J.K.O., ani M.M. nie były rannymi ptaszkami. Obie tak naprawdę ożywały po zmroku. Wystarczy wspomnieć o nocnych spotkaniach w Bemelmans Bar w hotelu Carlyle, drinkach przed snem czy jedwabnych sukniach wieczorowych połyskujących w świetle świec.

Kiedy Marilyn została gwiazdą, zaczęła cierpieć na bezsenność, i żeby zasnąć, przez resztę życia często musiała zażywać leki, które zdarzało się jej popijać szampanem albo wódką (były to jedyne trunki, jakie tolerowała). Miała w zwyczaju zaciągać zasłony, żeby nie wpuszczać do sypialni światła, a kiedy czuła się samotna, godzinami do późnej nocy rozmawiała z przyjaciółmi przez telefon.

Jackie nie miała problemów ze snem, ale także lubiła kłaść się późno. Kiedy wyszła za J.F.K. i zamieszkała z nim w Georgetown, a później w Białym Domu, śniadanie jadała w łóżku, a następnie przyjmowała sekretarkę, żeby wydać jej polecenia i uzgodnić z nią plan dnia. Jeśli wstawała wcześniej, żeby zjeść śniadanie z dziećmi, po południu ucinała sobie drzemkę.

Przepis na zdrowy sen

Nie możesz spać? Nie musisz uciekać do starego sposobu gwiazd i sięgać po tony środków uspokajających i litry wódki! Zamiast tego zastosuj kilka prostych zasad.

Upewnij się, że w twojej sypialni jest chłodno i ciemno. Zasuń żaluzje albo zaciągnij zasłony.

Żadnej kofeiny. Żadnych ciężkich posiłków późnym popołudniem. Żadnego alkoholu.

Wieczorem nie podejmuj wysiłku fizycznego. Eksperci twierdzą, że gimnastyka doda ci energii (dobrze), co nie pozwoli ci zasnąć (źle).

Wyrzuć z sypialni telewizor. W sypialni się śpi i uprawia seks! Niektórzy eksperci twierdzą, że w łóżku nie powinno się też czytać, ale my się z tym nie zgadzamy – łóżko jest jednym z najlepszych miejsc do delektowania się lekturą!

Z tej samej beczki: pozbądź się z sypialni laptopa. Stukanie w klawiaturę zabija pożądanie! To samo tyczy się telefonu komórkowego. Jeśli już musisz mieć go przy sobie, WYŁĄCZ GO! W przeciwnym razie migające światełko nie pozwoli ci zasnąć, każąc się zastanawiać, co za ważna wiadomość / informacja / bzdura / plotka właśnie cię omija.

Nie oglądaj wieczornych wiadomości. To zbyt przygnębiające. Nie czytaj też przerażających książek, które nastraszą cię przed pójściem spać.

Weź gorącą kąpiel z solą morską i kilkoma kropelkami olejku lawendowego. Pomoże ci się zrelaksować.

Jeśli już musisz coś zażyć, spróbuj środków naturalnych, na które nie trzeba recepty, takich jak waleriana czy magnez.

Jackie rozkwitała, kiedy jej dom był pełen gości

Ze względu na swoją miłość do książek Jackie uwielbiała wylegiwać się w bibliotece. Kiedy tylko mogła sobie na to pozwolić, oddawała się lekturze, leżąc na kanapie i ignorując telefony. Z wielką przyjemnością organizowała również przyjęcia i zapraszała do siebie ludzi przed wyjściem do teatru czy na balet.

Umiała wydawać polecenia kucharzowi, ale kuchnia nie była jej ulubionym zakątkiem. Kiedyś przyznała się – brzmiało to niczym kwestia wyjęta z komedii – że jako świeżo upieczona mężatka pewnego czwartkowego wieczoru (kucharz miał wtedy wolne) postanowiła przyrządzić pieczeń. Mięso oczywiście się spaliło, kuchnia wyglądała jak pobojowisko, a ona wybuchła płaczem. Zastawszy ją w tym stanie, J.F.K. stanął na wysokości zadania i zabrał ją na kolację.

Błyskawiczny test

Jesteś Marilyn, jeśli: twój dom jest jedynym miejscem, w którym czujesz się bezpiecznie. Mogłabyś spędzać w swojej sypialni długie godziny. I często ci się to zdarza.

Jesteś Jackie, jeśli: bez względu na to, czy mieszkasz w kawalerce, czy w rezydencji, twój dom odzwierciedla twoją osobowość. Ludzie uwielbiają cię odwiedzać i podglądać, jak żyjesz.

Elegancja w alkowie

Marilyn nie znosiła spać w koszulach nocnych, ale miała bardzo wiele „zestawów" tak zwanej bielizny nocnej. Wiele z nich było wykonanych ręcznie i haftowanych (pochodziły głównie z, wciąż istniejącego, sklepu Juel Park Lingerie w Hollywood).

Jackie wolała delikatne białe koszule nocne z irlandzkiego lnu bądź cienkiej szwajcarskiej bawełny.

Dzisiejsza Jackie / Marilyn do snu może włożyć wycięty w serek podkoszulek swojego (obecnego lub byłego) chłopaka (wyłącznie biały). A naszyjnik z pereł? Prawda jest taka, że im częściej będzie go nosić, tym lepiej będzie na niej wyglądać. Co więcej każdy z jej przyszłych adoratorów będzie się zastanawiał nad jego pochodzeniem.

Prawdziwa Marilyn miała przepiękne stopy. Wyglądały dobrze nawet w żenujących klapeczkach z piórkami! Poświęcała im tyle uwagi, że były prawie tak powabne jak jej dłonie.

Jackie w domu nosiła wygodne mokasyny firmy L.L. Bean (na niej wyglądały stylowo) albo baletki marki Delman. Miała dość duże stopy, o które bardzo dbała, ale których zawsze się nieco krępowała[1].

Dzisiejsza Jackie / Marilyn często chodzi po domu boso, co nie tylko jest bardzo zdrowe dla stóp, ale sprawia, że goście, którzy słabo ją znają, mają wrażenie, że jest bezbronna (Jackie rzadko wywołuje takie uczucia). Czerwony albo bardzo mod-

[1] Zanim Jackie została żoną J.F.K., jej przyszła szwagierka Ethel Kennedy wyśmiewała się z jej rozmiaru buta – czterdzieści jeden – nazywając jej stopy „kajakami". Biedna Jackie!

ny ostatnio cielisty lakier na paznokciach u nóg mimochodem zaintryguje gości płci męskiej.

Jackie i Marilyn w kuchni

Pamiętaj – to, że zapraszasz mężczyznę do siebie, zupełnie wystarczy. Nie musisz niczego gotować.

Szczególnie dotyczy to Marilyn – jedyne, co musi zrobić, by wywrzeć na kimś wrażenie, to po prostu się pojawić. M.M. nie była typem kobiety, od której mężczyźni oczekiwali, że będzie harować w przy garach. Sama w sobie była wystarczająco apetycznym kąskiem, a jeśli postanowiła coś jednak upichcić, to bez względu na efekt dodawało jej to jeszcze więcej uroku.

Trzeba przy tym zauważyć, że Marilyn była całkiem dobrą, a w porównaniu z Jackie nawet świetną kucharką (serio!)[1]. Jej typowy posiłek składał się z mięsa i warzyw. Czasem przyrządzała coś meksykańskiego, ale jej kuchnia nigdy nie była zbyt egzotyczna – wolała jeść tradycyjnie. Dziennikarz magazynu „People" zauważył kiedyś: „Była dobrą kucharką. Trudno jej było wyjść z domu, więc gotowała". Posiadała nawet składający z się z dwunastu różnych garnków zestaw od Le Creuset, który można znaleźć w kuchniach jedynie największych pasjonatów sztuki kulinarnej[2]. Na przyjęciu u Marilyn mogła pojawić się jajecznica na tostach i krewetki w sosie ze słoika (przełożone,

[1] Kiedy Jackie była starsza i w sezonie polowań na lisy pomieszkiwała w domu pani Mellon w Middleburgu, odkryła mrożonki Lean Cuisine i oszalała na ich punkcie.

[2] Zestaw Marilyn sprzedano na aukcji w roku 1999 za dwadzieścia pięć tysięcy dolarów (jego wartość wynosiła osiemset dolarów).

rzecz jasna, do eleganckiej porcelanowej miseczki). Chociaż wyszukane potrawy nie były jej mocną stroną, nadrabiała to prezentacją – tak samo jak ubrania potrawy potrafiła komponować z wielką fantazją.

Marilyn prowadziła również zeszyt, w którym własnoręcznie zapisywała wybrane przepisy zdobywane od (między innymi) swojego masażysty Ralpha Robertsa. Uwielbiała potrawy meksykańskie, a w jej zbiorach znajdowała się, podniszczona od częstego używania, bindowana wersja *Elena's Favorite Mexican and Spanish Recipies* (1950) („Ulubione przepisy kuchni meksykańskiej i hiszpańskiej Eleny") w miękkiej okładce. Niestety pozycji tej już się nie drukuje, ale wciąż można dostać ją *online*.

Notatki robocze: organizacja przyjęć. Styl Jackie kontra styl Marilyn

W świecie konwenansów społecznych Marilyn biła Jackie na głowę, bo zupełnie się nimi nie przejmowała. Wiedziała, że nawet w najbardziej napuszonym i nudnym towarzystwie może polegać na swoim seksapilu, który bezbłędnie rozładowuje sytuację.

Po drugiej wojnie światowej, w okresie, kiedy w Stanach panował zastój, Marilyn była kreatywną panią domu. Pod koniec lat pięćdziesiątych, gdy wraz z mężem Arthurem Millerem zamieszkała w Connecticut, robiła domowy makaron, który później zawieszała na oparciu drewnianego kuchennego krzesła i suszyła suszarką do włosów. Istnieje zdjęcie, na którym M.M. i Gina Lollobrigida „gotują obiad w domu w Los Angeles". Lollobrigida wygląda, jakby doglądała garnków i obsługiwała piec, podczas gdy M.M. pozuje w drzwiach w pięknej czarnej sukience koktajlowej.

Pamiętaj więc, że jeśli wydajesz przyjęcie, a twoja kaczka w pomarańczach spaliła się na węgiel, zbagatelizuj nieszczęście i ściągnij uwagę wszystkich na siebie! Podkręć muzykę i zaproś gości do tańca. Następnie podaj więcej lodu i uzupełnij wszystkim szklanki.

A teraz słów kilka o wystawnej kolacji połączonej z imprezą. Jeśli jesteś Jackie albo Marilyn, to pamiętaj, że optymalny stosunek liczby mężczyzn do liczby kobiet powinien wynosić sześć do jednego. To oczywiście żart, ale coś w tym jest! Jackie była bardzo pedantyczna jeśli chodzi o usadzanie gości. Dbała, by siedzieli na przemian: mężczyzna, kobieta, mężczyzna, kobieta. Bez wątpienia rozsadziłaby też małżeństwa, żeby mężowie i żony mogli trochę od siebie odetchnąć.

Marilyn przygotowywała się do przyjęcia podobnie jak do randki (albo rozmowy o pracy czy przesłuchania, bo w jej przekonaniu wszystkie te okazje były podobne), tyle że z większym rozmachem. Najważniejsza była ona, a na drugim miejscu jej strój. Pamiętała również, by zrobić *manicure*, *pedicure* i żeby na trzy dni przed przyjęciem zafarbować włosy na platynę. Wszystkie.

Chcesz wydać przyjęcie w stylu Marilyn? Opróżnij pojemniki z lodem do wiaderka i przygotuj kolejną porcję. Następnie włóż do lodu szampana (trzy butelki zarezerwuj dla siebie).

Nie zapominaj o muzyce. Dzień lub dwa przed imprezą włóż do wazonów świeże kwiaty, żeby zdążyły się otworzyć. W zaciszu domowym Marilyn uwielbiała odkurzać, więc ty też możesz się o to pokusić, dla zasady, bo z pewnością nikt nie zwróci uwagi na efekt.

Jackie oczywiście była perfekcjonistką w kwestii planowania przyjęć. Dla niej liczyły się przede wszystkim szczegóły, szczegóły i jeszcze raz szczegóły. Bez względu na to, czy zapraszała gości do Białego Domu, czy do swojego prywatnego mieszkania, stawała na głowie, planując, co podać na pierwsze danie. I ta porcelana! Miała tyle zestawów – i to nie byle jakich – że mogłaby otworzyć sklep. Posiadała zabytkową chińską porcelanę, angielską kostną, wyroby legendarnej irlandzkiej firmy Belleek, które prezydent Kennedy dostał w prezencie podczas pobytu w Irlandii, oraz zastawę z francuskiego Limoges. W domu na wyspie Vineyard używała luksusowych szklanych naczyń marki Simon Pearce albo bardziej swojskich biało-niebieskich wyrobów firmy Spode. A co z obrusem? Jackie lubiła kolorowe francuskie serwety Porthault albo delikatne obrusy z Irlandii. Jeszcze świece – wysokie, niekapiące, w kolorze białym, a podczas bożonarodzeniowego śniadania w czerwonym.

Szczęściarzy, którym dane było dostać zaproszenie na kolację u Jackie, czekał perfekcyjnie zaplanowany poczęstunek.

Jackie bardzo blisko współpracowała z kucharzem. Często posyłała mu liściki, w których punktowała rzeczy wymagające poprawy, na przykład: „Kawa nie wystarczająco gorąca!", „Proszę wcześniej wyciągać suflet z pieca", „Na śniadanie dla dzieci świeży sok pomarańczowy, nie z lodówki".

Jeśli kolacja wyjątkowo się udała, przed pójściem spać Jackie wysyłała do kuchni podziękowanie (również napisane odręcznie).

Na stole u Jackie

Na szwedzkim stole w środku nowojorskiej zimy Jackie mogłaby postawić gotowanego łososia w zielonym sosie, jambon persillée (pikantną potrawę z szynki), sałatkę jarzynową z selera i innych warzyw, plasterki pasztetu i koszyk dobrego, sycącego pieczywa.

Mogłaby również poprosić, żeby ktoś z kuchni skoczył po „cieniutką jak papier tartę jabłkową", którą następnie kazałaby podgrzać i podać na deser z lodami waniliowymi.

Menu na przyjęcie u Jackie – zimowy nowojorski szwedzki stół

sałatka jarzynowa
plasterki Pâté de Foire Gras
jambon persillée

gotowany łosoś w zielonym sosie
schłodzony biały burgund, na przykład Puligny-Montrachet, albo kalifornijski chardonnay, na przykład Kistler.

Zielony sos

Żeby się udał, wszystkie składniki powinny mieć temperaturę pokojową.

Majonez
3 żółtka
1 łyżka stołowa soku z cytryny albo octu winnego
sól i biały pieprz
musztarda w proszku
2 ¼ szklanki oliwy z oliwek (ewentualnie oleju rzepakowego)

Zielenina
½ szklanki świeżego szpinaku
½ szklanki rzeżuchy
pietruszka
2 łyżki stołowe świeżego szczypiorku
1 łyżeczka świeżego estragonu

W ciepłej, średniej wielkości miseczce ubijaj żółtka przez 1–2 minuty, aż zgęstnieją. Mieszając, dodaj sok z cytryny albo ocet i dopraw do smaku solą, pieprzem i musztardą. Połącz wszystkie składniki, ucierając przez niecałą minutę.

Nie przestając ucierać, zacznij powoli dodawać oliwę. Kiedy dodasz już połowę szklanki i mikstura uzyska konsystencję średniej gęstości sosu, możesz zacząć dolewać jej odważniej – po 1–2 łyżki stołowe naraz.

Ucieraj i dodawaj oliwy do momentu uzyskania odpowiedniej konsystencji (wedle gustu). Jeśli majonez będzie za gęsty, możesz rozcieńczyć go sokiem z cytryny albo octem. Jeśli zaś wyjdzie zbyt rzadki, dodaj więcej oliwy (nie musisz zużywać dokładnej ilości podanej w przepisie).

Szpinak, rzeżuchę, pietruszkę, szczypiorek i estragon zmiksuj lub drobno posiekaj i zalej ¼ szklanki wody. Gotuj pod przykryciem na małym ogniu przez mniej więcej 3 minuty. Następnie odsącz na drobnym sitku.

Zmieszaj zieleninę z majonezem. Podawaj z gotowanym łososiem.

Na stole u Marilyn

Menu na przyjęciu u Marilyn nie odbiegało za bardzo od tego, co gwiazda jadała każdego wieczoru. Jeśli organizowałaby imprezę w swoim domu w Los Angeles, na początek podałaby prostą wiosenną sałatkę z plastrami pomidorów i sosem winegret. Następnie poprosiłaby jednego z gości płci męskiej (na przykład swojego charakteryzatora Allana Snydera), żeby rozpalił grill, i przyrządziłaby steki albo kotlety z baraniny, a do nich krem ze szpinaku i pieczone ziemniaki. W razie wątpliwości zachowałaby się jak słynna kucharka Julia Child i okrasiła wszystko dodatkową porcją prawdziwego masła.

Menu na przyjęcie u Marilyn – kolacja o zmierzchu w Los Angeles

prosta wiosenna sałata z plasterkami pomidorów i sosem winegret
baranina z kremem ze szpinaku
pieczone ziemniaki
lody mandarynkowe domowej roboty
Dom Pérignon albo schłodzona wódka z lodem

Ulubione lody mandarynkowe Marilyn

1 niepełna szklanka cukru
1¼ szklanki wody
starta skórka z 4 mandarynek
3¾ szklanki soku mandarynkowego
sok z 1–2 cytryn

Gotuj wodę z cukrem przez dziesięć minut, aż zgęstnieje. Do gorącego syropu dodaj startą skórkę mandarynki. Nieco ostudź i dodaj sok mandarynkowy i cytrynowy. Skosztuj, czy mikstura jest wystarczająco słodka i kwaśna (mandarynki różnią się smakiem). Jeśli tak – porządnie ostudź, odcedź i zamróź.

Przekąski Marilyn

Ulubioną przekąską Marilyn były pomidorki koktajlowe nadziewane kremowym serkiem i kawiorem. Możesz podać je podczas następnego przyjęcia, nawet jeśli masz dwie lewe ręce do gotowania.

Typowa domowa kolacja

W przeciwieństwie do Jackie Marilyn nie była wybredna w kwestii jedzenia. Jeśli kiedykolwiek oglądałaś serial *Mad Men*, to możesz sobie wyobrazić, czym według niej była „domowa" kolacja z przyjacielem. Będąc w Los Angeles, na wieczorny posiłek wybierała grillowany stek z pieczonymi ziemniakami i sałatką. Jej towarzysz do kolacji popijał wódkę z tonikiem, a ona szampana z truskawką.

Gust kulinarny Marilyn był bardzo amerykański i bardzo podobny do preferencji Johna F. Kennedy'ego, który na lunch najchętniej jadał – nawet kiedy mieszkał w Białym Domu – grillowany ser i zupę pomidorową Campbell. Dla przeciwwagi w stosunku do francuskiego podniebienia Jackie John lubił bostońską zupę z małży (kucharze w każdym z jego domów wiedzieli, że w lodówce zawsze muszą mieć świeży zapas, który w jednej chwili może zostać odgrzany), a na deser lody czekoladowe i butelkę heinekena.

Jackie zawsze miała kucharza i gosposię[1], a w późniejszych latach korzystała z pomocy niani swoich dzieci, Marty Sgubin, znakomitej kucharki. Zawsze więc jadła pyszne posiłki, przyrządzone dokładnie tak, jak chciała.

Prosta kolacja na wyspie Martha's Vineyard

Gdy Jackie jadała samotnie, Marta przyrządzała dla niej przeważnie grillowaną solę w sosie ze szczypiorku i ćwiartkami cytryny albo wołowinę bez kości.

Przyrządzając wołowinę, Marta nacinała w niej kieszonkę i wypełniała ją drobno posiekanymi aromatycznymi warzywami podsmażonymi na maśle. Resztki warzyw zostawiała na patelni i zalewała je porto lub marsalą, po czym uzyskanym w ten sposób sosem polewała mięso. Jeśli Jakie jadła sama, unikała skrobi, więc Marta przyrządzała dla niej dwa rodzaje warzyw (jak wiele osób z wyższych sfer J.K.O. lubiła, by były one małe). Często podawała warzywa pokrojone w słupki, kapustę i marchewki podsmażone na oleju sezamowym lub gotowane na parze brokuły i kalafior.

I to wszystko wyłącznie dla Jackie.

[1] Kiedy była żoną Onasisa, na pokładzie jachtu Christina miała dwóch francuskich szefów kuchni do całodobowej dyspozycji.

Apetyt Jackie na słodycze

Dzisiejsza Jackie lubi słodycze – jest uzależniona od karmelków i gorzkiej czekolady. Obok cukierni nie potrafi przejść obojętnie.

Prawdziwa Jackie, kiedy towarzyszyła mężowi w kampanii prezydenckiej, zawsze miała w torebce tabliczkę czekolady (marki Hershey, z migdałami), na wypadek gdyby czekały ich wielogodzinne przerwy między posiłkami.

Barek Marilyn i Jackie

Po pierwsze musimy pamiętać, że ani Jackie, ani Marilyn nigdy nie musiały same przygotowywać sobie drinków. Pozwalały robić to mężczyźnie, który akurat był w pobliżu, dając mu szansę, by stał się użyteczny. Oto kilka trunków, które zawsze miały w zanadrzu: wódka, gin, amerykańska żytnia whisky, klasyczna whisky, wermut, bourbon, szkocka single-malt, rozmaite białe wina. W barku jednej i drugiej nie mogło również zabraknąć mięty (niezbędnej do przyrządzenia koktajlu southside, które Jackie pokochała podczas swoich pierwszych lat w Locust Valley), syropu cukrowego, cytryn, limonek i wody gazowanej.

Czasami Jackie piła słodką wodę Perrier z małych butelek. Podczas przyjęć na Martha's Vineyard stawiano je obok szwedzkiego stołu, w niskich drewnianych wiadrach wypełnionych lodem (w jednym umieszczano butelki Perrier, a w drugim piwo Beck's dla Johna i jego kolegów).

Jackie i Marilyn nie stroniły od alkoholu

Choć Marilyn zdarzało się pić wódkę, wolała szampana, który nie drażnił jej żołądka, więc mogła popijać go codziennie. Dostawszy butelkę ulubionego Dom Pérignon od konsula generalnego Niemiec, wysłała mu liścik: „Drogi Panie Fuehlsdorff, dziękuję za szampana. Dotarł, wypiłam go i poczułam się bardziej radosna. Z pozdrowieniami, Marilyn Monroe".

Jackie wolała nieco bardziej wyrafinowane drinki, na przykład daiquiri, mojito czy southside, chociaż białe wino z lodem – i papierosy dla przełamania smaku – też zdawało egzamin w nagłej potrzebie. J.F.K., który pił bardzo mało, potrafił cały wieczór spędzić nad jedną szklaneczką szkockiej. Lubił też daiquiri (przepis rodziny Kennedych wisiał na ścianie w kuchni Białego Domu) i piwo Heineken (wówczas nie importowano go jeszcze do Stanów, ale ojciec przywoził mu je specjalnie z Holandii). Reszta rodziny Kennedych miała – i wciąż ma – słabość do Heinekena i daiquiri (z lodem, podawanego w odpowiednich srebrnych kieliszkach.

Cóż więc zaserwuje współczesna Jackie swojemu mężczyźnie? – Naprawdę dobrą szkocką single-malt (najdroższą, na jaką jest w stanie sobie pozwolić. Może poprosić znajomych podróżujących do Szkocji czy Irlandii, żeby przywieźli butelkę). A co dla abstynentów? Dobra woda źródlana albo coca-cola.

Koktajl z szampanem Marilyn

Oba poniższe przepisy pochodzą od Dale'a DeGroffa, zdobywcy nagrody Jamesa Bearda (legendarnego kucharza) i autora książek o sztuce tworzenia drinków, którego Jackie i Marilyn z przyjemnością zaprosiłyby na przyjęcie.

Big spender („hulaka")

30 ml wybranej tequili rodzaju añejo
30 ml Clément Liqueur Créole albo pomarańczowego curaçao
15 ml soku z czerwonych pomarańczy
różowy szampan

Wlej trzy pierwsze wymienione składniki do wysokiej szklanki z lodem, zamieszaj i odstaw do schłodzenia. Przelej do lampki, dodaj szampana i udekoruj spiralką ze skórki pomarańczy, a do smaku dodaj sok z podpalanej skórki pomarańczowej.

Daiquiri według Jackie

Daiquiri

45 ml lekkiego rumu
20 ml syropu cukrowego
20 ml świeżego soku z limonki
plasterek limonki do przybrania

Wymieszaj wszystkie składniki z lodem, wstrząśnij, a następnie przelej je do małej szklanki koktajlowej. Dla ozdoby wrzuć świeży plasterek limonki.

Marilyn sięgała po alkohol, kiedy było jej smutno

Marilyn czasami pogrążała się w smutku – działo się to niezależnie od niej. Z powodu deszczu, na widok dziecka przechodzącego przez ulicę, pod wpływem artykułu w gazecie, albo dlatego, że akurat był wtorek. A czasem zupełnie bez powodu.

Jackie sięgała po alkohol, kiedy przytrafiało się jej coś naprawdę okropnego, ale szybko brała się w garść – z trzech powodów:

1. **Zagrożenie alkoholizmem.** Jackie nie chciała skończyć jak jej stuknięta ciotka „Duża Eddie" Beale czy kuzynka „Mała Eddie" (w każdej rodzinie zdarzają się czarne owce), które

wywołały ogromny skandal, doprowadzając do niemalże całkowitej ruiny posiadłość Gray Gardens w East Hampton, niegdyś dumę rodziny Bouvierów. Nie bez powodu dzieciaki z sąsiedztwa nazywały ich dom „chatą wiedźm". Dostawy zakupów (papier toaletowy, sardynki w puszce, krakersy, masło orzechowe) zostawiano kobietom przez drzwiami wejściowymi. Trudno to sobie wyobrazić, ale dom był w tak złym stanie, że filmowcy, którzy kręcili dokument o pani i pannie Beale, wchodząc do środka, zakładali wokół kostek obroże przeciw pchłom.

Kiedy „Duża Eddie" zmarła, jej dom za miliony dolarów kupiła para celebrytów. Budynek rozebrano, a następnie pieczołowicie odbudowano i przywrócono do stanu dawnej świetności. Podobno kiedy pada, wciąż czuć w nim kocim moczem[1].

2. **Próżność.** Na samą myśl o kobietach z Florydy, które za dużo piją i palą oraz smażą się na słońcu, można dostać ciarek. Na skórze pojawiają się im plamy starcze, a wokół ust drobne zmarszczki, które widać nawet wtedy, kiedy się nie uśmiechają. Grubo przed czterdziestką zaczynają wyglądać, jakby były dobrze po osiemdziesiątce. Jackie nie chciała skończyć tak jak one.

3. **Pijana, połamana.** Kiedy jest się pod wpływem, bardzo łatwo spaść z konia. Oczywiście Jackie nigdy się to nie przytrafiło.

---

[1] Niewiele osób wie, że Jackie co miesiąc wysyłała swojej ciotce Edith Ewing Bouvier Beale („Dużej Eddie") i kuzynce Edith Bouvier Beale („Małej Eddie") czek. Po śmierci Jackie pomoc kontynuował jej syn J.F.K. Junior.

Dla odzyskania życiowej równowagi

Jackie używała środków podnoszących poziom energii, paliła papierosy, popijała białe wino z lodem i brała zastrzyki z witaminą B12. Marilyn stosowała popularne w latach sześćdziesiątych wspomagacze, czyli środki uspakajające, wódkę i tabletki nasenne. Obie lubiły szampana – Jackie Veuve Clicquot, a Marilyn, jak pamiętamy, Dom Pérignon rocznik pięćdziesiąty trzeci.

Jackie i Marilyn z wizytą

Marilyn z wizytą. Po pierwsze sam fakt goszczenia współczesnej Marilyn jest już pewnym przewrotem, więc to, czy zechce ci w czymś pomóc, nie ma znaczenia. Marilyn z pewnością bez wahania położy się na podłodze, żeby pobawić się z dziećmi albo szczeniaczkiem, ale na zmywarkę będzie patrzeć jak na przybysza z kosmosu.

Nie ma wątpliwości, że na kolację przyjdzie wystrojona, ale nie wykaże najmniejszego zainteresowania sprzątaniem ze stołu.

Jackie z wizytą. Jackie jest wymarzonym gościem, ponieważ w wielu sprawach sprawdza się jak nikt inny. Podejmuje się jednak wykonania czynności, którymi zwraca na siebie uwagę, albo takich, dzięki którym zbiera pochwały. Potrafi zrobić rewelacyjne cappuccino, czekoladowe ciasteczka, za którymi wszyscy szaleją, a na urodziny przyjaciela upiec trzywarstwowy tort. Jeśli się ją o to poprosi, w każdej chwili jest gotowa recytować poezję, wznieść toast albo zebrać drużynę do gry w kalambury.

Po kolacji Jackie zasiądzie wśród męskiej części towarzystwa i będzie zabawiać panów interesującymi historiami z książek, które właśnie przeczytała.

Dzień z życia Jackie kontra dzień z życia Marilyn

Jackie codziennie budzi się z gotowym planem dnia. I to nie tylko dla siebie! Planuje dzień dla wszystkich wokół: dzieci, męża i sprzedawcy z kafejki za rogiem. Nic na to nie poradzi, jest przecież zodiakalnym Lwem.

Będąc żoną wpływowego mężczyzny (albo mając taki zamiar), lepiej rozumie historię i to, jakie zajmuje w niej miejsce. Świetnie odnalazłaby się w pracy skromnego nadzorcy biblioteki prezydenckiej.

Kiedy się budzi, niemal od razu sięga po listę spraw do załatwienia. Musi wielu rzeczy dopilnować, doglądnąć dzieci i wybrać menu na kolację.

Zupełnie inaczej rzeczy mają się w przypadku dzisiejszej Marilyn, która w życiu niemal wyłącznie kieruje się zachciankami. Budzi się rano i zaczyna się zastanawiać: „Co chcę dzisiaj robić?". A później realizuje swoje marzenie.

Albo i nie.

Marilyn jest śpiącą królewną i miłośniczką nieprzepuszczających światła zasłon, mikstur nasennych i maseczek zasłaniających oczy. Sen jest dla niej bardzo ważny – twierdzi, że cierpi na bezsenność – a idealny dzień to taki, kiedy nie musi wstawać, by iść na plan filmowy (albo do biura) i może pospać aż do południa.

Jackie i Marilyn jako matki

Chociaż współczesna Marilyn ma dobre intencje, trudno wyobrazić ją sobie z dziećmi. Jest zbyt dziecinna! W żadnym wypadku nie jest rannym ptaszkiem, a przecież dzieci, cóż, lubią wcześnie wstawać, chcą też być karmione, kąpane, ubierane i przytulane o najdziwniejszych porach.

Co więcej dzieci nie skoczą do sklepu po papierosy i francuski „szampon", kiedy akurat skończą się zapasy.

Współczesna Marilyn cały czas ma w pamięci własne dzieciństwo. Najpewniej był to dla niej trudny czas. Może w przeszłości w jej rodzinie zdarzyła się niewytłumaczalna, dziwna tragedia, o której lepiej nie wspominać w jej obecności (którą jednak sama wykorzystuje, kiedy chce dodać sobie patosu na ekranie, albo kiedy potrzebuje wymówki, by nie wstać z łóżka po kłótni z reżyserem). Możliwe, że cierpi na niezdiagnozowane „kobiece schorzenie", które uniemożliwia jej posiadanie potomstwa. Kompensuje to sobie nadmierną opiekuńczością wobec małych, puchatych piesków i nie może znieść nieuprzejmości (ani uprzedzeń) w żadnej formie.

Jackie z kolei k o c h a dzieci i żyje niemal wyłącznie dla nich. W pewnym sensie próbuje w ten sposób uleczyć własne dzieciństwo – miała nadmiernie surową matkę i ojca, który był zwykle nieobecny. W relacjach z dziećmi stara się nie powtórzyć błędów swoich rodziców[1].

Kiedy Marilyn zostaje matką

Nie ulega wątpliwości, że dzisiejsza Marilyn kocha swoje dzieci, choć wychowuje je dość swobodnie, w szczególności jeśli weźmiemy pod uwagę plagę dzisiejszych przewrażliwionych mam. Z pewnością ekscytuje ją pomysł posiadania potomstwa (tak samo jak pomysł przeobrażenia się w brunetkę, ugotowania czterodaniowego obiadu albo paradowania w okularach), ale jako matka jest nie tyle niedbała, co roztrzepana. Wokół jest w końcu tyle rzeczy rywalizujących o jej uwagę: nowy scenariusz, żółte róże w wazonie na parapecie, meksykański torreador, którego kiedyś spotkała...

Być może czeka właśnie na nową rolę, testuje nową szminkę albo planuje po raz czwarty wyjść za mąż za Tego Jedynego! Wypełnia ją nadzieja! Kipi w niej optymizm! Któż w takim stanie przejmowałby się pisaniem usprawiedliwień do szkoły albo soczkami owocowymi?

Pamiętajmy jednak, że Marilyn bezgranicznie kocha małe dzieci i one też ją kochają. Dzidziusie są takie słodkie i fotogeniczne – trochę tak jak ona.

Jeśli współczesna Marilyn zdecyduje się jednak na macierzyństwo, będzie potrzebowała dużo wsparcia i pomocy wielu osób. W pobliżu zawsze będzie czekać niania (albo i dwie)

[1] Owszem, może z boku Jackie zdawała się nieco nadopiekuńcza, ale było to nic w porównaniu z jej matką.

gotowa zająć się słodkim maleństwem. I to właśnie niania albo dzieci, kiedy już osiągną odpowiedni wiek (powiedzmy pięciu, sześciu lat), będą musiały pełnić rolę „mamy" wobec Marilyn. (Taki scenariusz sprawdził się w przypadku potomstwa Judy Garland, Lizy Minnelli czy Lorny i Joeya Luftów).

Żeby zobaczyć, jaką mamą naprawdę będzie Marilyn, wystarczy spojrzeć, jak traktuje swoje zwierzaki. Nie grzeszą one dobrymi manierami. Bez przerwy szczekają i śpią na łóżku. Jeśli pies staje się zbyt kłopotliwy, zostaje oddany charakteryzatorowi albo sekretarce. Liczba zwierzaków domowych przewijających się przez jej dom jest spora, więc lepiej się do nich nie przywiązywać. (Wywołuje to nieświadomy niepokój w jej dzieciach, które otrzymują jasny sygnał: „Weź się w garść, bo inaczej stąd wylecisz!". Mają więc prawo się bać).

Kiedy synek pyta ją, gdzie podział się Burek, bez zająknięcia odpowiada: „Przeprowadził się na wieś".

Przeważnie dzieci Marilyn bardzo wcześnie (w wieku czterech lat) wysyłane są do szkoły z internatem. Brytyjczycy mieli rację – dzieci trzeba hartować od małego. Im wyższe czesne oraz wskaźnik sław wśród rodziców uczniów, tym lepiej[1].

Dzisiejsza Jackie jako matka

Dzisiejsza Jackie jest naprawdę wspaniałą matką, podobnie jak oryginalna J.K.O.

[1] Na przykład legendarna szwajcarska Le Rosey to szkoła wprost wymarzona.

To typ wyluzowanej mamy – jej dzieci często przyjmują gości, którzy uwielbiają przebywać w domu Jackie (w szczególności jeśli mają kłopoty we własnej rodzinie).

Do jej nielicznych wad należy przesadna surowość. Nie warto z nią pogrywać. Kiedy wchodzi do pokoju, należy wstać (jak nakazuje stary dobry zwyczaj). Lepiej nie zapominać o kartce z podziękowaniami za prezent na gwiazdkę czy na urodziny – kartka ma być ładna i należy wysłać ją pocztą, nawet jeśli mieszka się pod tym samym dachem. Mama Jackie nie omieszka oczywiście sprawdzić pisowni i skomentować błędów. Przeczyta kartkę powoli i uważnie, upewniając się, że miłość, humor i szacunek utrzymane są w odpowiednich proporcjach (nawet jeśli nadawcą jest jedenastolatek).

Dziecko J.K.O. nie ma łatwego życia. Ma przynosić dobre stopnie, odpowiednio się ubierać jeśli wychodzi do ludzi (do kościoła lub na państwowe uroczystości) oraz umieć grzecznie się przywitać i patrzeć w oczy nowo poznanym ludziom. Jeśli zdarzy się mu / jej przytyć, zgarbić albo źle zachować przy stole, z pewnością się o tym nasłucha.

Należy jednak pamiętać, że przy całej swej surowości mama J.K.O. od siebie wymaga równie dużo.

Najważniejsze jest to, że jej dzieci znają swoje miejsce we wszechświecie. („Komu wiele dano, od tego wiele się wymaga"). Kiedy narozrabiają, rozbiją samochód, zostaną przyłapane na jakimś wybryku i wylądują na pierwszej stronie brukowców, to nie wizja publicznego upokorzenia czy nawet wpis do policyjnej kartoteki każe się im nad sobą zastanowić – lecz respekt przed matką. To on trzyma je w ryzach.

Prawdziwa Jackie była świetną matką. Zachęcała Caroline i Johna, żeby rozwijali swoje zainteresowania, ale równocześnie wiele od nich oczekiwała. Starała się chronić ich przez skutkami ubocznymi posiadania dwojga sławnych rodziców (ich ojcem był w końcu ukochany prezydent). Po śmierci J.F.K. bycie matką stało się jej życiową misją. „Jeśli źle wychowasz dzieci, to nie sądzę, by istniał sposób, żeby to nadrobić", twierdziła.

Ted Kennedy tak opisywał stosunek Jackie do dzieci: „Jej miłość do Caroline i Johna była głęboka i bezwarunkowa. Cieszyła się z ich osiągnięć i cierpiała, kiedy było im źle. Na sam dźwięk ich imion jej oczy nabierały blasku, a uśmiech stawał się szerszy".

J.F.K. Junior z całego serca kochał swoją matkę i wiedział, że ona też go kocha. Nie zmienia to jednak faktu, że czasem musiał odreagować i uciec od jej dalekosiężnego (choć troskliwego) wzroku. Spotykał się z całą rzeszą top modelek. Albo wskakiwał do samolotu do Memphis, wypożyczał samochód i jechał do jakiejś zapadłej dziury, gdzie nikt go nie znał. Przesiadywał w naprawdę parszywych knajpach, spał w marnych motelach, tańczył (był wyjątkowo dobrym tancerzem), pił piwo z butelki i słuchał bluesa. Nikt go nie zaczepiał, nikt się za nim nie oglądał, większość ludzi nie wiedziała, kim jest. I bardzo mu się to podobało.

Jackie miała wobec swoich dzieci wysokie wymagania. Nie podobał jej się pomysł Johna, by zostać aktorem, ani to, że spotykał się z Daryl Hannah i Madonną. Oczekiwała, że przede wszystkim ukończy prawo – później mógł decydować, co dalej. Pragnęła również, by jej dzieci miały własne zdanie. Kiedy w 1986 roku Caroline wychodziła za Edwina Schlossberga, Jackie w żaden sposób nie próbowała wpłynąć na wybór jej sukni ślubnej. Według Caroliny Herrery, przyjaciółki J.K.O., która projektowała kreację, „Jackie nie wtrącała się do sukni ślubnej

Caroline, mówiła: »Nie zamierzam się wtrącać, bo to Caroline ją włoży. Chcę, żeby była szczęśliwa«".

Przyjaciel Jackie Charles Whitehouse twierdził, że J.K.O. była świetną mamą, ponieważ „nigdy nie mówiła źle o ludziach. Nigdy, nawet w subtelny sposób, z nikogo nie drwiła. Mówiąc o cudzych słabościach, nie osądzała. Jeśli czegoś nie pochwalała, nie ukrywała tego, ale współczuła ludziom z problemami".

Psy i inne zwierzaki Jackie i Marilyn

Lubię zwierzęta. Kiedy rozmawiam z psem albo kotem,
nigdy nie każą mi się zamknąć.

M.M.

Jackie i Marilyn kochały zwierzęta – być może dlatego, że są czułe i zależne od swoich właścicieli, a może ponieważ nigdy nie proszą o autograf i nie pertraktują z brukowcami.

Obie były miłośniczkami psów.

Jackie w ciągu swojego życia miała wiele zwierząt. Bardzo wiele. Jako dwulatka była właścicielką Hootchie, czarnego teriera szkockiego (jeździła z nim na wystawy do East Hampton). Kiedy podrosła, dostała swoją ukochaną klacz Danseuse, którą zabrała ze sobą do szkoły z internatem (po śmierci Danseuse została pochowana na terenie „farmy" rodziny Auchincloss w Newport). W Białym Domu Jackie miała całe stadko zwierzaków. Należał do nich Charlie, terier walijski, kocur Tom Kitten, kanarek Robin, dwie papużki Bluebell i Marybelle oraz kucyk Caroline imieniem Macaroni. Oprócz tego para prezydencka posiadła jeszcze dwa kucyki, Texa i Leprechauna, oraz chomiki o imionach Debbie i Billie. Jakby tego było mało, mieli też mnóstwo innych psów, między innymi owczarka niemieckiego Clippera (zapytana kiedyś, co Clipper jada, Jackie uśmiechnęła się i odparła: „dziennikarzy"), Pushinkę (prezent od Chruszczowa) oraz Shanon i Wolfa, które dostali do przyjaciół z Irlandii. Nie można również zapomnieć o szczeniakach Pushinki i Charliego. Nosiły wdzięczne imiona: Butterfly, White Tips, Blackie i Streaker.

Kiedy Jackie opuściła Waszyngton i przeprowadziła się do Nowego Jorku, była zmuszona znacznie ograniczyć liczbę czworonożnych przyjaciół. Zabrała więc ze sobą jedynie Shanon, irlandzkiego spaniela, oraz jego syna imieniem Whiskey.

Marilyn na przestrzeni całego swojego życia również miała wielu pupili, głównie psy.

Kiedy była małą dziewczynką, codziennie odprowadzał ją do szkoły czarno-biały Tippy, którego dostała od swojego ojczyma. W latach czterdziestych, gdy jako młodziutka dziewczyna mieszkała z rodziną Goddardów, miała spaniela. Poślubiając Jima Dougherty'ego, stała się współwłaścicielką owczarka collie o imieniu Muggsie. Gdy w roku 1948 podpisała umowę z wytwórnią Columbia Pictures, jej psim towarzyszem był chihuahua, a kiedy w połowie lat pięćdziesiątych przeprowadziła się do Nowego Jorku, zamieszkał z nią biały kot perski imieniem Mitsou.

Małżeństwo z Arthurem Millerem oznaczało towarzystwo basseta Hugo, który dzielił z nimi ich nowojorskie mieszkanie przy East 57th Street. Pewnego razu Marilyn i dramatopisarz Norman Rosten napoili Hugo szkocką, żeby go rozweselić. Po rozwodzie pies został z Millerem. W mieszkaniu Marilyn i Arthura przebywała również papużka.

Oprócz tego Millerowie posiadali konia Ebony, którego trzymali na swojej farmie w Connecticut. Marilyn dosiadła go jedynie kilka razy.

Ostatnim zwierzakiem Marilyn był Maf, podarowany jej przez Franka Sinatrę mały, biały francuski pudel. Sinatra odkupił go od matki Natalie Wood, a Marilyn nazwała go Maf dla żartu, z powodu domniemanych powiązań Franka z mafią. Żeby zirytować Arthura Millera, pozwalała Mafowi spać na bardzo drogim białym futrze z bobra, które od niego dostała – kiedy w małżeństwie dochodzi do podobnych rzeczy, to znak, że nie dzieje się w nim najlepiej. Po odejściu Millera Maf wrócił z Marilyn do Hollywood, a po jej śmierci trafił w ręce sekretarki Franka Sinatry – Glorii Lovel.

Biały fortepian ~~Marilyn~~ Mariah

Gladys, matka Marilyn, jako młoda dziewczyna miała biały dziecięcy fortepian. Kiedy trafiła do szpitala dla psychicznie chorych, a Marilyn odesłano do rodziny zastępczej, fortepian został sprzedany. W przeciwieństwie do Jackie Marilyn nie posiadała zbyt wiele, nic więc dziwnego, że instrument miał dla niej dużą wartość sentymentalną. Kiedy stała się sławna, zaopiekowała się matką i wynajęła detektywów, żeby odnaleźli fortepian i odkupili go dla niej. Poszukiwania zabrały jej lata, ale w końcu przyniosły rezultaty. Marilyn nie rozstawała się z instrumentem do końca swoich dni (kiedy zmarła, znajdował się w jej nowojorskim mieszkaniu przy Sutton Place).

Po jej śmierci fortepian sprzedano na aukcji w roku 1999 za sześćset sześćdziesiąt dwa tysiące dolarów. Kupiła go Mariah Carey, która ma go do dziś.

Z poradnika domowego Jackie i Marilyn

Jackie i Marilyn były „chomikami" i gromadziły absolutnie wszystko. Jackie była świadoma swojego miejsca w historii (zapewne bardziej niż Marilyn) i zanim w roku 1994 zmarła na raka w wieku sześćdziesięciu czterech lat, wraz ze swoją przyjaciółką Nancy Tuckerman usiadła przed huczącym w kominku ogniem i przeczytawszy po raz ostatni listy od przyjaciół i byłych kochanków, spaliła wszystkie jeden po drugim.

Na szczęście dla nas Marilyn nie była aż tak przewidująca. W roku 2009, prawie czterdzieści lat po jej śmierci, światło dzienne ujrzały należące do niej dwie metalowe skrzynki, zawierające paragony, korespondencję, stare rachunki i pełne uczucia liściki od T.S. Eliota.

Szczęśliwie rzeczy mniej osobiste należące do Jackie i Marilyn zostały po ich śmierci wystawione na sprzedaż. Wyprzedaż dóbr Jackie odbyła się w roku 1996 i pozwoliła na dotąd niespotykany wgląd w jej prywatne życie. Na sprzedaż wystawiono wówczas ponad tysiąc różnych przedmiotów, w tym całe mnóstwo bibelotów – od greckich antyków po popielniczki z wygrawerowanymi inicjałami J.B.K. (Jacqueline Bouvier Kennedy). Wszystkie przedmioty znalazły nowych właścicieli. W ciągu czterech dni zebrano niewiarygodną sumę trzydziestu czterech i pół miliona dolarów, która dowiodła, że wiele osób wciąż czuje więź z Jackie i Johnem F. Kennedym. Kije golfowe J.F.K. sprzedano za ponad milion dolarów, a naszyjnik ze sztucznych pereł Jackie za ponad dwieście tysięcy.

W październiku 1999 roku, podczas aukcji okrzykniętej „wyprzedażą stulecia", w domu aukcyjnym Christie's zlicytowano ponad pięćset przedmiotów, które Marilyn zostawiła Lee Strasbergowi, swojemu nauczycielowi aktorstwa, a które po jego śmierci przeszły w posiadanie jego żony Anny. Wyprzedaż wzbudziła kontrowersje, ponieważ Marilyn życzyła sobie, by Lee rozdał należące do niej rzeczy osobiste jej przyjaciołom, a ten w 1962 roku umieścił je w przechowalni. Wielu fanów poczuło się urażonych, ponieważ wierzyło, że rzeczy Marilyn powinny trafić do muzeum. Wielbiciele gwiazdy upomnieli się jednak o nią i kwoty, jakie zapłacili za jej skarby – choć nie dorównały tym, które uzyskały rzeczy Jackie – były wysokie. W licytacji brali udział: Tommy Hilfiger, Demi Moore i supermodelka Linda Evangelista. Massimo Ferragamo, prezes firmy designerskiej, zakupił parę czerwonych szpilek własnej marki za czterdzieści dwa tysiące dolarów, co, jak określił, było „okazją". Całościowy dochód z aukcji wyniósł ponad pięć milionów dolarów.

Skorpios na sprzedaż?

Kiedy w roku 1968 Jackie poślubiła Onasisa, w towarzystwie rozeszła się plotka, że „wyszła za niego dla wyspy". (W pewnym sensie była to prawda, ponieważ chciała odsunąć się od coraz bardziej niespokojnych i agresywnych nastrojów panujących w amerykańskim społeczeństwie).

W 2009 roku światem handlu nieruchomościami wstrząsnęła plotka, że Skorpios, prywatna wyspa Onasisa, została wystawiona na sprzedaż za sto siedemdziesiąt milionów dolarów i że Bill Gates, Madonna i rosyjski miliarder Roman Abramowicz są zainteresowani jej kupnem.

Posiadanie wyspy w świecie sław jest dzisiaj niemalże obowiązkowe – ma ją Leonardo DiCaprio i filmowy pirat Johny Depp (nazywa ją „wyspą mam-was-gdzieś") oraz Faith Hill, Tim McGraw, a nawet Tony Robbins. To jednak Onasis rozpoczął tę modę wśród miliarderów.

Ktoś może powiedzieć: „Phi! Wyspa, też mi coś!". Ale wystarczy wejść na Google Earth, by zobaczyć, że to naprawdę kawał ziemi. To w końcu cała w y s p a! Skorpios opisano nawet w Wikipedii (a w roku 2001 spis ludności wykazał, że zamieszkują ją dwie osoby). Poza tym wyspiarska posiadłość Onasisa obejmuje różowy dom (willę Jackie), korty tenisowe, parki, dwie urocze plaże, piękną kaplicę, w której Ari i Jackie się pobrali, i cmentarz, na którym spoczywają Onasis oraz jego dzieci: Alexander i Christina.

Atena Onasis, wnuczka magnata, w końcu ucięła spekulacje, wydając oświadczenie, że nie planuje sprzedawać Skorpios.

Sekretne sekrety Jackie. Czy wiesz, że…?

W swoim nowojorskim mieszkaniu J.K.O. nie trzymała na wierzchu zdjęcia J.F.K. W sypialni miała małą karteczkę z mszy pogrzebowej brata Johna z jego podobizną, oprawioną w srebrną ramkę.

Sekretne sekrety Marilyn. Czy wiesz, że…?

Ulubionym zdjęciem Marilyn z własną podobizną było to z pobytu w Korei, gdzie pojechała wystąpić dla amerykańskich żołnierzy. Siedziała na nim w jeepie, ubrana w puchową kurtkę, szeroko uśmiechnięta. Zawsze nosiła je ze sobą w torebce. Na jego odwrocie napisała: „To lubię najbardziej”.

10

Ach, diwą być

Dobrze ułożone kobiety rzadko tworzą historię.

M.M.

Myślę, że jestem raczej typem, który woli się nie afiszować.
Nie lubię w żaden sposób ściągać na siebie uwagi.

J.K.O.

No dobrze: być jak diwa…

W tym temacie Jackie i Marilyn mogłyby udzielić wszystkim porządnej lekcji (skorzystałaby na tym niejedna gwiazda, na przykład Mariah Carey). W kwiecie wieku obie, każda swój sposób, były primadonnami – Jackie jako maskotka świata politycznego, świata elit, i pierwsza dama, a Marilyn jako gwiazda wielkiego formatu.

Obie były diwami, ale Marilyn, jako że wywodziła się z Hollywood, błyszczała i kaprysiła bardziej. Nie miała żadnych skrupułów, każąc pozostałym członkom obsady, ekipie filmowej i reżyserom czekać na siebie na planie, podczas gdy trzeci raz z rzędu myła włosy, ćwiczyła rolę albo po prostu wyglądała przez okno.

Dlaczego? Bo było jej wolno. Bo tak właśnie robią diwy.

Grający u jej boku Clark Gable dostał zawału serca trzy dni po ukończeniu zdjęć do *Skłóconych z życiem* w roku 1960 i po kolejnych jedenastu dniach zmarł. Chociaż przez całe dorosłe życie palił trzy paczki papierosów bez filtra dziennie (plus cygara i fajkę), pochłaniał whisky litrami, a do tego stanowczo sprzeciwił się, słysząc sugestię, że najbardziej wykańczające sceny w filmie zagra za niego dubler (osobiście dał się wlec za furgonetką w nieznośnym upale), plotka głosi, że jego żona Kay obwiniała za jego śmierć właśnie brak profesjonalizmu Marilyn. (W rzeczywistości jednak było inaczej: Kay była świadoma problemów zdrowotnych męża i wiedziała, że Marilyn nie ma nic wspólnego z jego śmiercią. Co więcej zaprosiła ją na chrzest jedynego syna Clarka, który urodził się cztery miesiące po jego śmierci).

Chociaż Jackie była bardziej obyta w towarzystwie niż Marilyn (co objawiało się bierną agresją, kiedy nie podobała się jej dana osoba czy sytuacja), to nie oszukujmy się – potrafiła z równą wprawą wcielać się w prawdziwą diwę.

Jako pierwsza dama zrobiła wiele dobrego, a nawet godnego podziwu, jednak kiedy nie była w nastroju albo nie widziała w czymś sensu, to z łatwością przeistaczała się w Pierwszą-Damę-Nie-Bo-Nie.

Symulowała chorobę. Wymigiwała się ze spotkań z żonami kongresmenów i wybywała do Wirginii, na wieś, pojeździć konno, bo nie miała ochoty na k o l e j n ą nudną herbatkę w Białym Domu. Zdarzało się, że oznajmiała, iż jest „niedysponowana”, po czym fotoreporterzy przyłapywali ją, jak robi zakupy albo ogląda balet w Nowym Jorku.

Pewnego razu w Białym Domu wydano przyjęcie dla sekretarza generalnego Deana Ruska. Gości poinformowano, że pani Kennedy nie weźmie w nim udziału, bo nie czuje się dobrze. Jeden z europejskich ambasadorów, witając się z prezydentem, wyraził ubolewanie z powodu złego samopoczucia pierwszej damy i życzył jej szybkiego powrotu do zdrowia. Kiedy prezydent oddalił się na bezpieczną odległość, wyczulona na takie sprawy żona owego ambasadora powiedziała: „To dziwne, bo zaledwie godzinę temu podali w radiu, że pani Kennedy jest w Nowym Jorku na przymiarce nowej sukni u Olega Cassiniego".

Rodzina Kennedych była znana ze swojego skąpstwa i J.F.K. nie znosił szastania pieniędzmi. W roku 1961 Jakie podobno wydała ponad sto dziesięć tysięcy dolarów na „drobiazgi" (była to suma przekraczająca roczny dochód prezydenta, wynoszący sto tysięcy)[1]. Podczas kampanii prezydenckiej pewien dziennikarz wytknął pani Kennedy, że wydaje fortunę, żeby dobrze się prezentować. Jackie odpowiedziała: „W gazecie napisano, że wydaję trzydzieści tysięcy dolarów rocznie na paryskie stroje i że kobiety mnie za to nienawidzą. Nie byłabym w stanie tyle wydać, chyba że chodziłabym w bieliźnie z soboli".

Prawda jest jednak taka, że w y d a w a ł a takie sumy na stroje (choć o sobolowej bieliźnie nic nie wiadomo), a rachunki płacił ojciec prezydenta Joseph P. Kennedy. Cóż to były za rachunki! Jackie naprawdę nie szczędziła grosza, biorąc pod uwagę, że w owych czasach bardzo dobra pensja świetnie wykształconego

---

[1] Kennedy zrzekał się swojej pensji na rzecz amerykańskich organizacji skautowskich.

prawnika albo bankiera z Wall Street wynosiła jedenaście tysięcy dolarów rocznie. Dla jeszcze lepszego zobrazowania kwot, które wydawała, należy wspomnieć, że jej sekretarka Mary Gallagher, pracująca na pełny etat oraz nocami i w weekendy, dostawała rocznie cztery tysiące osiemset dolarów (co Kennedy uważali za zdzierstwo).

Wydatek rzędu trzech tysięcy dolarów na bluzkę od Givenchy (ręcznie haftowaną, o francuskim kroju, uszytą z ośmiu metrów materiału) był dla Jackie czymś zupełnie normalnym. (Bardzo dobrą podróbkę takiej bluzki można było kupić w Nowym Jorku za jedenaście dolarów).

Podczas gdy opływała w luksusy u boku Onasisa, nie miała problemu, żeby zarezerwować dla siebie cały przedział pierwszej klasy w samolocie linii Olympic Airlines. Ani żeby z powrotem wysłać samolot do Nowego Jorku po antyczne krzesło, którego zapomniała. Oczywiście miało to miejsce wiele lat temu, kiedy nikt jeszcze nie martwił się o zanieczyszczanie powietrza – nikt nawet nie wiedział, co to znaczy.

Czemu uchodziło im to na sucho?

Współczesne Jackie i Marilyn mogą być diwami, ale z umiarem. Marilyn jest zawsze bardziej rozrywkowa, bardziej skłonna do podejmowania ryzyka i zdolna do stworzenia bardziej ekscytującego widowiska – nikt nie wie, co się za chwilę wydarzy.

Musimy jednak pamiętać, że prawdziwe Jackie i Marilyn jeśli już zachowywały się jak diwy, to miały to czym podeprzeć. Były znane nie z tego, że były znane, nie z udziału w godnym pożałowania *reality show* ani nie ze skandalu, który trafił na pierwsze strony brukowców. Zdobyły sławę, bo miały talent i zapracowały na swój sukces.

Jackie była pierwszą damą Stanów Zjednoczonych, która jednoczyła naród amerykański podczas jego najczarniejszych dni w listopadzie 1963 roku. Po tragedii, jaka ją spotkała, poświęciła się wychowaniu dzieci i zaangażowała się w akcje społeczne. Nigdy nie próżnowała. Dzięki swojej energii, zdolności szybkiej regeneracji sił oraz przewidywania długofalowych efektów swoich działań, wypolerowała spuściznę J.F.K. na wysoki połysk. Bez niej prezydentura Kennedy'ego nie miałaby takiego blasku. Dzisiaj większość Amerykanów chciałoby widzieć oblicze właśnie Kennedy'ego obok wykutych w Mount Rushmore podobizn wielkich prezydentów.

Jackie włożyła również ogromny wysiłek w ratowanie pamięci historycznej Amerykanów. Kiedy była pierwszą damą, uratowała plac Lafayette, a w latach osiemdziesiątych włączyła się w walkę o stację kolejową Grand Central Terminal i kościół św. Bartłomieja na Manhattanie, pokazując społeczeństwu, że warto dbać o zabytkową architekturę – a było to w czasie, kiedy w takich rzeczach nie widziano wartości.

Marilyn była sławną aktorką, która nawet dziś rzuca na kolana cały świat. Billy Wilder powiedział kiedyś: „Nie obchodzi mnie, że spóźnia się na plan dziesięć godzin. Nikt nie potrafi tego, co ona – kiedy się pojawia, zaczynają się czary". Co więcej w swoich czasach była jedną z najlepiej opłacanych aktorek. *Słomiany wdowiec* niespodziewanie zarobił osiem milionów dolarów, co w roku jego premiery stanowiło główny przychód wytwórni Fox. Magia Marilyn wciąż oddziałuje na publiczność – w 1999 roku Amerykański Instytut Filmowy sklasyfikował ją jako szóstą największą gwiazdę wszech czasów wśród kobiet.

Notatki robocze: diwa za kulisami

W kwestii wizerunku publicznego obie nasze bohaterki były niezwykle drobiazgowe. Prywatnie jednak Marilyn była nieco niepoukładana. Na szczęście miała wokół siebie ludzi (gosposię, sekretarkę, fryzjera, wyprowadzacza psów, męża albo chłopaka), którzy porządkowali jej świat. Poza tym kiedy wychodziła z domu, wyglądała tak powalająco, że nikogo nie obchodziło, że w jej sypialni panuje totalny rozgardiasz.

Wystarczy przypomnieć sobie na przykład bezcenny popis aktorstwa, jaki dała po ogłoszeniu rozwodu z baseballistą Joem DiMaggio, po raz ostatni wychodząc z ich wspólnego domu. Ściskając ramię swojego adwokata, otoczona przez fotografów i dziennikarzy, którzy od dwóch dni biwakowali pod drzwiami, Marilyn wyglądała jednocześnie na dumną i smutną. W czarnej sukience z golfem ciasno opinającej jej kształty, z nienaganną fryzurą i makijażem (otulając się smutkiem niczym kocem), całą sobą była główną bohaterką tego dramatu.

Jackie, tak jak Marilyn, przybierała perfekcyjnie wystudiowane pozy, nie podzielała jednak luźnego podejścia aktorki do kwestii zajmowania się domem. Tak naprawdę była pod tym względem zupełnym przeciwieństwem M.M. Jeśli będąc w „Jackielandii", zrobiłeś coś „Nie Tak, Skarbie", na przykład nie zakręciłeś pasty do zębów albo nie opuściłeś deski, dla Jackie była to zbrodnia równa mordowaniu kociąt!

W dzisiejszych czasach, dla dobra stosunków rodzinnych, jeśli mieszkamy ze współczesną Jackie, najlepiej jest mieć osobne łazienki. Współczesna Jackie najbardziej na świecie nie znosi flejtuchów, a niedbałość odbiera jako afront dla swojej „jackiezofii".

Najprawdopodobniej ma rację.

Jackie kontra paparazzi

Stosunek Jackie do *paparazzi* był skomplikowany. Z jednej strony ją irytowali – w roku 1972 pozwała nawet Rona Galellę do sądu za nękanie jej i jej dzieci (sąd nałożył na fotografa zakaz zbliżania się do nich na odległość mniejszą niż pięćdziesiąt metrów)[1]. Z drugiej strony jednak miała świetne oko i potrafiła docenić dobre zdjęcie. Kiedy zamieszkiwała Biały Dom, pracował dla niej Cecil Stoughton, z którym blisko się zaprzyjaźniła. Stworzył on dla niej kilka albumów z prywatnymi zdjęciami (uwielbiała je), pamiętając o tym, by poprawić wszelkie niedoskonałości, tak żeby Jackie zawsze wyglądała korzystnie[2].

Można było odnieść wrażenie, że Jackie chciała mieć wpływ na sposób, w jaki pokazywała ją prasa. Kiedy napisał o niej jakiś brukowiec, wysyłała swoją gosposię po egzemplarz gazety. Potrafiła również zwolnić pokojówkę, do której zalecał się *paparazzo*, chcąc zdobyć poufne informacje.

[1] Po śmierci Jackie jej syn John Junior zniósł zakaz i zezwolił Galelli, by robił mu zdjęcia w miejscach publicznych.

[2] Co ciekawe Ron Galella również starał się robić Jackie jedynie „dobre" zdjęcia.

Marilyn przed obiektywem

Marilyn uwielbiała stawać przed obiektywem – zawsze i niezmiennie. Można nawet powiedzieć, że to dzięki temu stała się ikoną i gwiazdą świecącą wiecznym blaskiem. To aparat fotograficzny w większym stopniu niż kamera filmowa stworzył Marilyn, którą znamy i kochamy do dziś.

Każdy fotograf, który miał wyjątkowe szczęście pracować z Marilyn, potwierdzał, że przed obiektywem „ożywała". Douglas Kirkland, który fotografował ją dla magazynu „Look", kiedy miała dwadzieścia siedem lat, wspominał, że zjawiła się na sesję, sprawiając wrażenie „bardzo białej, niemal świecącej. Biała zjawa wpłynęła do studia jakby w zwolnionym tempie. Zdawała się błyszczeć".

Dwa dni po sesji zdjęciowej Kirkland przyniósł jej negatywy, żeby mogła wybrać ujęcia, które się jej spodobają, i odrzucić te, które nie spełniają jej oczekiwań. Marilyn zdecydowała się na dziesięć fotografii, a resztę pocięła nożyczkami.

Kirkland pamięta, że zrobiła na nim wrażenie kobiety zakochanej w obiektywie, ale jednocześnie wytrawnej profesjonalistki.

A *paparazzi*? Mimo że w tamtych czasach nie byli jeszcze tak agresywni jak dzisiaj, to bez wątpienia prześladowali Marilyn. Czasami zdarzało im się potwornie naruszać jej prywatność, jak wtedy, gdy pragnęła wziąć cichy cywilny ślub w San Francisco z Joem DiMaggio, albo kiedy kilka miesięcy później doszło między nimi do rozwodu. Na widok tłumu, który ją wtedy osaczał, aż cierpnie skóra.

W przeciwieństwie do Jackie Marilyn była zawsze czarująca i zawsze znajdowała czas, by zapozować (na przykład podczas premiery filmu) oraz przystanąć i porozmawiać z fanami i fotoreporterami, nawet w swoim „prywatnym" czasie.

Współczesna popkultura

Kobiety z duszą J.K.O. i M.M. – choć niekoniecznie są idealnymi kopiami swoich pierwowzorów – żyją wśród nas. Oto kilka przykładów:

Współczesne Jackie

Amanda Burden, Tory Burch, Michelle Obama, Natalie Portman, Jennifer Garner, Kate Spade, Diane Sawyer, Marina Rust, Susan Fales-Hill, Marjorie Gubelmann, Cate Blanchett, Iman,

Tina Fey, Cynthia Rowley, Anna Wintour, Amanda Brooks, Katie Holmes, Cornelia Guest, Patricia Duff, Diane Von Furstenberg (ze śladami Marilyn), Patricia Clarkson, Minnie Mortimer, Sandra Bullock, Plum Sykes, Nicole Kidman.

Współczesne Marilyn

Scarlett Johansson, Angelina Jolie, Penelope Cruz, Jennifer Lopez, Goldie Hawn, Pink, Christina Hendricks, Kate Moss, Jessica Simpson, Naomi Campbell, Mariah Carey, Rihanna, Mary J. Blige, Megan Fox, Drew Barrymore, Kelly Ripa, Christina Aguilera.

Boska M. za kulisami

Mimo swojego uroku Marilyn bywała nieznośna. Słodycz i blask to nie wszystko, co w sobie kryła. Przede wszystkim w każdej dziedzinie życia podążała za swoim własnym wewnętrznym zegarem. Choć czekały na nią tłumy, a czasem nawet cały świat, nie wychodziła na scenę, póki nie była przygotowana i nie czuła się w formie. Kiedyś wyznała: „Niezmiennie spóźniam się na umówione spotkania. Czasem nawet dwie godziny. Próbowałam się zmienić, ale powody, dla których się spóźniam, są zbyt poważne i zbyt przyjemne".

Jeśli ktoś nie był w niej zakochany (rzadkość, prawdopodobnie jeszcze jej nie spotkał) albo dopiero się w niej zakochiwał, nie zdawał sobie sprawy, że bycie z Marilyn potrafi być wykańczające. W przeciwieństwie do Jackie Marilyn nie przejmowała się konwenansami. Było to ekscytujące i przerażające zarazem. Chociaż szczerze mówiąc, niektórzy mężczyźni lubią wariatki, z tych samych powodów, dla których uganiają się za modelkami i aktorkami nie ze swojej ligi. Czemu tak jest? Najprawdopodobniej wydaje się im, że kobiety zwariowane na co dzień są zwariowane w łóżku.

Przenieśmy się jednak do współczesności. Po co zadawać się z kobietą, która, nie owijając w bawełnę, jest utrapieniem? Prawda jest taka, że jeśli kobieta jest wystarczająco ładna, to faceci zniosą wszystko, żeby z nią być. Wszystko. A może niektórzy po prostu lubią wyzwania albo mają nadzieję, że to właśnie oni ją „naprawią".

Nic z tego. Każdy to wie.

Pojawiłam się w kalendarzu,
ale nigdy nie pojawiłam się o czasie.

M.M.

Przyjaźń z J.K.O. / M.M. Czy warto?

Szczerze mówiąc, Jackie nie miała zbyt wielu przyjaciółek i kobiety dopuściła bliżej siebie dopiero w dojrzałym wieku.

Kiedy dorastała i później, kiedy zamieszkała w Białym Domu, jej powierniczką była jej siostra Lee (Truman Capote nazywał je „szepczącymi siostrami"). Pewnego razu Michael Canfield, który wówczas zalecał się do Lee (a potem został jej pierwszym mężem), zabrał siostry Bouvier na wycieczkę łódką po jeziorze w Central Parku. Coraz bardziej zmartwiony przyglądał się, jak dyskutują o czymś, co wyglądało na bardzo poważną sprawę.

Podejrzewał, że mówią o chorobie w rodzinie albo o jakiejś strasznej tragedii, kiedy jednak zapytał, o co chodzi, w odpowiedzi usłyszał: „O rękawiczki".

Marilyn była zupełnie inna – szczerze kochała przebywać w towarzystwie kobiet i znajdowała w nich oparcie. Wychowała się bez siostry i matki, na których mogłaby polegać, więc otaczała się starszymi, opiekuńczymi kobietami, takimi jak Grace McKee.

Na planie filmowym zaprzyjaźniła się ze swoją dublerką Evelyn Moriarty i ze scenarzystką. W ostatni weekend przed śmiercią ugościła u siebie swoją rzeczniczkę prasową Pat Newcomb, która zachorowała na zapalenie oskrzeli. Marilyn uznała, że wypoczynek na słońcu i kąpiele w basenie pomogą jej wydobrzeć.

Podczas ostatniego wywiadu, którego udzieliła Richardowi Merrymanowi z magazynu „Life", oprowadzając dziennikarza po swoim nowym domu, zaznaczyła, że zależało jej na małym apartamencie dla gości – „miejscu dla przyjaciół, którzy borykają się z problemami, gdzie, jeśli zechcą, będą mogli w spokoju zaczekać, aż wszystko się ułoży".

Z wiekiem Jackie i Lee coraz bardziej się od siebie oddalały. Być może dlatego, że Lee nie była zbyt dobrą matką (jej córka Christina na chwilę przeprowadziła się nawet do ciotki Jackie). A może rozdzieliło je to, że zmieniła się równowaga sił i urodziwa Lee straciła swoją pozycję na korzyść mądrej Jackie. (Lee nie bardzo wiedziała, kim chce być. Próbowała sił jako aktorka, pisarka, projektantka wnętrz i w końcu w latach osiemdziesiątych jako specjalistka od PR-u dla Giorgio Armaniego).

W testamencie Jackie nie zapisała swojej siostrze nic („W niniejszym testamencie nie zapisuję nic mojej siostrze Lee

Radziwill, którą darzę wielkim uczuciem. Zabezpieczyłam ją bowiem finansowo za życia"), co mówiło bardzo wiele – w końcu Jackie była bardzo troskliwą osobą. Zostawiła natomiast po pięćset tysięcy dolarów każdemu z dzieci swojej siostry.

Na szerszym polu, w odniesieniu do przyjaźni jako takiej, Jackie i Marilyn nadawały na innych falach. Jackie przeżyła wielką tragedię, która rozegrała się na oczach świata – zabójstwo J.F.K. – i być może z tego powodu potrafiła z łatwością zrywać nawet bliskie relacje i ruszać naprzód. Niektórzy sądzą, że przychodziło jej to nawet zbyt łatwo. Może była to dla niej metoda na utrzymanie równowagi psychicznej. Jeśli ktoś w jakiś sposób ją „znieważył", to bez względu na to, czy był najlepszym przyjacielem jej zmarłego męża[1], czy członkiem rodziny Bouvierów[2], zostawał skreślony na zawsze.

Z Marilyn było inaczej. Jeśli wpuszczała kogoś do swojego życia, to na stałe. „Nigdy nie porzuciłam nikogo, w kogo wierzyłam", powiedziała kiedyś. Po rozwodzie z Joem DiMaggio pozostała w bliskich stosunkach z jego synem Joem Juniorem, służąc mu radą w sprawach sercowych; kupiła mu nawet samochód. Kiedy rozstała się z Arthurem Millerem, utrzymywała serdeczne relacje z jego siedemdziesięcioletnim ojcem Isidorem („Izzym").

---

[1] Po tym jak Ben Bradlee (który był redaktorem „Newsweeka" w Waszyngtonie i zaprzyjaźnił się z J.F.K, kiedy zostali sąsiadami w Georgetown w 1958 roku) wydał w roku 1975 pełne czułości wspomnienia o swojej przyjaźni z prezydentem pod tytułem *Conversations With Kennedy* („Rozmowy z Kennedym"), Jackie obraziła się na niego i nigdy więcej się do niego nie odezwała.

[2] Ditto, czyli John H. Davis, kuzyn Jackie, w roku 1969 wydał historię ich rodziny pod tytułem *The Bouviers*. Wyznał, że ród nie wywodził się z francuskiej arystokracji, a z klasy średniej. Jackie nigdy nie odezwała się ani do niego, ani do jego matki. Po śmierci Jackie Ditto musiał osobiście zadzwonić i błagać jej asystentkę, żeby pozwoliła jego matce – ciotce Maude – na udział w pogrzebie na cmentarzu Saint Ignatius Loyola w Nowym Jorku, ratując ją od stania na chodniku. Asystentka uległa.

Zaprosiła go do siebie do Kalifornii i wysłała mu bilety lotnicze, czego nigdy nie zrobił dla niego własny syn. Izzy towarzyszył jej na urodzinowej gali J.F.K. w Madison Square Garden, gdzie zaśpiewała dla prezydenta. Podczas przyjęcia, na które później wspólnie się udali (gdzie musiała odpierać zaloty Johna Kennetha i obu braci Kennedych), martwiła się głównie o to, czy Izzy czuje się swobodnie i czy dostatecznie o niego dbają.

Przyjaźń z Marilyn

Marilyn wydawała się bardziej wrażliwa od Jackie i była cudowną przyjaciółką. Betty Grable, która pracowała z nią przy *Jak poślubić milionera*, zapamiętała jej troskliwość. Pewnego razu fotoreporterzy, którzy wiedzieli, że wschodząca gwiazda Marilyn niebawem przyćmi blask Grable, poprosili M.M., żeby zapozowała przed drzwiami dawnej garderoby Grable (która należała już do niej). Odmówiła[1]. Innym razem Grable musiała wcześniej opuścić plan, bo jej syn zachorował. Marilyn zadzwoniła do niej po jakimś czasie, żeby spytać, jak chłopiec się czuje. Nikt inny nie okazał się na tyle troskliwy.

Jeśli przyjaźnisz się ze współczesną Marilyn, zapewne wiesz, co się z tym wiąże – łzawe telefony o trzeciej nad ranem, skrajnie burzliwe życie miłosne, spóźnianie się na samolot, ciężkie poranki, graniczne doświadczenia, niekończące się okresy Burzy i Naporu…

[1] Betty Grable była zupełnie pogodzona z tym, że Marilyn zajmowała jej miejsce w gwiazdozbiorze Hollywood. „Dalej, teraz twoja kolej. Ja już zdobyłam, co chciałam", powiedziała kiedyś.

Powstaje jednak pytanie: czy naprawdę warto? Czy ona jest tego warta? Oczywiście. Nie ma co do tego żadnych wątpliwości.

Przyjaźń z Jackie

Tak jak Bobby Kennedy, jak wszyscy z rodziny Kennedych oraz, idąc dalej, wszyscy Irlandczycy, Jackie miała bardzo jednoznaczną wizję przyjaźni. Albo grało się w tej samej drużynie, albo nie. Jeśli uważała, że została w jakiś sposób zdradzona, nie przebaczała, nie oglądała się za siebie, nie wykazywała zrozumienia dla najmniejszej ludzkiej słabości. Jeden błąd i wypadało się z gry. Wystarczy przypomnieć sobie, jak zręcznie potrafiła odcinać się od swoich pracowników, krewnych i przyjaciół, którzy naruszyli jej strefę prywatności.

Niemniej jednak jeśli dowiodło się swojej wierności i zasłużyło na jej zaufanie, Jackie była wspaniałą przyjaciółką. W sierpniu każdego roku użyczała swojego domu na wyspie Martha's Vineyard Provi Paredes i jej synowi Gustavowi. Provi, żyjąca w bliskich relacjach z rodziną Kennedych, została pokojówką Jackie, kiedy ta wyszła za senatora J.F.K., a później, już w Białym Domu, była jej osobistą asystentką[1]. Kiedy kilkunastoletnia siostrzenica Jackie przestała dogadywać się z matką, na kilka lat wprowadziła się do ciotki.

J.K.O. w każdej sytuacji zdawała się mieć stosowny komentarz. Kiedy Robert McNamara toczył boje z prasą, poradziła mu:

[1] Jackie pamiętała o niej w swoim testamencie i zostawiła jej w spadku pięćdziesiąt tysięcy dolarów.

„Pamiętaj, co powiedziała Eleanor Roosevelt – nikt nie może sprawić, że poczujesz się źle we własnej skórze, chyba że mu na to pozwolisz".

Notatki robocze: rada dla panów. Jak żyć ze współczesną diwą

Czas na kilka rad dla was, drodzy panowie.

Kiedy nie macie pojęcia, w czym tkwi problem, najlepsze, co możecie zrobić, to poddać się i przeprosić... Nawet jeśli nie wiecie za co.

Malkontenci pewnie zaczną narzekać, że nie chcą po raz kolejny robić pierwszego kroku, kapitulować, płaszczyć się i wysyłać kwiatów. Nikt nie twierdzi, że to sprawiedliwe. Chodzi jedynie o to, że chcąc być z Jackie albo Marilyn (a już w szczególności z Marilyn), czasami trzeba zdobywać się na pewne poświęcenia.

Nie będzie to łatwe, bo Jackie i Marilyn nienawidzą mięczaków. Po prostu nie znoszą wymoczków – facetów, którzy mają koty, noszą flanelowe koszule, są szczuplejsi od nich, mają bardziej zadbaną skórę albo włosy[1] i uprawiają jogę.

Lubią za to silnych mężczyzn, którzy umieją gotować, grać na pianinie, recytować poezję i potrafią je rozśmieszyć. Oraz takich, którzy zajmą się ich mandatem za złe parkowanie. (Marilyn, niepoprawna marzycielka, dodatkowo podnosi poprzeczkę i oczyma wyobraźni widzi się u boku pisarza, zdobywcy nagro-

[1] Czy to w ogóle możliwe?

dy Pulitzera, który dobrze wygląda w spodniach khaki i białym podkoszulku, jest od niej wyższy i potrafi naprawić jej komputer).

No tak… dla mężczyzny to jak balansowanie na linie zawieszonej wysoko nad ziemią. Jednak nagrodą jest obecność w jego życiu prawdziwej diwy.

Marilyn: diwa, która zostawiła po sobie ślad

Marilyn w swoim nowojorskim mieszkaniu przygotowywała się na imprezę urodzinową prezydenta Kennedy'ego w Madison Square Garden. Układano jej włosy, robiono makijaż i pudrowano ciało, podczas gdy ona leżała wygodnie na białym fotelu wypoczynkowym. Kiedy wstała, na jego obiciu został idealny odcisk jej (nagiego) ciała. Puder utrwalił jej ramiona, plecy i nogi na fotelu, niszcząc go. Albo czyniąc bezcennym.

Witaj, diwo / żegnaj, diwo

Marilyn i Jackie bez wątpienia potrafiły być prawdziwymi diwami, ale – jak na typowe diwy przystało – umiały w jednej chwili przeobrazić się w niewiarygodnie wspaniałomyślne anty-diwy[1]. Wszystko zależało od ich nastroju. Jak to z diwami bywa, były kapryśne jak angielska pogoda i nigdy nie było wiadomo,

[1] Podobnie jak Elvis Presley, Elizabeth Taylor, Karl Lagerfeld, Steve Jobs…

co pojawi się na horyzoncie, więc należało przygotować się na każdą ewentualność.

To właśnie czyniło ich świat ekscytującym.

Marilyn potrafiła być niezmiernie troskliwa

Podczas pracy nad ostatnim filmem, w którym zagrała, *Something's Got to Give*, Marilyn była wątlejsza niż kiedykolwiek (jej natura diwy ujawniała się za to z całą siłą). Ale nie ze swojej winy. Nie całkiem. Zdjęcia próbne poszły dobrze. Próby garderoby, fryzury i makijażu wypadły pozytywnie. Wieczorem przed rozpoczęciem zdjęć Marilyn zadzwoniła jednak z informacją, że ma ostre zapalenie zatok, którego nabawiła się podczas podróży do Nowego Jorku, gdzie ćwiczyła swoją rolę z Lee Strasbergiem. Lekarz wynajęty przez studio zbadał ją i potwierdził diagnozę, dając miesięczne zwolnienie.

M i e s i ę c z n e?! Dyrektor studia i producent pewnie dostali zawału serca, kiedy to usłyszeli... Nieobecność głównej aktorki na planie poważnej produkcji (która miała załatać dziurę w budżecie po fiasku *Kleopatry* z Liz Taylor i Richardem Burtonem kręconej na drugim końcu świata) nie wróżyła niczego dobrego[1]. Mimo wszystko studio oraz reżyser George Cukor postanowili rozpocząć zdjęcia, kręcąc sceny, w których M.M. nie grała. Trwało to przez cały miesiąc nieobecności gwiazdy, która wpadała na plan tylko okazjonalnie.

---

[1] *Kleopatra* (z budżetem w wysokości czterdziestu czterech milionów dolarów, co dziś jest równowartością trzystu siedmiu milionów) doprowadziła do tego, że wytwórnia Fox musiała sprzedać większość swojej ziemi deweloperom.

Grafik *Something's Got to Give* został dodatkowo zaburzony, kiedy Marilyn poproszono o zaśpiewanie dla prezydenta podczas jego gali urodzinowej w Madison Square Garden, na uczestnictwo w której dostała pozwolenie od studia na długo przed rozpoczęciem zdjęć. Biorąc pod uwagę jej miesięczne zwolnienie, nikt się nie spodziewał, że Marilyn weźmie jeszcze tydzień wolnego, żeby pojechać do Nowego Jorku.

A jednak pojechała.

Zanim wróciła na plan, ekipa miała już poważne spóźnienie, w związku z czym trzeba było przepisywać fragmenty scenariusza z dnia na dzień, czego Marilyn nie znosiła, bo nie dawało jej to dość czasu na dopieszczenie swoich kwestii. Poza tym M.M. nie znalazła wspólnego języka z Cukorem (który podobno był reżyserem bardzo „przyjaznym kobietom"). Na domiar złego studio groziło wycofaniem się z produkcji, za powód podając miesięczną nieobecność Marilyn i jej decyzję o wyjeździe na prezydenckie urodziny (teraz wiemy, że kierownictwo studia było świadome chaosu, jaki panował na planie, i najprawdopodobniej szukało wymówki, żeby wymigać się z pechowego przedsięwzięcia).

Wszystko to sprawiło, że Marilyn czuła się bardzo niespokojna i miała wrażenie, że zarówno kierownictwo studia, jak i reżyser są przeciwko niej. Powiedziała kiedyś: „Aktorka nie jest maszyną, ale tak właśnie się ją traktuje: jak maszynę do robienia pieniędzy". Sięgnęła więc do swojego arsenału i walczyła z ekipą swoimi sprawdzonymi metodami: coraz późniejszym zjawianiem się na planie, chowaniem się w garderobie oraz psuciem kwestii i wymuszaniem wielokrotnego powtarzania ujęć. Jej zachowanie wykańczało ekipę, operatorów, reżysera, a nawet pozostałych aktorów.

W końcu pewnej nocy Larry Schiller, przyjaciel Marilyn i fotograf pracujący na planie, zapytał ją:

– Marilyn, kiedy to się skończy?

– A martwisz się o coś? – zagadnęła.

– Chciałbym iść do domu – odparł – do swojej siedmiomiesięcznej córeczki.

– Nie wiedziałam, że jesteś żonaty…

– Jestem też po bar micwie – odpowiedział. – Co jeszcze chcesz o mnie wiedzieć?

Marilyn się roześmiała. Usiedli razem na schodach jej przyczepy i zaczęli rozmawiać. Schiller opowiedział jej o tym, jak jego niedawny sukces, zlecenie dla „Playboya", umożliwił mu kupno niewielkiego domu.

– Zadziwiające, co mogą zdziałać kobiece wdzięki. Dzięki nim mam teraz dom z ogrodem i basenem – skwitował.

– To tak jak ja – rzuciła Marilyn, cicho chichocząc.

Dużo później tej samej nocy, kiedy Schiller w końcu wrócił do siebie, jego żona Judi czekała na niego. Zdziwiło go to, ale wyjaśniła mu, że obudził ją dzwonek do drzwi. Kiedy otworzyła, okazało się, że to kurier z ogromnym bukietem róż i bilecikiem od Marilyn Monroe treści: „Przepraszam, że zatrzymałam go tak długo".

To zdarzenie umocniło przyjaźń Marilyn i Schillera. Od tamtej pory fotograf już nie musiał pukać do jej garderoby i jeśli drzwi były uchylone, po prostu wchodził.

Następnego dnia po tej pamiętnej rozmowie pojawił się na planie z różą i wręczył ją Marilyn. Zaśmiała się i włożyła ją sobie między zęby.

Jackie uwielbiała podawać pomocną dłoń

John Loring, były dyrektor do spraw designu w Tiffanym (i jeden z pisarzy, z którymi Jackie współpracowała w wydawnictwie Doubleday), opowiedział kiedyś pewną historię.

John miał przyjaciółkę, młodą Afroamerykankę. Kobieta borykała się z trudnościami z kupnem mieszkania na Manhattanie, ponieważ konserwatywna spółdzielnia mieszkaniowa piętrzyła kolejne problemy. Szukając pomocy, zadzwonił do Jackie i wyjaśnił jej sytuację. „Nie musisz mówić nic więcej – odparła. – Jeszcze dziś popołudniu wyślę do ciebie list". Pół godziny później John otrzymał list, dzięki któremu jego przyjaciółka mogła dopiąć swego.

Kiedy Jackie pracowała jako redaktorka, była znana z tego, że nic nikomu nie mówiąc, troszczyła się o karierę swoich współpracowników. Jeśli pojawiała się odpowiednia oferta pracy, wysyłała listy rekomendacyjne i wstawiała się za kolegami.

J.K.O. i M.M. w prywatnym życiu (często zachowując anonimowość) były bardzo hojne. I zawsze stały po stronie maluczkich, a nie wpływowych ludzi.

Diwy nie z tego świata

Próbując zrozumieć diwę, musimy zdać sobie sprawę, że ona nie jest z tego świata. Diwa tworzy swoją własną rzeczywistość. Jest czarująca, przebiegła i nieujarzmiona, emanuje fascynującą wewnętrzną energią. Słowem, trzyma wszystkie liczące się karty. Jest centralnym elementem, gwiazdą, słońcem, wokół którego obracają się inne planety. (Nawet J.F.K., któremu przecież absolutnie nie można odmówić charyzmy, powiedział kiedyś: „Jestem osobą, która towarzyszyła Jacqueline Kennedy podczas jej wizyty w Paryżu. Bardzo dobrze się bawiłem").

To nie tak, że diwie na niczym nie zależy. Wręcz przeciwnie. Pragnie być dobra, troskliwa i nabyć tę od wieków kojarzoną z kobietami nudną cechę – stać się miłą.

Jednak nic z tego – nie da rady. Ma zbyt wielki talent. Jej głód życia, jej pożądanie, uwaga, jaką skupia na sobie, kiedy tylko wyjdzie na ulicę, są zbyt pociągające.

Swoim istnieniem Jackie pokazała nam inny sposób na życie. I nieważne, czy jesteśmy sławne, czy nie... Zarówno w sferze prywatnej, jak i publicznej J.K.O. chroniła swoją rodzinę i samą siebie, wykorzystując swoją pozycję jednocześnie do osiągnięcia szczytnych celów i własnego dobra.

A co z Marilyn? Cóż, Marilyn (tak jak coca-cola i samochody Forda) była symbolem Ameryki. Kiedy pojechała podnieść morale amerykańskich żołnierzy walczących w Korei, to jak na diwę przystało, stanęła na prowizorycznej drewnianej scenie, ubrana w cienką sukienkę i szpilki (bez rajstop), choć było przeraźliwie zimno. Oklaskiwało ją siedemnaście tysięcy mężczyzn, a ona uśmiechała się do nich i machała. Błyszczała, przypominając im, za co walczą. Jej seksualność była jednocześnie niewinna i zmysłowa, dziecięca i świadoma.

Dawała światu swoją kruchość i piękno, niezmiennie sprawiając wrażenie, że potrzebuje opieki, choć przecież wspięła się na szczyt w jednym z najtrudniejszych zawodów świata.

Chociaż współczesne Marilyn i Jackie pewnie czasem sprawiają, że człowiek ma ochotę strzelić sobie kilka głębszych, to z pewnością lampka Dom Pérignon w ich towarzystwie jest, delikatnie mówiąc, niezapomnianym przeżyciem.

Z pewnością potrafią jedno: przykuwać uwagę.

Sekretne sekrety Jackie.
Czy wiesz, że...?

Jackie nigdy się nad sobą nie użalała. Kiedyś stwierdziła: „Jeśli człowiek wyjrzy na świat i trochę się po nim pokręci, to zaczyna zauważać, że istnieją ludzie, których los doświadczył jeszcze ciężej".

Sekretne sekrety Marilyn.
Czy wiesz, że...?

Marilyn – prawdziwa diwa – powiedziała: „Jeśli ktoś nie jest w stanie znieść mnie, kiedy jestem w dołku, to nie zasługuje, by być ze mną, kiedy jestem w szczytowej formie".

11
Jak na trwałe zapisać się w historii

Myślę, że moim największym osiągnięciem jest to, że po ciężkich doświadczeniach, przez jakie przeszłam, wciąż zachowuję względną równowagę psychiczną.

J.K.O.

Jeśli chcesz zdobyć dziewczynę z sąsiedztwa, powinieneś zapukać do drzwi.

M.M.

Jackie i Marilyn były odważne

Patrząc na nasze bohaterki z perspektywy czasu, dostrzegamy, że jedną z najbardziej godnych podziwu cech, wykraczającą poza ich oczywistą urodę, styl i sławę, które jako pierwsze rzucają się oczy, wydaje się odwaga. Przed każdą z nich los postawił ciężkie wyzwania (oczywiście emocjonalne huśtawki, jakie przeżywała Marilyn, były o niebo trudniejsze do ujarzmienia niż te, których doświadczała Jackie). Obie jednak zdołały zebrać w sobie wystarczająco dużo siły, by się im przeciwstawić.

Jackie i Marilyn zdołały wytrwać pomimo przeszkód, jakie napotkały po drodze. Marilyn poradziła sobie z trudnym dzieciństwem, by zostać jedną z najsławniejszych aktorek świata. Co więcej udało się jej pozbyć łatki głupiutkiej blondynki, jaką przypięło jej Hollywood, i doprowadzić do tego, że traktowano ją poważnie – jak „prawdziwą" aktorkę. Jackie, będąc jedną z najmłodszych pierwszych dam w dwudziestym wieku, tchnęła nowe życie w Biały Dom i przydała Ameryce kulturalnego blasku. Jej osoba jednoczyła naród w ponurych dniach po zabójstwie J.F.K. Nie tylko wzorowo wychowała dzieci, ale zdołała także odnaleźć spokój i osobistą satysfakcję, obejmując stanowisko redaktorki w nowojorskim wydawnictwie.

Przezwyciężając ból serca, niepewność, zniechęcenie i pojawiającą się czasami samotność, Jackie i Marilyn wzniosły się ponad to, co zgotował im los, oraz ponad oczekiwania społeczne. Dokonały tego z odwagą, klasą i pewnością siebie, które nieczęsto spotyka się w dzisiejszym świecie.

Marilyn powiedziała kiedyś (o Chérie, postaci, którą grała w *Przystanku autobusowym*, choć równie dobrze mogłaby opisywać samą siebie): „Była dziewczyną, która potrafiła być szczęśliwa nawet wtedy, kiedy była smutna. To bardzo ważne".

Pełna zgoda!

Siła kobiecości

Jackie i Marilyn miały kobiecość zapisaną w genach. Wiedziały, jaką siłą dysponuje płeć piękna, i nie bały się tej siły używać. Kariera Marilyn tak naprawdę w całości opierała się na jej umiejętności uosabiania kobiecego ideału[1]. Niemniej jednak, tak jak otaczający je wpływowi mężczyźni, Jackie i Marilyn były inteligentne, rozsądne i ambitne. Wiedziały, jak poruszać się w środowisku pracy i jak wytrwać w dążeniu do celu.

Czy były feministkami?

Chociaż termin ten nie był szczególnie popularny w latach ich wczesnej młodości (M.M. nie doczekała rozkwitu ruchu w latach sześćdziesiątych), Marilyn walczyła o to, by w Hollywood traktowano ją poważnie. Dążyła do artystycznego i finansowego uniezależnienia się od wytwórni filmowych. I jak wszyscy wiemy, wygrała, zostając jedną z pierwszych aktorek, którym udało się wstrząsnąć systemem produkcji filmowej. Jackie natomiast przyjaźniła się ze znaną amerykańską działaczką walczącą o prawa kobiet Glorią Steinhem i w roku 1972 wspomogła finansowo feministyczny magazyn „Ms.".

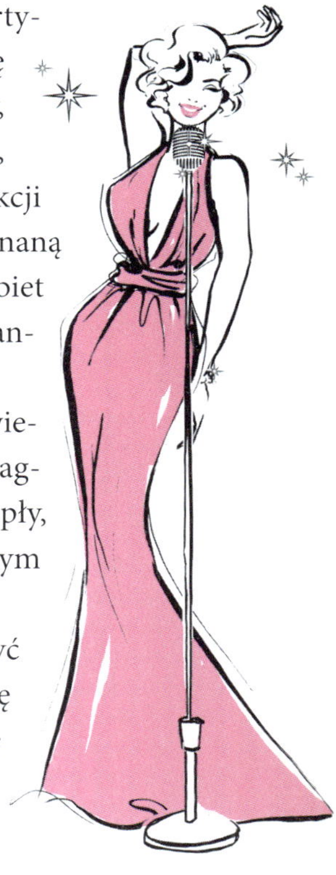

Nie zmienia to faktu, że Jackie i Marilyn w wielu sprawach były tradycjonalistkami. Obie pragnęły wyjść za mąż, urodzić dzieci i stworzyć ciepły, przytulny dom dla siebie i swoich bliskich. W tym właśnie widziały rolę kobiety.

Podsumowując, Jackie i Marilyn mogą służyć nam za wzór na wiele sposobów. Kiedy w grę wchodziły ich cele i marzenia, nie godziły się

[1] Tak jak i jej pośmiertna sława.

na kompromisy – walcząc o swoje, pozostawały kobietami i nie starały się naśladować mężczyzn.

Życie jak wino

Frank Sinatra, wspólny przyjaciel Jackie i Marilyn, wypowiedział kiedyś słynne słowa: „Będę pić wino". Obie nasze bohaterki poszły za jego przykładem i żyły pełnią życia.

Nasz wspólny czas dobiega końca, ale bez względu na to, czy zdecydowałaś się być Jackie, czy Marilyn, pamiętaj, by żyć na całego i brać życie za rogi. Zostaw po sobie ślad. Niech świat cię zapamięta.

Jeśli się wahasz, czy napisać podnoszący na duchu list do przyjaciela, napisz go i wyślij.

Śmiej się do rozpuku. A jeśli przy tym rozśmieszysz jeszcze kogoś, tym lepiej. To rzadki dar – doceń go.

Podnieś głowę i uśmiechnij się. Bez powodu. Może nieświadomie dodasz tym komuś otuchy.

Nie kryj się ze swoimi uczuciami. Powiedz mężczyźnie, że

go kochasz, i nie przejmuj się, jeśli w odpowiedzi nie usłyszysz tego samego.

Jeśli tylko masz okazję, buduj w dzieciach poczucie własnej wartości. Być może zapamiętają tę chwilę (i ciebie) dłużej, niż podejrzewasz.

Od czasu do czasu w ogóle nie kładź się spać i zaczekaj na wschód słońca (może uda ci się to zrobić na pokładzie łódki zacumowanej u wybrzeży wyspy Martha's Vineyard).

Kiedy przeżywasz trudne chwile, otwórz szampana i włóż wysokie obcasy. Przecież wszystko może się zdarzyć.

Masz tylko jedno życie, ale z odrobiną samoświadomości i odpowiednim nastawieniem to aż nadto – możesz być pewna.

M.M. ciągle przemawia do naszej wyobraźni

To wszystko złudzenie, prawda?

M.M.

Chociaż w wielu kręgach Jackie jest wciąż szanowana, to nie wywiera tak silnego wpływu na współczesną kulturę jak Marilyn (obok Jamesa Deana, Audrey Hepburn czy Elvisa Presleya). Z jakiegoś powodu Marilyn w dużo większym stopniu niż Jackie (choć to przecież J.K.O. kojarzy się nam z rodziną Kennedych, amerykańskim prezydentem, samowystarczalnością i znakomitym wykształceniem) nieustannie oddziałuje na naszą wyobraźnię. Wydaje się nam, że moglibyśmy ją ocalić, zaprzyjaźnić się z nią, zrozumieć i dzięki temu ochronić.

Marilyn ma w sobie coś (kruchość? Piękno? Tragiczną hollywoodzką przeszłość?), co sprawia, że nawet dzisiaj wiele osób ma do niej bardzo osobisty stosunek. Pomimo tego, że zmarła w roku 1962, jej wielbiciele z całego świata wciąż pielgrzymują do miejsca jej pochówku. Żadna inna gwiazda nie przemawia do tylu jasnowidzów co Marilyn. Elton John napisał *Candle in the Wind*, poruszającą piosenkę, w której śpiewa o swoim dziecięcym zauroczeniu Marilyn, i wyraża żal, że nigdy jej nie poznał… Gwiazda Marilyn świeci we współczesnych amerykańskich mediach tak mocno, że wydaje się, jakby M.M. cały czas była wśród nas.

Jackie i Marilyn: ich dziedzictwo we współczesnym świecie gwiazd

Jackie i Marilyn nigdy się nie poznały, ale łączył je świat gwiazd (ich życie potwierdzało teorię „sześciu stopni oddalenia", mówiącą, że przez znajomych znajomych każdy pośrednio „zna" wszystkich ludzi na świecie). Obie miały takie czy inne relacje z J.F.K., Marlonem Brando i Frankiem Sinatrą. Syn Jackie, zanim się ożenił (ku sporemu niezadowoleniu matki) umawiał się z Madonną, która ma poważną obsesję na punkcie Marilyn[1]. Patrząc na jej przesadnie umięśnione ciało i bezkompromisową waleczność, można by ją uznać za Marilyn bez elementu kruchości (Marilyn 2.0).

Przenikanie się światów Jackie i Marilyn osiągnęło swój punkt kulminacyjny, kiedy w 1996 roku J.F.K. Junior na okładce wrześniowego numeru magazynu „George"

[1] Wystarczy przypomnieć sobie między innymi teledysk piosenki *Material Girl* i okładkę płyty *True Blue*.

umieścił Drew Barrymore ucharakteryzowaną na Marilyn Monroe. Nagłówek głosił: *Happy Birthday, Mr. President*[1].

Przeplatanka Michael Jackson – Jackie – Marilyn – Madonna odżyła na nowo w roku 1991, kiedy Michael i Madonna zostali zaproszeni na galę rozdania Oskarów. Na przyjęciu po części oficjalnej Madonna pojawiła się z platynową fryzurą, w białej satynowej sukience podkreślającej jej wdzięki oraz wartych dwadzieścia milionów dolarów klejnotach wypożyczonych od Harry'ego Winstona – Marilyn śpiewająca *Diamenty są najlepszymi przyjaciółmi dziewczyny* w całej okazałości! Michael miał na sobie białą marynarkę, ogromną diamentową broszkę (własną) i białe rękawiczki.

Ciekawe, co powiedziałyby Jackie i Marilyn?

Do zapamiętania

Przeczytałaś książkę, więc teraz zapoznaj się ze skróconym spisem zasad J+M.

Porzuć swoje ego.
Mierz wysoko.
Kiedy masz zły dzień, umaluj usta.
Jeśli usłyszysz, że ktoś woła twoje imię, kiedy idziesz ulicą, odwróć się i uśmiechnij. Być może to Ron Galella. Daj się uwiecznić dla przyszłych pokoleń.

[1] Można sobie jedynie wyobrażać, co by się działo, gdyby zrobił to za życia matki…

Co dalej?

Oto podstawowe zasady. Reszta należy do ciebie, więc pokaż światu, jaką niesamowitą Jackie / Marilyn jesteś i baw się dobrze!

Było wspaniale.

J.K.O.

Sekretne sekrety Jackie. Czy wiesz, że…?

Historycy twierdzą, że Jackie pisała pamiętnik. Podobno wciąż istnieje.

Sekretne sekrety Marilyn. Czy wiesz, że…?

Marilyn kolekcjonowała wiersze. Po jej śmierci między różnymi papierami odnaleziono przepisany jej ręką na skrawku papieru fragment wiersza Yeatsa: „Iż Bóg tylko, Anne, nie dla pięknych włosów może kochać panny”[1]. Yeats napisał ten wiersz miłosny dla Maud Gonne, ale równie dobrze mógł adresować go do Marilyn.

[1] W.B. Yeats, *Dla Anne Gregory*, tłum. K. Puławski (przyp. tłum).

Najczęściej zadawane pytania

Czy naprawdę można upodobnić się do Jackie albo Marilyn?

Oczywiście! Wystarczy mieć wizję i determinację (tak jak nasze bohaterki).

Trzeba przyznać, że jest o to łatwiej, jeśli jest się kobietą kreatywną.

Moja matka doprowadza mnie do szału! Jak sobie z tym poradzić?

Zarówno Jackie, jak i Marilyn miały napięte stosunki ze swoimi matkami. Matka Marilyn miała problemy psychiczne i wymagała leczenia w zakładzie zamkniętym. Matka Jackie była irlandzką katoliczką, która udawała, że wywodzi się z francuskiej arystokracji (kiedy wymagała tego sytuacja) i która miała niezdrowo wyśrubowane oczekiwania wobec swoich córek oraz niezwykle cięty język. Nie szczędziła innym krytyki i ogólnie rzecz biorąc, nie była dla Jackie zbyt miła.

Niemniej tak Jackie, jak i Marilyn w relacjach ze swoimi matkami trzymały klasę. Marilyn wspierała swoją finansowo, a w testamencie pamiętała o tym, by zabezpieczyć ją na wypadek swojej śmierci. (Matka rzeczywiście ją przeżyła, choć nigdy nie dowiedziała się, jak sławna była jej córka. Zmarła w 1984 roku).

Jackie również zabezpieczyła matce byt, zakładając dla niej fundusz powierniczy i dbając, by zawsze miała służbę, pielęgniarki i najlepszą opiekę lekarską. Z charakterystyczną dla siebie klasą „przymknęła oko" na to, jak matka traktowała ją w przeszłości. Pani Auchincloss natomiast, choć nigdy nie pochwaliła Jackie bezpośrednio, w towarzystwie zawsze wypowiadała się o niej w samych superlatywach.

Nie mam idealnej figury. Czy wciąż mogę być Jackie albo Marilyn?

Daj spokój! Jackie też nie miała idealnego ciała. Bez obrazy, ale przeczytaj jeszcze raz rozdział czwarty, a później zadaj sobie to pytanie ponownie.

Wybieram się na randkę z facetem, który naprawdę mi się podoba. Jakieś sugestie?

Obcasy, zawsze. I szminka, i tusz do rzęs. Ścisz głos i nie mów za dużo. Niech się o ciebie postara.

Chciałabym zachęcić swoją siedmioletnią córkę, żeby była jak Jackie albo Marilyn. Jak to zrobić?

Obdarzaj ją zaufaniem. Naucz doceniać historię. Załóż jej kartę w bibliotece.

Co Marilyn i Jackie sądziłyby o mailach i portalach społecznościowych takich jak Facebook czy Twitter?

Na pewno korzystałyby z e-maili. Każda miałaby też swój BlackBerry (chociaż nie byłyby od niego uzależnione). Marilyn ciągle by go gubiła, dając zadurzonym w niej fanom jeszcze jeden powód do tego, by za nią łazili.

Facebook i Twitter? Jackie – nie. Dla niej to pożeracze czasu. Marilyn zatrudniłaby do obsługi swoich profili speców od kreowania wizerunku albo jednego ze swoich fanów.

Obie na potęgę robiłyby zakupy w sieci. Marilyn podczas nieprzespanych nocy odpowiadałaby pewnie na wpisy i komentarze fanów – złośliwości raniłyby jej uczucia.

Gdzie mogę dowiedzieć się więcej?

Oczywiście *online* – na www.jackieormarilyn.com albo www.pamelakeogh.com.

Podziękowania

Pragnę podziękować mojej redaktorce Lauren Marino, która miała wizję tej książki przede mną. Szczególne podziękowania składam również redaktorce towarzyszącej Jessice Sindler za twórcze i bardzo cenne wskazówki. Uważam, że ma ona przed sobą świetlaną przyszłość i zapewne zostanie Maxem Perkinsem swojego pokolenia.

Wielkie wyrazy uznania kieruję do moich agentek, które stanowią wspaniały duet – łączą w sobie styl Jackie i Marilyn na swój niepowtarzalny sposób – Lindy Chester (Jackie) i Alexandry Machinist (niezaprzeczalnie Marilyn).

Dziękuję również Gary'emu Jaffe z LCA (to Cary Grant, ale o tym w innej książce), który utrzymywał tę łódź na powierzchni.

Pragnę również podziękować wszystkim osobom, które udzieliły mi wywiadów i pomagały w zbieraniu materiałów i pisaniu niniejszej książki: Carlowi Sferrazzie Anthony'emu, Hélène Arpels, Rebece Apsan, Yushy Auchincloss, Peterowi Bacanovicowi, Letitii Baldrige, Jeffreyowi Banksowi, Deepakowi

Choprze, Daracowi, Jamesowi de Givenchy, C.Z. Guest, Johnowi H. Davisowi, Dale'owi DeGroffowi, Davidowi Fairchildowi, Ronowi Galelli, Renée i Suzette Guerciom, Stevenowi Haftowi, Alexandrowi Haasowi, Victorii Haas, Williamowi A. Henry'emu III, Arlyn Imberman, Lorrie Ivas, Kevinowi Lee, Johnowi Loringowi, Jamesowi Martinowi, S. J., Beth Mendelson, Josephowi Montebello, Pameli Needham, Caroline Sharp, Stacey Smoker, doktor Amy Weschler, Jamesowi T. Curtisowi, Bobowi Willoughby'emu, Susan Zummo.

Pragnę również specjalnie wyróżnić Fitzwilliama Andersona, który uwielbia czytać i jest wielkim fanem i znawcą współczesnej kultury amerykańskiej.

Jacqueline Onasis i Marilyn Monroe są dwiema najszerzej opisanymi kobietami naszych czasów. Chciałabym wyrazić uznanie dla dziennikarzy oraz biografów, którzy pisali o nich przede mną. Wśród nich znajdują się: Christopher Anderson, Letitia Baldrige, George Barris, Ben Bradlee, Jim Bishop, Oleg Cassini, Marie Clayton, Fleur Cowles, Rita Dallas, Nigel Dempster, Mike Evans, Paul B. Fay Junior, Kim France i Andrea Linett, Mary Barelli Gallagher, Karen Karbo, Sam Kaschner, Barbara Leaming, Evelyn Lincoln, Lynne McTaggart, Arthur Miller, Jan Pottker, Mini Rhea oraz Fraces Spatz Leighton, Cynthia Rowley i Ilene Rosenzweig, Raymond Sarlot i Fred E. Basten, Lawrence Schiller, Maud Shaw, Marta Sgubin, Fred Sparks, Donald Spoto, Gloria Steinem, Laren Stover, Anthony Summers.

Jednym z moich ulubionych etapów pisania jest zbieranie materiałów. Oprócz wszystkich osób, które udzieliły mi wywiadów, chciałabym również podziękować Kathryn Felde i Markowi Ekmanowi z Paley Center for Media w Nowym Jorku (wymarzone miejsce do poszukiwania informacji!) oraz New York

Society Library, która również jest prawdziwą perełką. Dziękuję także 71 Irving, gdzie podają najlepszą kawę w mieście. Materiały zbierałam także w J.F.K. Library (głównie ustne przekazy) oraz w bibliotece AMPAS w Los Angeles.

Jestem również bardzo wdzięczna Billowi Shinkerowi z wydawnictwa Gotham, który kieruje swoim zespołem z niezwykłym zaangażowaniem i wizją – Jackie i Marilyn na pewno by to doceniły. Dziękuję też Lisie Johnson i Anne Kosmoski, które sprawiły, że niniejsza książka ujrzała światło dzienne. Z całego serca dziękuję też niezrównanej ilustratorce Meg Hess, która nadała kształt współczesnym Jackie i Marilyn.

Chciałabym również podziękować wszystkim moim przyjaciołom, którzy byli przy mnie, kiedy pisałam tę książkę. Pizza, gorzka czekolada, okazjonalny heineken, kwiaty, telefony późną nocą, słowa zachęty i wsparcie bardzo mi pomogły.

O autorce

Pamela Keogh jest autorką ilustrowanych biografii, które zdobyły rzesze czytelników na całym świecie: *Audrey Style*, *Jackie Style*, *Elvis Presley: The Man, The Life, The Legend* oraz *What Would Audrey Do?*. Jej książki zdobyły międzynarodowy rozgłos i pojawiły się między innymi w popularnych programach telewizyjnych takich, jak *Today*, *Larry King Live*, *Entertainment Tonight* oraz w BBC. Pisano o nich również w „Vanity Fair", „New York Timesie", „Town & Country", „InStyle", „People", „ Harper's Bazaar" oraz w „Los Angeles Timesie". Ukończyła prestiżowy Vassar College, obecnie mieszka w Nowym Jorku.

Wydawnictwo Otwarte sp. z o.o.,
ul. Kościuszki 37, 30-105 Kraków. Wydanie I, 2013.
Druk i oprawa: Toruńskie Zakłady Graficzne „Zapolex" Sp. z o.o.